中国政法大学教育文选

（第25辑）

曹义孙◎主编　　李慧敏◎副主编

中国政法大学出版社

2019・北京

编委会

编辑部

联系方式

地址：北京市海淀区西土城路25号，100088

中国政法大学　法学教育研究与评估中心

《中国政法大学教育文选》编辑部

电话：010－58908079

邮箱：58908079@163.com；huxiaojin78@163.com

目录

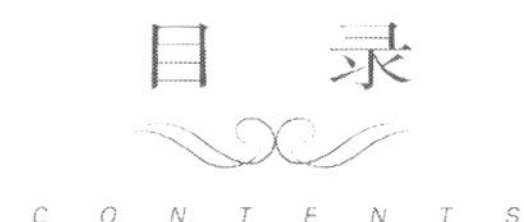

CONTENTS

教育模式

Jiao Yu Mo Shi

法律硕士培养中的“双导师”制探究

——问题与完善 *

费安玲 等 **

英国著名的法律实务界和理论界人士丹宁勋爵曾经强调，法官应当是本着法律语言词句背后的立法者的构思和意图去裁判案件以解决纷争。〔1〕这种法律人专业能力的培养，不仅需要课堂上的理论讲授，亦需要法律实务界专业人士的介入。就法律硕士研究生培养而言，就是法律硕士培养的“双导师”制。

法律硕士培养中的“双导师”制，是我国针对应用型高等教育提出的一种行之有效的培养方式，也是确保法律硕士专业学位研究生培养质量的重要途径。按照教育部颁布的《全日制法律硕士专业学位研究生指导性培养方案》的要求，目前，国内绝大部分法律硕士培养单位已实施了“双导师”制的培养模式，但面临较多的问题。为此，本课题研究组选取了部分法律硕士培养单位，针对其培养情况与数据进行了深入分析，旨在了解我国法律硕士

---

* 本文是全国法律专业学位教学指导委员会研究课题“法律硕士‘双导师’制的建构与完善”的研究成果之一。

** 中国政法大学法律硕士学院“法律硕士‘双导师’制的建构与完善”课题研究组由下列人员组成：

费安玲教授，中国政法大学法律硕士学院，法律硕士教育研究所所长；

杜娟副教授，中国政法大学法律硕士学院；

范静怡副教授，中国政法大学图书馆；

李建红主任，中国政法大学法律硕士学院教研办公室。

〔1〕［英］丹宁勋爵：《法律的训诫》，杨百揆等译，群众出版社1985年版，第19页。

培养中“双导师”制的现状，发现和分析其落实过程中出现的问题，分析积累的经验，并在此基础上以完善“双导师”制为目的提出建议。

一、法律硕士培养中“双导师”制的制度基础：规范与制度价值

（一）法律硕士培养中“双导师”制之制度规范溯源

我国高等教育的学位分为学术学位（Academic Degree）和专业学位（Professional Degree）两种基本类型，专业学位的目标是培养具有扎实理论基础，并适应特定行业或职业实际工作需要的应用型高层次专门人才。与学术学位相比，专业学位在培养目标上更重视实践和应用。

就我国法律硕士培养中“双导师”制的制度规则或者规范性文件而言，主要有如下内容值得关注：

（1）1981 年颁行的《中华人民共和国学位条例暂行实施办法》。其第 8 条规定：“硕士学位论文对所研究的课题应当有新的见解，表明作者具有从事科学研究工作或独立担负专门技术工作的能力。”

（2）1998 年颁行的《中华人民共和国高等教育法》。其第 16 条第 3 款规定：“硕士研究生教育应当使学生掌握本学科坚实的基础理论、系统的专业知识，掌握相应的技能、方法和相关知识，具有从事本专业实际工作和科学研究工作的能力。”

（3）《教育部关于做好全日制硕士专业学位研究生培养工作的若干意见》（教研［2009］1 号）。[1]其要求：“专业学位研究生的培养……要建立健全校内外双导师制，以校内导师指导为主，校外导师参与实践过程、项目研究、课程与论文等多个环节的指导工作。”

（4）教育部　国家发展改革委　财政部于 2013 年颁布的《关于深化研究生教育改革的意见》（教研［2013］1 号）其要求：“加强高校、科研院所和企业之间人才交流与共享，建设专兼结合的导师队伍，完善校所、校企双导师制度。”

---

〔1〕 中华人民共和国教育部：《教育部关于做好全日制硕士专业学位研究生培养工作的若干意见》（教研［2009］1 号），参见中国学位与研究生教育信息网，http://www.cdgdc.edu.cn/xcwyyjsjyxx/gjjl/zcwj/267236.shtml，最后访问日期：2018 年 9 月 28 日。

(5) 全国法律专业学位研究生教育指导委员会2017年修订的《法律硕士专业学位研究生指导性培养方案》。该培养方案要求：在培养方式上，规定要“聘请具有法律实务经验的专家参与教学及培养工作”。

由上述规范文件可知，自1981年至今，法律硕士研究生培养环节中要建立健全校内外“双导师”制，以校内导师指导为主，校外导师参与实践教学、项目研究、课程与论文等多个环节的指导工作方式，构成法律硕士研究生培养的重要内容。此外，2012年，教育部在全面提高高等教育质量的30条具体措施中[1]，亦有针对性地提出了“专业学位突出职业能力训练，与职业资格紧密衔接……专业学位研究生实行‘双导师’制，支持在行业企业建立研究生工作站。开展专业学位硕士研究生培养综合改革试点”。这说明，落实并完善“双导师”制是关乎专业学位研究生教育质量的核心环节之一。

根据全国法律专业学位研究生教学指导委员会于2018年3月31日公布的数据[2]，从1996年首批8所高校设立法律硕士专业并开始试点招生[3]，到2018年3月止，全国共有法律硕士专业学位授权点243个，这标志着我国法律专业学位研究生教育的规模发展迅速。质量监控亦在同步进行，例如：通过对学位授权点进行动态调整和合格评估，于2016年和2017年分别各撤销了1个法律专业学位授权点。

法律硕士研究生培养规模的扩大，使得法律硕士研究生培养过程中“双导师”制的进一步改革和完善迫在眉睫。

(二) 法律硕士培养中“双导师”制的制度价值

1. 明确培养定位

隶属于同一学科的学术学位和专业学位既有联系又有差异，二者都需要有共同的学科理论基础，都要掌握本学科的基本理论和知识结构。在学

---

〔1〕 中华人民共和国教育部：《教育部关于全面提高高等教育质量的若干意见》(教高［2012］4号)，http://www.gov.cn/zwgk/2012-04/20/content_2118168.htm，最后访问日期：2018年9月28日。

〔2〕 http://www.china-jm.org/article/?id=701，最后访问日期：2018年10月20日。

〔3〕 8所试点招生单位为中国人民大学、北京大学、中国政法大学、对外经济贸易大学、吉林大学、武汉大学、西南政法大学和华东政法学院。参见国务院学位委员会办公室：《关于开展法律专业硕士学位试点工作的通知》(学位办［95］36号)。

科的指向性上，学术学位具有科研指向性，而专业学位具有职业指向性。

法律专业学位与法学学术学位的研究生教育体现了社会对于高层次法律人才不同方面的需求，因此，两者的培养模式各有侧重，在培养目标、课程设置、教学模式以及评价方式等方面都存在差异。具体而言：①在课程设置上，法律硕士的课程设置应同时兼具学术性和职业性；法学硕士的课程设置则应以该学科领域的知识体系为基础。②在教学上，法学硕士以课堂授课为主，培养其学术理论研究能力；而法律硕士在教学上侧重实践教学，强调学校与法律实务部门共同培养。③在评价方式上，法学硕士学位研究生的授予是以学术作为主要衡量标准，根据学术论文的发表情况进行评价；而对法律硕士的学生则是从其职业能力进行评价，重视其是否具备较深厚的法学理论知识以及根据理论进行实践和创新的能力。

因此，法律专业学位研究生教育要有别于学术学位教育，需建立一种全新的、理论与实践紧密结合的教学理念和培养模式，创建具有创新性和自身特色的法律硕士师资队伍、课程设置、质量评价等制度和标准。

2. 彰示培养特色

法律硕士专业学位教育，是以法律职业化的人才培养为目的，其最初就定位于职业化。因此，在我国法律专业学位研究生教育中引入、完善“双导师”制，能够有效契合法律职业对法律知识与法律技能的双重需要，是实现法律专业学位研究生理论与实践并重培养目标的有效途径。

从我国近20年的实践看，就实施“双导师”制的高等院校所培养的法律硕士研究生的质量而言，应当说，我国法律硕士专业学位教育的确为社会培养了数以万计的优秀法律职业人才，为国家法治建设和经济发展做出了应有的贡献。实际上，将实务界专家引入法律专业研究生培养环节中，在美国、日本、韩国等国家由于其法律专业学位的发展比较早，加之培养目标明确，在教师队伍建设上已形成了相对成熟的机制。

（1）美国的法学教育以培养应用型的法律职业人，尤其是以培养律师作为法律专业培养与教育目标，其职业教育性特点尤为突出。美国法学院教授很多都担任过辩护律师或公职律师，具有丰富的执业经验。此外，美国法学院还有一种兼职教师（Adjunct Faculty）。这些兼职教师是在律师事务所和法院全职工作的律师和法官，同时在法学院讲授实务性课程。美国法学院近1/4的课程由兼职教师教授，除实务性课程外，这些兼职教师还讲授体育法、娱乐法、破产法等专门法律课程。[1]

（2）日本法科大学院是参照美国法学院制度建立起来的，与我国的法律专业学位教育在培养目标上基本相同。日本法科大学院在强调理论教学的同时，还强调培养学生从事法律实务所需要掌握的必要学识和应用能力。为了确保法科大学院实务教学的师资来源，日本以法律的形式规定了法官、检察官等到法科大学院担任教员的义务，且规定了相应的薪金收入。[2]此外，日本各地律师协会也有义务协助法科大学院开设实务课程，并允许兼任法科大学院课程教师的律师继续从事律师业务。[3]

（3）韩国从事法学教育的教师主要包括专任教授、客座教授和非专任讲师。其中，客座教授是通过合同聘请的多由实务界人士来承担教学活动的教师，其接受的课程有选修课和实务训练课；非专任讲师则是大学按课时聘用的讲授实务训练课的法官、检察官和律师。[4]

3. 面对职业未来

在法律硕士研究生培养体系中，校内导师与校外导师扮演着“双翼”角色。法律硕士的培养目标要求重视法律实务课程在培养方案中的分量和比例，需要配备有实务经验的导师开展教学与指导工作，“双导师”制有助于弥补法律硕士培养单位师资力量特别是实务实践型师资力量的不足，突出了导师集体培养的优势，是对传统单一的、封闭式的研究生培养模式的超越，是专业学位研究生培养质量的重要保证。“双导师”制的实施有助于实现国家制定的法律硕士培养目标，一方面有助于学生掌握系统的法学基础理论知识，另一方面有助于学生法律实务能力和应用能力的培养，其对法律硕士培养的未来发展影响深远。具体而言：

---

〔1〕 Siegel, D.,“The Ambivalent Role of Experiential Learning in American Legal Education and the Problem of Legal Culture”, *German Law Journal*, 2009 (10): 815 - 822.

〔2〕 日本众议院：《向法科大学院派遣法官、检察官以及其他一般性国家公务员法》，http://www.shugiin.go.jp/internet/itdb_housei.nsf/html/housei/15620030509040.htm，最后访问日期：2018年9月28日。

〔3〕 丁相顺：《日本法科大学院教育制度及其特征》，载《法制与社会发展》2006年第3期，第102页。

〔4〕 韩大元：《韩国法学教育的基本体制与改革趋势》，载《法学家》2002年第4期，第115页。

第一，实施“双导师”培养模式符合法律硕士研究生生源特点的需要。目前，我国的法律硕士生源分为两类：一类是入学前为非法学专业背景的本科生（非法本法律硕士）；另一类是入学前为法学专业背景的本科生（法本法律硕士）。其中，非法本法律硕士在入学之前已经完成了一个或一个以上其他学科的基本理论学习，大多已取得了非法学学科学位，这些未受过法学基础理论知识训练的学生经过法律硕士阶段的学习后，要掌握法学学科的相关理论知识以及法律职业能力的知识。因此，不仅需要法学理论和基础知识的导师，更需要培养其法律职业素养和法律职业思维、法律实践能力的导师。“双导师”制能够最大程度地满足学生在法律实践领域和相关专业法律实务领域的学习需求。[1]

第二，可以打破校内导师实践教学能力的局限，实现复合型、应用型高层次法律人才的培养目标。法律硕士的培养目标是培养职业法律人。因此，其全部培养环节都与法学硕士有所区别，无论是授课、论文写作抑或实习实践，都非常强调理论之外的实务技能培养。法律专业学位教育需要具备的基本知识素养主要来自于校内导师的知识传授，但对于职业技能的训练，校内导师则力不从心。校内导师多是资深学者，理论水平高但对于法律实务技巧掌握较少，实践教学能力相对较差。因此，在单一的校内导师培养体制下，法律硕士职业化人才培养的理念和目标难以实现。

引入校外实务部门具有较高理论水平和实践经验丰富的实务型专家，并由他们组建专业化的实务教学团队开展教学和指导学生，可以向学生传授更多的法律实务技能。校外实践型导师与校内学术型导师合作培养，共同制订指导学生的培养方案，共同探讨培养方案的实施，有利于学生在校期间增加法律实务经验，提高学生解决实务问题的综合能力，有利于实现法律硕士专业学位研究生复合型、应用型的培养目标。

第三，可以使校内、外导师在知识结构上形成优势互补。“双导师”制可以打破传统的单一导师制度在导师职业水平方面的限制。校外导师弥补校内导师在实践经验、实务操作方面的不足，校内导师可以弥补校外导师

---

〔1〕 孙昊亮、唐诗：《法律硕士研究生培养中双导师制的完善》，载《法学教育研究》2017 年第 17 卷第 2 期，第 253 页。

学术水平和理论素养上的欠缺，充分发挥各自的优势，实现培养目标的最优化。“双导师”在知识结构上的互补可以使法律实践与法学理论紧密结合，校内外导师各自在自己的专业领域获得提升，知识结构更加符合法律硕士培养的要求，导师队伍的建设也得到有效加强。

第四，可以创造开放的学术研究氛围，使培养单位与法律实务部门在各自的业务领域互相提升。国家设立法律专业学位从根本上是为了适应我国经济建设和社会发展对高层次法律专门人才的需要，法律硕士的培养决定着今后法律实务部门的人才储备质量，对法律实务部门人才素质的提升、业务工作的开展起着关键作用。按照“双导师”制的要求，法律硕士的培养必须有法律实务部门的参与，而且法律实务部门是当然的主角。通过“双导师”制的具体实践，法律实务部门能够更加充分地认识到参与法律硕士培养过程的重要性。

“双导师”制的实施可以创造开放的学术研究氛围，实现多方共赢。培养单位可以充分发挥在理论教学方面的优势，对合作单位在实践中遇到的问题给予学术上的支持和帮助，用理论解决实际问题，并在实际问题中发现理论和学术上的不足。

第五，可以拓宽学生职业视野，有利于引导学生职业规划设计。法律硕士专业研究生教育要兼顾学科和行业的要求。一方面，要注重基础理论和专业知识的系统培养；另一方面，更要注重学生实践能力和职业素质的培养。“双导师”培养模式有利于学生拓展法学专业知识面，同时使其社会活动能力也会得到相应的提高。校外导师具有丰富的实践经验，他们可以利用自己的活动能力和职业影响力，带动和指导学生从事法律实践活动，为学生联系实习单位、争取研究课题、寻求项目合作等，同时指导学生进行职业规划设计。通过实习实践，学生亦可以明确自身的职业发展方向。校外导师在为学生提供实习就业机会和途径的同时，也为法律实务部门提供了了解学生、选拔人才的机会。

二、法律硕士培养中“双导师”制的实现模式

（一）调研与分析

为了判断我国法律硕士培养中“双导师”制实施的现状，本课题研究

组于2016年进行了调研。该调研的信息虽然至今已经过了三年有余，但根据本课题研究组对后续信息的追踪情况来看，其变化不是很大，这主要是由于法律硕士培养的方案和计划不宜过于随意变化。本课题研究组根据调查对象不同，分别针对法律硕士培养单位、在读学生、校外导师设计了3个调查问卷。因各培养单位对校内导师的聘任与管理都有相对成熟的机制和管理、考核办法，此次调查问卷设计的问题主要涉及社会各界对法律硕士“双导师”制的认知情况，目前校外导师的人员构成，相关配套制度的建立，如遴选与聘任机制，培养单位对校外导师管理与沟通机制、激励与奖惩机制、指导学生的基本规程，“双导师”的职责分工，校外导师参与培养和教学情况，如校外导师参与教学、指导学习、指导毕业论文、参与学生实习实践及职业规划情况等。每部分问题再根据研究需要具体细分。

本课题研究组选取了19所大学的法律硕士培养单位（其中11所大学为全国法律硕士专业研究生教育综合改革试点单位）进行网上问卷调查或实地访谈，8所学校返回了网上调查问卷结果；针对法律硕士在读学生采取网上调查问卷方式，共有2所大学的288名学生填写了网上调查问卷，有效率100%；共有56名分布在各法律实务部门的校外导师提交了调查问卷，有效率100%。

1. 对“双导师”制的认识与认可度

表1 对我国法律硕士实行“双导师”制培养模式的认识和认可度

	实行“双导师”制好	无所谓是否实行	实行“双导师”制不好
培养单位	100%	0	0
法硕学生	74.31%	10.07%	15.62%
校外导师	96.42%	1.79%	1.79%

通过调查和实地访谈，19所学校中18所学校实行了法律硕士“双导师”培养模式，占比为94.74%，只有1所学校尚未实行但正准备实行“双导师”制。被调查单位对实施“双导师”制的认可率为100%，一致认为“双导师”制是一种行之有效的、确保法律硕士研究生培养质量的培养方式。“双导师”制在实施过程中存在一系列不尽如人意的问题，实施效果未

能达到预期目标，导致部分学生和校外导师对实施“双导师”制有“不好”或“无所谓”的印象。

在对校外导师的调查中发现，担任法律硕士校外导师一职占用了他们一部分业余时间和工作时间，在本职工作之外承担了额外的任务和职责，但相对应地参与校外导师的工作对其职级和职务的晋升帮助非常大的仅占5.36%。

2. 校外导师的人员构成

校外导师的构成主要来自于法院、检察院、律师事务所、企事业单位法务以及其他的法律实务部门，被调查的学校几乎都在这些部门中聘任校外导师。100%的学校校外导师从法院、律师事务所中聘请；83.33%的学校聘请了检察院及其他法律实务部门的人员；聘请企业法务人员的学校占66.67%。

3. 校外导师的来源及受聘途径

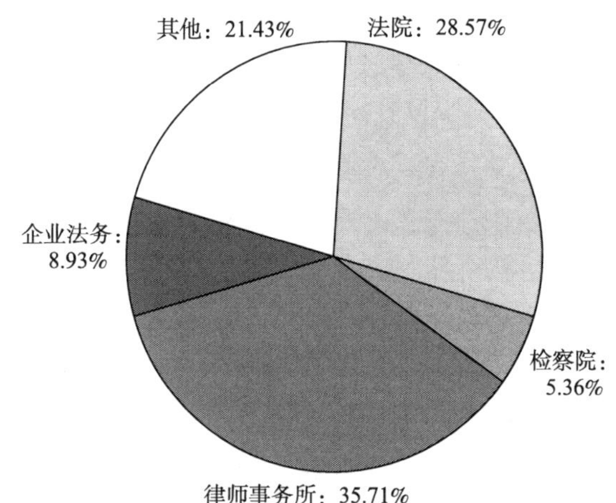

图1 校外导师的来源

从事校外导师工作需要投入大量的时间与精力来保障教学质量，很容易与原有工作事务和岗位产生冲突。来自于律师事务所的校外导师所占比例最大，主要由于大多数律师在时间及管理制度上比较灵活、自由，且与培养单位的合作比较密切，特别是在提供实习机会、培养单位推荐优秀毕业生到律师事务所工作方面合作紧密，他们更愿意投入其中；来自于公、检、法等国家机关的导师通常为单位骨干，需要处理繁多的工作事务，且单位管理制度严格，本单位也无相应的激励或奖励措施，如工作量减免、晋升方面的嘉奖等，因而这些部门中受邀担任校外导师的人数相对较少。

在这些校外导师中，非常愿意和愿意担任校外导师一职的各占71.43%、26.79%，共计占98.22%，意愿一般的占1.78%，说明接受校外导师一职的非常重视学生培养的工作，也很看重校外导师这一称号，愿意将自己的知识和经验传授给未来的法律工作者，愿意为国家法律人才的培养贡献力量。

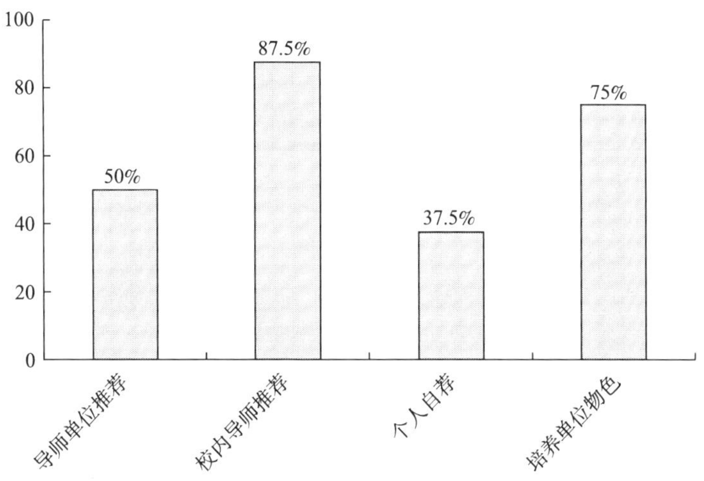

图2 校外导师的受聘途径

首先，由于校内导师大多在本专业领域有一定的建树和知名度，与法律实务部门关系密切，对本领域相关法律从业人员和专家了解较多，法律硕士培养单位通过校内专家、学者对法律实务部门的了解也较多，因此，由他们推荐和物色的校外导师人选占大半以上。其次，校外导师所在单位大多是法律硕士的实习实践基地，其所在单位推荐成为校外导师的也占一定的比例；自荐的比例最少。

4. 校外导师所在单位对此项工作的重视情况

表2 校外导师所在单位对此项工作的重视情况

	非常大	比较大	一般	没有
校外导师所在单位对其工作的支持力度	48.21%	46.43%	5.36%	0
校外导师的工作对其职级和职务晋升的帮助	5.36%	39.29%	0	55.35%

虽然支持力度有所不同，但多数单位对校外导师的工作比较支持。这些单位一般也是法律硕士毕业生的去向所在，表明法律硕士的培养已初见成效，得到了社会的认可。但对校外导师工作的支持仅限于平时的工作层面，如准予请假、给予一定的指导时间、接纳实习实践的学生等，并没有在导师个人待遇、职业晋升等相关利益上有所体现，一定程度上挫伤了校外导师的工作积极性。

5. 培养单位相关配套制度的建设情况

表 3 培养单位相关配套制度的建设情况

	有	无	准备拟定
遴选与聘任制度	93.75%	6.25%	0
学生与校内、校外导师的沟通交流机制	33.33%	50%	16.67%
培养单位与校内、校外导师之间的沟通交流机制	37.5%	37.5%	25%
校外导师岗前培训制度	37.5%	50%	12.5%
校外导师考评制度	37.5%	62.5%	0
校外导师续聘及淘汰制度	62.5%	12.5%	25%
薪酬支付	62.5%	25%	12.5%
指导学生的基本规程	75%	25%	0

被调查的学校都制定了校内导师的聘任与遴选制度，但部分学校缺乏有针对性的校外导师遴选、聘任与管理制度，只是按照管理校内硕士生指导教师的程序和方法执行，且执行的力度不够。这从学生调查问卷及校外导师调查问卷的反馈中可以看出。在沟通交流机制和校外导师的培训、考评及激励机制方面，仍有相当一部分学校没有相关的制度和措施。

6. 校内、校外导师职责分工情况

表 4 校内、校外导师职责分工情况

	校内、校外导师的职责分工非常明确	校内、校外导师的职责分工一般	校内、校外导师的职责分工不明确
培养单位	25%	50%	25%
法硕学生	35.07%	44.44%	20.49%
校外导师	42.86%	44.64%	12.5%

在校内、校外导师职责分工是否明确这一问题上，通过对学生、校外导师以及培养单位的调查、交流和访谈，不同的调查对象给出的答案大致相同，实际上目前校内外导师分工是不够明确的。

7. 校外导师对学生参与教学和指导情况

表5 校外导师对学生培养和参与教学情况

	参与较多	参与较少	几乎不参与
参与专业课程设计或教改项目	12.5%	62.5%	25%
指导学生论文选题	42.86%	39.29%	17.86%
指导学生论文撰写	37.5%	44.64%	17.86%
实践性教学或实习	46.43%	44.64%	8.93%
职业规划教育和设计	75%	23.21%	1.79%

在对校外导师参与教学和指导的调查中，参与学生职业规划教育与实践性教学的情况比较好，这符合实施“双导师”制的初衷；在指导学生毕业论文上，参与指导选题的占一定比例，指导论文写作的占比较少。从学生调查问卷中了解到，学生根据个人兴趣或实习实践中发现的问题来选题的占52.78%，完全来自于校外导师的占1.74%；在写作过程中，校外导师起作用的占42.71%，起作用很小和没起作用的共占57.29%，这个数据与校外导师的反馈基本相同。

8. 学生对校外导师教学和指导的满意程度

表6 学生对校外导师教学和指导的满意程度情况

	满意	比较满意	一般	不满意
校外导师的资质	21.18%	39.24%	28.82%	10.76%
校外导师的教学水平	36.46%	35.42%	10.42%	17.71%
校外导师的指导方式与指导效果	15.62%	24.65%	31.94%	27.78%
在学习中所起作用	11.81%	41.67%	30.9%	15.62%
在论文撰写中所起作用	7.29%	35.42%	32.29%	25%

72.57%的学生认为在学习过程中校内导师对他们的帮助较大，仅有2.78%的学生认为校外导师对他们的帮助大，11.11%的学生认为校内外导师的帮助都比较大。72.57%的学生认为目前“双导师”制没有完全发挥应有的作用，主要应在学生与双导师的沟通上加以改进；37.5%的学生认为应在学习管理模式上加以改进；还有一部分学生认为在校外导师的遴选上要拓宽专业渠道、培养单位应加强规范管理等。

（三）调研结果的分析

基于问卷调查的结果，目前我国法律硕士培养中“双导师”制的现状可以概括为以下四个特点：

（1）制度有待完善。在制度及认识层面上，我国目前并没有相应的法规和制度来保证校外导师的工作时间，没有在法律和制度层面上对校外导师的工作予以确认和肯定，校外导师承担指导学生的工作和能力是否成为他们工作能力与成绩考核的一部分，完全取决于其所在单位和部门对此项工作的认识与重视程度。

（2）管理有待规范。大多数培养单位制定了一系列的聘任、岗位职责、管理、考核等制度和措施，但涉及具体问题就没有相关细则，分工情况不明确，不具有可操作性，或形同虚设，没有把“双导师”制度真正落实到位。

（3）来源有待扩展。校外导师多来自于传统的实务部门，来源比较固定，范围较窄，所涉及的专业方向不尽如人意，急需建立相应的制度、程序和规范，建立人才资源库，使校外导师的人员结构多样化、合理化，真正在法律硕士培养涉及的领域发挥指导作用。

（4）参与有待深化。校外导师在实践性教学上取得了一定的成绩，但全程参与学生教学和指导的很少。校外导师绝大多数都没有参与到培养单位的课程设计和教改项目中，非常不利于法律硕士研究生课程体系建设和整体培养工作。

（二）法律硕士培养中“双导师”制的三种模式

为尽可能真实、全面地了解我国法律专业硕士“双导师”制的现状，本课题研究组搜集了关于专业学位建设、专业硕士培养的相关资料，进行比较阅读与思考，并提出相关问题，设计调查问卷，在此基础上进行实地调研与座谈，并同时发布网上调查问卷。在数次走访中，本课题研究组与法律硕士培养单位管理人员、校内外导师、在读学生等进行了沟通、交谈，获得了大量一手资料。归纳起来，我国法律硕士“双导师”制目前主要可分为三种模式。

1. 模式之一：全程式“双导师”制

全程式“双导师”制模式表现为校外导师自法律硕士研究生入学时始即与校内导师共同参与全部的相关教育与培养活动，直至学生毕业。根据对调查样本的观察，采取这样方式的大学尚属于少数。

（1）样本的观察与分析。我们找出几所大学分别进行或详或略的分析[1]：

【样本之一：中国政法大学】

中国政法大学的法律硕士研究生的培养目前有两种类型：全日制非法学本科的法律硕士研究生，学制三年；全日制法学本科的法律硕士研究生，学制两年。自 1996 年开始招收法律硕士研究生以来，已经走过了 20 多年的历史。2011—2018 年，招收的全日制法律硕士研究生年均超过 390 人。中国政法大学有法律硕士研究生校内导师 367 名[2]，聘请了来自国内外法律实务部门的校外导师 178 名。

在学生存在两种类型的背景下，校外导师对法律硕士研究生培养的全程参与表现为如下特点：

第一，因学生而异的“双导师”制的启动。对法学本科的法律硕士研究生而言，鉴于其在本科期间已接受过较为完整的法学理论教育和初步的法律实务训练的背景，自研究生入学时起的第一个月内需要完成自己的“一对一”校内导师和校外导师的选择。在学生完成“双导师”的选择后，校内导师和校外导师共同携手开始对学生的培养。

---

〔1〕 就分析样本而言，全国第一批法律硕士研究生培养的 8 所高校值得关注，但是，鉴于本课题组收集到的该 8 所培养单位的最新权威数据尚未构成较为完整的体系，故而本研究报告暂未将其中的 7 所培养单位作为分析样本。鉴于在本课题组进行研究期间，恰逢教育部对 2010 年以来获得法律硕士学位授予权的高校进行评估，被评估机构提交的信息具有最新性和权威性，故而，本课题组选取的研究样本主要集中在 2010 年期间获得法律硕士学位授予权的高校。

〔2〕 从全部的分析样本看，各高校基本上并未配置仅服务于法律硕士研究生的校内专任教师，而是同一师资队伍兼具培养法学硕士研究生和法律硕士研究生的任务。

对非法学本科的法律硕士研究生而言，鉴于其在入学后的第一年必须要进行基础法学理论知识的学习，故学生自入学后第二学年的第一个月需要完成“一对一”的校内导师和校外导师的选择。为此，校外导师介入非法学本科法律硕士研究生的培养始于参与课堂教学活动，例如由校外导师全课程讲授《法律谈判》《法律文书写作》等，或者由校外导师与校内导师通过“对话式”“讨论式”“讲授与点评式”等方法在必修课或选修课的课堂上共同进行讲授活动。

此外，校外导师还大量活跃于知识产权法、财税法、保险法、公证法、资本金融法律事务、能源法、卫生法和涉外民商事法律等方向课程组的课堂上。所谓方向课程组，是指根据法律硕士研究生的培养目标以及法律实践的要求，有针对性地为法律硕士研究生专门设置的课程群。该设置打破了无差别的、固化的法律硕士研究生培养的传统模式，以相关职业领域人才需求为导向，以法学学科为基础，以职业能力为重点，以夯实学生法律素养为前提，围绕培养法律硕士研究生目标及社会需求来设计和开设的理论与实务相结合、不同学科方向的知识复合模块。

这样的方向课程组的设置可以充分发挥“双导师”的优势，通过“双导师”的授课、举办学术讲座和专题讲座等方式共同参与教学，创新课堂教学方式，深化教学方法改革。

第二，“双导师”的双向选择原则。师生关系的建立应是双方自愿选择的结果。无论是校内导师还是校外导师均概莫能外。在中国政法大学，“双导师”的选择遵循双向选择的原则。该原则旨在尊重师生们的自主选择权。具体路径如下：

首先，由教务部门公布校内导师和校外导师的基本信息，由学生根据自己的学习兴趣、拟选择的论文写作方向、对导师专业和职业的了解、对自身未来的职业规划设计等，综合考虑对校内导师和校外导师的选择，并将自己的选择意愿及个人信息通过教学办公室发给其所选择的“双导师”。

其次，校内导师和校外导师分别根据自己对学生的专业背景和学习成绩等信息，经过考核、面试等环节确定是否同意成为其导师。

最后，如果在第一轮和第二轮选择程序中均未选择合适的学生和“双导师”的，将由教务办公室统一协调以最终确定学生与“双导师”之间的关系。自 2012 年以来，该校已经实现法律硕士研究生的 100% 的“双导师”指导。

第三，“双导师”的全程介入。从课堂讲授、课余学习指导、实习实践指导，到学位论文的开题和撰写、毕业前的职业规划引导等，校内导师和校外导师均从各自不同的角度指导着学生。根据中国政法大学有关校内导师和校外导师的相关制度规定，校内导师与校外导师各司其职。校内导师侧重于对学生进行法学理论的教学、学习方法的指导和学位论文选题与撰写的指导；而校外导师除通过参与课堂讲授并在上述活动发挥其辅助作用外，主要侧重于对学生进行理论知识与实践相结合的指导，强化对学生的应用能力培养。“双导师”为学生提供从课程学习到法律思维培养、实践能力培养的全过程指导。学生跟随校内、校外导师学习的过程，实际上是把理论与实践相结合的能力学习贯穿于整个法律硕士学习的始终。

第四，发挥校外导师的优势。根据法律硕士研究生“复合型”“应用型”的培养特点，亦根据校外导师在法学理论上的造诣尤其是在法律实务上的丰富经验，中国政法大学在法律硕士研究生培养中注重在如下方面发挥校外导师的优势：

首先，通过“对话式”“讨论式”“讲授与点评式”等较为科学的方法，以授课或讲座方式，校外导师将自己的法学造诣尤其是在法律实务中积累的丰富经验展示给学生，令学生获得了开阔的知识视野、“接地气”的法律实践知识、活灵活现的成功与失败的案例和引发深入思考的前沿问题等。

其次，通过由校内导师和校外导师（主要是律师）共同承担的诊所教学（采用案件讨论、角色模拟、单独指导的方式）、模拟法庭、法律实务部门的实习（如在法院、检察院、律师事务所、公司法务、仲裁部门、政府部门等机构）等教学环节，实现法学理论与法律实践相结合的教育目标，培养学生的职业道德，培养学生的实践能力、职业素养和分析法律问题的技能、口头辩护及语言表达的技能。

学生的实践能力培养不是孤立进行的，应当始终与其所学课程贯通，其中有校内导师的理论指导，也有校外导师的实践指导。通过校内导师与校外导师的共同努力，提高学生的法律诠释能力、法律推理能力、法律论证能力以及探知法律事实的能力。

再次，通过“双导师”的共同指导，实现对法律硕士研究生学位论文的全面指导。法律硕士研究生的学位论文要求不同于法学硕士研究生的论文要求。对法律硕士研究生的学位论文，需要从论文选题、论文内容、论文形式、论文评价等方面制定不同于法学硕士研究生的标准。根据全国法律硕士研究生教学指导委员会的指导性意见，应当允许学生以法律实务研究为主要内容，采用研究报告、案例分析、专项调查、应用型专题、基础理论研究等多种形式撰写学位论文。这样的学位论文需要将法学理论与法律实践紧密结合，而“双导师”制可以在此发挥出单纯校内导师指导所无法具有的优势。

最后，通过“双导师”的共同指导，学生的职业规划将获得更加具有未来性和可实现性的特质。学生根据自己的特点及兴趣，选择相应的学习及实践方向，在校内导师的理论指导下，在校外导师丰富的业界经验引领下，熟练掌握适应未来职业岗位的要求和技能，少走弯路。“双导师”通过对学生实习实践的指导，使学生明确自身的职业发展方向，对于学生职业规划的引导发挥重要作用。

在该样本中，校外导师参与论文答辩的内容需要进一步研究。

【样本之二：北京工商大学】

北京工商大学自2010年开始实行“双师节”制，迄今为止，共招收了200余名法律硕士研究生，有校内专任导师33人，校外导师69人。

就“双导师”机制运行的特点而言，主要表现为：

第一，校外导师分配制。北京工商大学法学院根据每位法律硕士研究生的兴趣爱好、本科背景，在其入学后即为每位学生分配一位校外导师。

第二，校外导师参与课堂教学活动。北京工商大学法学院积极组织校外导师越来越多地以授课、讲座方式参与教学活动。该校2011年仅有4名校外导师参与课堂教学活动，2014年则增加至12名，2018年也有增加。2011年有10名校外导师为法律硕士研究生举办讲座，2014年之后则增至每年至少有32名校外导师为法律硕士研究生举办了讲座。

第三，校外导师全程参与指导活动。在校外导师与学生确立师生关系后，按照学校和法学院的相关规定，校外导师不仅以讲授、举办讲座等方式参与教学活动，而且要参与对学生日常学习、实习实践活动的指导。此外，校外导师在法律硕士研究生学位论文的开题中要给出指导意见，在学位论文的撰写完成后要出具对论文的评价意见。最值得称道的是，该大学法学院组织校外导师参与法律硕士研究生学位论文的答辩活动，即根据学生的学位论文选题和校外导师的实务领域，每年邀请 10—12 名校外导师参与答辩。

【样本之三：华东政法大学】

华东政法大学结合地域优势及当地经济发展对法律实务人才需求的特点，与上海律师协会合作，聘请知名律师作为校外导师，在法本法律硕士研究生中组建以培养非诉讼职业律师为目标的高端实验班。其特点是：

第一，为实验班成立专门工作组，由律协、校外导师、校内工作人员组成。

第二，校外导师参与该实验班学生的选拔、培养直至就业的全部过程。

第三，实验班学生每人配备一位校外导师，校外导师参与实验班授课教学、实习实践、开题、预答辩、正式答辩、就业指导等环节的全部工作过程。

第四，鼓励法律硕士研究生以案例研究、实践调研报告作为学位论文写作形式。

【样本之四：上海交通大学】

上海交通大学对法律硕士研究生实行全程培养，具体做法是：学校每年 10 月向法学院各学科团队发出通知，要求按学科推荐相关领域符合条件的校外导师候选人名单，在充分尊重各学科团队意见的前提下，由学院综合考虑候选人的资历、专业素质以及各学科对校外导师的需求量等因素决定聘用人选。目前，该校始终将校外导师人数规模控制在 160—180 人，其中每年有 100 名左右的兼职导师参与学院的授课、讲座等教学活动。

值得推广的特色做法是：为使学生尽可能广泛深入地接触法律实务，上海交通大学法学院与当地较为成熟的律师事务所进行团队式合作，开设了“商务诉讼”等有针对性的实践课程，这些课程的讲授由相关律师事务所组成授课团队接力完成，突出了实务技能的培养，很受学生欢迎。此外，学校鼓励学生参与校外导师的课题研究，使学生一方面通过力所能及的付出协助校外导师做事，另一方面也使学生通过参与课题研究的过程提升自己的科研能力。上海交通大学积极倡导学位论文形式改革，鼓励法律硕士研究生将案例研究、实践调研报告作为学位论文写作方向。目前，绝大多数学生已将案例研究和调研报告作为自己的学位论文写作形式。

【样本之五：安徽大学】

安徽大学对法律硕士培养实行全程“双导师”制，在校外导师的选聘、参与人才培养等环节的做法与上述几个样本大致相同。在此基础上，安徽大学积极强化实习实践基地建设，具体做法是：以实习实践基地为落脚点，为每位学生安排一位校外导师，全程参与学生培养。

此外，在学位论文写作与答辩方面，安徽大学有其独特的思考和做法。学院积极鼓励学生将案例研究、实践调研报告作为学位论文写作形式。为使学生在确定学位论文方向之前对所选方向有充分的理解和认识，学校将非法本法律硕士研究生的实习安排在第三学期，同时要求学生在实习结束时向校内和校外导师同时提交一个调研报告或案例分析，以此作为该学生学位论文的基础素材。另外，学生可参与实践基地校外导师负责的课题研究，并将研究成果作为其学位论文。

在论文答辩时，答辩组长均由符合条件（具有硕士或博士学位）的校外导师担任，将实务性思考和实践技能研究作为法律硕士研究生学位论文评价的基点。

（2）结论。全程式“双导师”模式，通过“双导师”参与法律硕士研究生培养的各环节之中而相当充分地发挥出“双导师”互补优势，对学生的培养质量有着至善至美的可预期性。课题组认为，该模式应当是法律硕士研究生“双导师”制的未来发展方向。当然，在如何完善全程式“双导师”模式方面，还有许多工作要做，还有许多环节需要体系化设计，还有许多举措需要精细化。

2. 模式之二：授课式“双导师”制

授课式“双导师”模式表现为校外导师参与法律硕士研究生的培养，多以讲授或讲座等方式，同校内导师共同实施课堂教学和培养活动。根据对调查样本的观察，采取这种方式的大学超过50%。

（1）样本的观察与分析。我们选取了三所大学进行分析：

【样本之一：广西大学】

广西大学自 2010 年开始招收法学本科的法律硕士研究生和非法学本科的法律硕士研究生，招生人数超过 500 人，毕业人数超过 200 人。广西大学的校外导师有 23 名。校外导师参与法律硕士研究生培养的特点主要表现为：

第一，校外导师以讲授和举办讲座为参与学生培养的主要方式。该校法学院所聘校外导师在学生培养方面，主要通过参与法律实务课程的讲授和举办讲座的方式实施。例如：讲授“法律实务专题”“证据规则与证据运用”等课程；不定期地举办涉及法律实践问题的讲座或学术报告，其先后开设了“医疗纠纷法律实务”“永远有多远——法学理论与法律实务的差距”“民事审判的理念”等讲座。

第二，校内导师与校外导师分工明确。有关法律硕士研究生的日常研习、法学理论专题训练、学位论文的写作主要由校内导师负责指导。

校外导师则主要负责对学生学位论文中的法律实务问题予以指导；为法律硕士研究生的法律实践及毕业实习提供相关信息和机会；如果符合相关条件的学生，校外导师还可以直接安排在其所在部门实习。

【样本之二：西南交通大学】

西南交通大学自 2010 年开始招收法学本科的法律硕士研究生和非法学本科的法律硕士研究生，至 2018 年已毕业五届法律硕士研究生。有校外导师 10 余名。

西南交通大学的“双导师”中的校外导师参与法律硕士研究生培养的特点：

第一，校外导师以授课和举办讲座为参与学生培养过程的主要路径。校外导师以单独授课方式或“多师同堂”方式参与课堂的讲授，例如：校外导师单独讲授《法律谈判》课，以“多师同堂”方式讲授《检察理论与实务》课。

第二，参与学生学位论文的评价与答辩。校外导师除大量参与课堂讲授或举办讲座外，同时还有部分导师参与专业实践的指导，尤其是在对法律硕士研究生的学位论文进行评价、与校内导师组成联合答辩委员会参与学生学位论文答辩方面也发挥了引人瞩目的作用。

【样本之三：中国科技大学】

中国科技大学法学院自2010年开始招收法律硕士研究生。校外导师仅20名，分别来自律师事务所、法院、检察院等实务部门。校外导师们不仅承担了《法律文书》和《法律谈判》两门课的教学任务，而且还先后为学生们举办有关法律前沿、热点问题的学术讲座。此外，多数的校外导师与校内导师共同组成导师组，参与了学生的学位论文指导、评阅和答辩活动。当然，课堂讲授与讲座是校外导师参与法律硕士研究生培养的主要活动领域。

（2）结论。在上述大学中，虽然校外导师也多被邀请参与对法律硕士研究生学位论文的指导、评阅和答辩，但是，进行课程讲授和举办讲座则是校外导师参与法律硕士研究生培养的主要路径。不过，校外导师参与课程讲授的领域较为狭窄。该模式在未来尚有较大的改革空间。

3. 模式之三：实践指导式“双导师”制

（1）观察与分析。采取该模式的大学目前较多，本研究报告不一一列举。在该模式中，虽然校外导师也参与法律硕士研究生教学环节中的某些活动，或者参与学生学位论文指导、答辩的某些环节，但校外导师的工作主要是对学生的实习实践进行指导。通过校外导师的参与指导，强化学生们将理论融入实践能力的学习，培养学生的职业道德、实践能力、职业素养，培养学生分析具体问题的技能、口头辩护及语言表达的技能。

（2）结论。在该模式中，来自于法院、检察院、律师事务所、仲裁委员会、企业法律机构、国家机关法务部门的实务专家们受聘成为校外导师，其承担模拟法庭、法律诊所或其他实习活动的指导工作。校内导师与校外导师共同指导学生的专业实习，有利于学生实践能力的培养。校内导师的理论指导、校外导师的实践指导，构成“双导师”的合力，十分有利于提高学生的法律诠释能力、法律推理能力、法律论证能力以及探知法律事实的能力。但是，该模式由于校外导师参与领域较窄，故呈现出被越来越多的大学变革的状态。

三、法律硕士培养中“双导师”制实施中面临的困境

法律硕士培养中，“双导师”制在全国各法律硕士培养单位的落实与实

施一直处于探索阶段，各培养单位对“双导师”制重要性的认识、具体情况和实施条件不同，导致在落实和实施过程中存在很多问题和困难，使校外导师对学生的培养并未真正起到应有的作用，学生对校外导师满意度也并不高。从调查分析看，“双导师”制的进一步实施主要面临以下困境：

1. “双导师”制的法规、政策缺位

虽然国家主管部门在相关文件中提出法律硕士培养要实行“双导师”制，但由于并未建立相关的法律和规范，法律硕士研究生的“双导师”制只是建议执行而不是强制执行。在导师队伍建设和教学管理上没有制定可量化的、具有可操作性的一系列政策措施，聘任校外导师资源渠道不畅、于法无据。目前，校外导师资源主要集中在公、检、法、律师、企业法务等职业中，但相关的行业法规都没有对法官、检察官、律师等参与高校法学教育的权利和义务做出相应的规定，导致部分校外导师参与度不够、积极性不高。校外导师大多都是兼职，其人事关系不属于法律硕士培养单位，由于缺乏对校外导师的激励政策，他们指导学生的全部工作与其薪酬、职称评定、职级职务的晋升没有任何关系，因此，法律实务专家对于能否兼任研究生导师大多并不在意。在这种情况下，学校无法制定具体的管理措施和奖惩机制，更无法对校外导师的工作进行硬性要求和规定，使得校外导师无法享有与校内导师同等的权利，缺乏荣誉感、归属感和责任感，对学生培养工作的参与度和积极性都受到很大影响。

在高校和培养单位方面，未给予“双导师”制高度重视，对校内、校外导师的发展和需求缺少调研，对导师队伍建设缺乏长期的规划。同时，对专业硕士学位的宣传不够，毕业生的社会认可度偏低，大多数人对硕士研究生的认识还停留在学术型研究生的层面上，因而在社会认可度与响应度、资金支持等方面面临着很多困难，亟需解决。

2. “双导师”聘任的非规则化

（1）“双导师”的遴选与聘任制度不健全，贯彻不到位。目前，我国法律硕士校内导师与法学硕士导师几乎是混用的，绝大多数培养单位没有专门的法律硕士导师队伍，同一个导师同时归属于“法学硕士”与“法律硕士”导师队伍。在任职条件上，大多要求导师具备一定的职称，在科研论文发表的数量、质量和项目经费上都有明确要求和量化指标，但对其在法律实务方面的能力没有要求，这显然不符合法律硕士研究生的培养要求，因此，遴选的针对性不强。此外，由于法律硕士在学历形式上分为全日制和在职，学生来源上分为法律专业和非法律专业毕业生，他们的培养模式、学习内容不尽相同，应有所区分，但培养这些学生的校内导师也都是共用的，这又进一步稀释了师资队伍。因此，法律硕士校内师资队伍远没有官方材料中所呈现的那样充裕。

在校外导师的遴选上，很多学校虽然制定了相关的制度和规定，但没有量化指标和标准，可操作性不强，制度往往流于形式，不能认真贯彻与执行，导致校外导师积极性不高，人才匮乏。

(2) 校外导师数量不足、来源范围较窄。由于法律硕士招生规模逐渐扩大，对导师的数量和专业方向要求越来越高。现在的校内导师大多来自于学校固有的研究生导师队伍，专业方向有限，而校外导师主要来自于传统的公、检、法、律师事务所等法律实务部门，来源范围较窄。随着社会经济的发展，法律应用已渗透到各行各业，目前的导师队伍无论从规模、专业方向、来源部门等方面，都无法满足法律硕士的培养需求。

(3) 缺乏对导师的岗位培训。培养单位几乎都没有相关的制度和措施对校内、校外导师进行岗前培训，使得导师特别是校外导师对培养目标、培养计划不了解，对课程的总体设置不清楚，影响了教学效果和质量。这些导师在各自的岗位上具有较强的实践技能，但对于学生培养及授课方法上经验不足，在将实战经验转化为课堂教学时，水平参差不齐，无法形成较好的教学效果。

3. “双导师”权与责界限不明

(1) “双导师”职责分工不明确。部分培养单位制定了导师聘任办法，但其中关于导师具体职责的表述十分笼统。虽然规定了导师双方应参与法律硕士培养的全过程，但在参与程度、授课比例、指导论文等方面没有明确的说明。很多培养单位对校内、外导师的职责没有明确的分工，校外导师的定位不准确，对学生的培养没有具体的教学计划和目标；如何对学生进行指导方面还缺乏比较固定的模式和经验；校外导师和校内导师之间的关系不明确，他们在工作中的协调等问题没有得到很好解决。

(2) 校外导师相关权益未能充分界定。由于我国以学术为导向的研究生培养模式已经运行了几十年，绝大多数培养单位，甚至上级主管部门，一直遵循着重学术、重科研模式定位的培养过程，这就导致很多研究生导师在培养专业学位研究生时无意去学术化，轻视实践性，以此观念为基础形成了一种学术导师才是主要导师、实践导师只是起辅助作用的认识。基于这种认识，校外导师的许多劳动付出并没有得到应有的尊重，例如：在学生的毕业论文中，校外导师的署名权问题一直未能得到真正解决。

（3）校外导师缺乏对课程体系设置的参与，课程设置不适应应用型人才的培养。各培养单位在课程体系设置与建设上鲜有校外导师的参与，未能听取他们从法律实践的角度出发对课程设置提出的建议和意见，致使大部分培养单位在教学体系中虽然重视实践与教学的联系，越来越重视课程的实用性，但课程结构性的失衡问题仍然较大，主要表现在课程设置上与司法实践的需求有差距。例如：重视民法、刑法的教学，但实践中更为需要的专业性课程与社会需求脱节，其中很多与社会经济活动相关的重要课程，例如：能源法、涉外民商事法律和卫生法等方面不仅课程少，即使已有的课程也都是一带而过。这与院校相关课程建设和师资队伍配备有很大关系。

4. 沟通及信息反馈机制不健全

培养单位对导师、学生缺乏规范的沟通交流机制，组织校内、校外导师就学生培养和教学经验等交流、座谈活动较少，校外导师无法及时了解培养单位的教育教学改革、课程设置、教学与培养动态等，也无法将其在教学、学生职业规划方面的一些想法与学院进行沟通；培养单位无法及时了解学生目前的学习、实习情况、导师指导情况，教学信息不对称；校内、校外导师之间缺乏经常性的沟通，有些校内、校外导师教授同一门课，却甚至互不相识，不利于教学指导；由于没有要求和制约，有些学生经常不参加校内、校外导师组织的活动。

5. 考核体系与激励机制缺失

“双导师”制的推行意味着培养成本的增加，但目前国家和学校对于“双导师”制的经费投入还没有政策上的规定，投入不足，校外导师有些没有报酬，大多数所得到的报酬远远低于他们的劳动付出，不利于调动他们的积极性；校内导师的报酬也没有政策的倾斜，使得本身对专业硕士培养认识不足的导师在教学过程中很难发挥主动性和积极性，影响培养质量。

此外，经费的不足使得各培养单位对“双导师”的工作考核无法建立起科学的量化标准，一般对校内导师考核参照学校的考核标准进行，没有针对性。要充分调动校内、外导师的积极性，必须在加大经费投入的前提下，建立起科学的考核制度与激励机制，加大考核力度，这样才能使“双导师”制真正健康、持久地发展下去。

四、法律硕士培养中“双导师”制的完善路径

（一）法规之完善

1. 推动法律硕士“双导师”制的立法，保障“双导师”制的构建和实施

我国法律硕士专业学位研究生的培养是教育主管部门的责任和义务，与法律事务部门的关系密切。但是，目前各培养单位主要是由高校负直接培养责任，法律实务部门如法院、检察院、律师事务所等只有道义上的责任而没有法定的责任和义务。法律硕士研究生的培养目标只有通过与法律实务部门的合作才能实现，因此，需要充分发挥国家和相关政府部门的主导作用。“双导师”制是专业学位研究生教学与培养的一项重要制度，法律硕士培养和教育的指导与主管单位应“积极参与《法院组织法》《检察院组织法》《律师法》等与法律人共同体密切相关的法律的制订和修改，呼吁将法官、检察官、律师等实务人士参与法律硕士培养作为义务性规范或倡导性规范，写入相关法律法规，并作为考评和奖励的一项指标”[1]，制定操作性强的指导规范和细则。同时，将法律硕士“双导师”制明确定位为强制性规定，达不到要求的培养单位，在其今后的法律硕士招生培养资格、招生规模等方面加以制约。

相关教育主管部门、培养单位应加强宣传，使社会各界及时转变观念，树立对专业学位的正确认识和评价，明确校内、校外导师在法律硕士培养过

---

〔1〕 黄振中：《“双导师制”在法律硕士教学与培养中的完善与推广》，载《中国大学教育》2012 年第 2 期，第 27 页。

程中同等重要的地位和作用；重视法律硕士“双导师”制度的落实和实施，从政策上进行激励，给予校外导师相应的荣誉称号；促进导师遴选、教学管理、薪酬支付、业绩考核、激励与淘汰机制等各项制度的建立；在资金、办学条件等方面加大投入，给予培养单位大力支持；加大开放式办学的力度，积极协调法律职业协会如法官协会、检察官协会、律师协会等，形成联合培养法律硕士的有效机制，充分利用合作单位资源推动实践教学和实习、实践环节的培养。同时，合作单位和校外导师所在部门也要从政策上给予校外导师支持，包括给予校外导师一定的时间、在职级或职称晋升方面对校外导师的工作给予认可等，以此推进法律硕士培养“双导师”制的建立和实施。

2. 在校内、校外导师的管理上制定相关的制度和规范

校内、校外导师应由统一的部门管理，主要由培养单位负责，学校主管研究生的部门和人事部门备案并负责监督。培养单位应将校外导师纳入研究生指导教师的正常管理之中，在教学管理、薪酬支付、绩效考核、续聘与解聘等方面制订一系列相关制度和规范，保证法律硕士研究生的教学和培养顺利进行。

（1）校内、校外导师的合理配置。学生的总数量以及各个培养方向的人数决定着导师总数量及各专业方向导师的数量，“双导师”的遴选与配置必须找到两者的结合点，在导师的专业方向和培养目标上取得共识。从大多数实行“双导师”制的培养单位看，一般都实行双向选择的方式为学生配备导师，但往往会因导师数量、专业、职务职称、社会地位等因素的影响，出现学生的选择相对集中于少数导师的现象；而导师在选择学生时，也往往由于培养数量的限制，与一些选择意愿非常明确的学生失之交臂。校内外导师的配置要按照培养单位培养目标的制定、专业课程以及培养方向的设置、每个专业方向的学生人数等，安排和配置校内外导师的数量和比例。对具有较高理论水平和丰富实践经验且受学生欢迎的导师，应在其力所能及范围内尽可能地为其配备较多的学生名额，并安排相应数量的助手或助理。为确保导师有足够的时间与精力对学生进行指导，保证教学质量，无论是校内还是校外导师，应规定其所带学生人数的上限，建议校内、校外导师每届所带学生均不超过 5 人。

（2）明确校内外导师的职责，制订岗位说明书。法律硕士培养采取“双导师”制，即校外导师与校内导师共同负责指导、导师负责与导师组集体指导相结合的培养方式。新生入学时或在学生对课程体系及培养方向、师资力量等有一定的了解之后进行师生双向选择，确定校内外导师，由“双导师”负责制订学生的个人培养计划。

校内导师和校外导师作为两个岗位，应当分别制订相应的岗位说明书，说明书应详细规定导师的责任、权利和义务，且尽量实现责权平衡，这是导师聘任的前置规范。岗位说明书中应包含：校内外导师在指导学生学习、课题调研、实习实践以及毕业论文的开题和撰写等各环节过程中应该承担的最基本的责任、主要的教学内容、应采用的教学方式、分别要达到的最低要求等。

第一，校内导师的职责。参考学校对研究生导师的规定，同时突出法律硕士培养和教学特点，加强实践教学方面的职责规定；教学方法一般以课堂讲授为主，兼有课堂讨论、举办提高理论和学术水平的学术讲座等；在毕业论文的开题及撰写上给予学生更多指导。校内导师的教学应明确法律硕士培养目标，转变观念，结合法律硕士培养的特点，创新课堂教学方式和教学方法，提升自身的法律实践能力，突出课程实用性与综合性，积极探索专业学位与学术学位研究生培养之区别，推动法律硕士教学改革的开展。

第二，校外导师的职责。参与授课。授课是校外导师的一项主要工作，讲授的课程主要应以实务类课程和知识复合型课程为主，如：法律谈判、法律文书写作与诉讼技巧、模拟法庭和法律诊所等，同时在不同系列的知识复合课程（如保险法、财税金融法、知识产权法、能源法、传播法等系列课程）中承担一定数量的教学任务。课时的多少应据各培养单位不同的课程设置和安排而定，但应规定课时的下限。

举办学术讲座、沙龙。法律硕士人才培养要贴近法律职业的需求，应从优化教学内容和方法入手。除授课外，校外导师应举办学术讲座、开办学术沙龙等对“满堂灌”的授课方式进行补充，有利于从问题出发，为学生构建一种轻松、形象的法律思维的学习环境。

参与论文指导。根据法律硕士研究生的培养目标，其学位论文在选题及写作方法上应突出实践性，注重实际问题的解决，鼓励学生以法律实务研究为论文写作的主要内容，明确要求论文选题及写作方法要与法律实务紧密结合，同时可以大量采用案例分析、研究报告、专项调查等形式进行写作。提倡法律硕士研究生把实习和调研中遇到的有研究价值的案例、事例或问题作为选题来源。这样，一方面校外导师能够给予学生以丰富的实践素材，另一方面对于学生的实践探索更具指导意义。在论文写作指导上，校内外导师既要有明确分工，又要有探讨合作，对校内外导师指导论文的选题、写作的质和量都要有明确的规定，可以通过填写指导记录表来掌握和交流导师的指导情况。

建立“双导师”指导实习制度，鼓励校外导师引导学生进行职业规划设计。“双导师”指导实习制度指校内导师与实习基地特聘的校外导师共同指导学生的专业实习。学生参加专业实习之前，“双导师”应按照培养方案的要求共同制订专业实习计划，列出专业实习的具体内容。专业实习计划经“双导师”审核同意后方可执行。学生在“双导师”指导下完成实习工作。校外导师应在教学、实习等教学活动中发挥自己的特长，在培养学生的职业素养和在学生进行职业规划设计中起引导作用，有些校外导师还可以有针对性地推荐或接纳学生就业。

参与学校课程体系建设及专业学位教改项目。课程体系建设关乎到法律硕士培养质量，校外导师参与课程体系建设，可以将自己在法律实践中的经验以及社会对法律领域的需求融入学生的培养中，否则课程设置仍然不能摆脱学术硕士培养模式的桎梏。同时，很多学校针对专业学位设置了专门的教改项目，培养单位在政策上应鼓励校外导师积极承担项目，根据本人的实际情况，深入研究教学内容和方式，使校外导师实践教学的作用不仅仅停留在课堂内或意见、建议层面，而且能通过教改项目转化为教学成果，这对校外导师的课堂教学具有积极的示范作用和借鉴意义，从而提高校外导师的整体教学水平，推动法律专业学位教育的良性运转。

（3）明确校内外导师应享有的权利，建立行之有效的激励机制。制定校内外导师岗位培训制度。导师培训包含岗前培训及任期内的培训。导师被聘任后，就应立即对其进行岗前培训，未进行岗前培训的导师不得指导学生。从内容上看，岗前培训主要是帮助导师对其责、权、利进行全面的了解，对培养单位的培养目标、课程设置、教学方式、学生背景等有所了解。任期内培训应包含：导师的职业道德规范培训、指导学生的技能与技巧培训、学术水平与实践能力的培训；针对不同类型、不同年龄、不同学术学历背景的导师制定个性化的培训方案。培训方式应该多样，可以借助国家的一些培训项目，如教育部“国培计划”和“省培计划”，与全国各地的教育工作者一起集中研修学习，互相交流、取长补短；培养单位定期举办培训班，请本校或其他高校，甚至国外专家学者传授指导经验；通过组织专题学习、案例研讨等，提升校内外导师的专业理论知识；通过校内导师到法律实务部门或实习实践基地挂职锻炼、交流等方式，提高其法律实践能力；建立定期学习制度，校内外导师互相交流指导技能，培养单位可以定期编制教师指导手册，内容应包含国家的最新政策、法律专业学位教育的最新动态、法律实务部门对毕业生的反馈、研究生指导方面有参考价值的论文资料及参考文献等；支持校内外导师参加国内外学术会议进行学术交流、参加访问学者计划等，为校内外导师理论和实践的提升提供更多的资源和渠道。

建立健全“双导师”薪酬支付制度。校内导师的薪酬待遇大多按照学校及培养单位的制度执行，为落实国家关于大力发展专业硕士研究生培养的要求，学校在薪酬支付、职称晋升等政策的制定上，应对法律硕士研究生导师予以一定的倾斜，消除学术型导师对专业硕士的偏见，提高和调动导师培养专业硕士的积极性，鼓励学术水平较高的研究生导师在培养专业学位研究生上下功夫。校外导师与校内导师在法律硕士研究生培养上应具有同样的地位，按照权利、义务相一致的原则，制定相关的授课、指导学生实习实践的薪酬标准，向校外导师提供适当的补贴。培养单位除应参照校内导师的待遇向其支付课酬外，还应该从物质以外的其他方面给予补充，如校方及校外导师所在单位提供的荣誉、校外导师所在部门与校方的合作机会等。可对校外导师授予国家法律政策层面上认可的研究生导师称号，学校每年向法律实务部门推荐一定比例的优秀毕业生等，以此来建立与法律实务部门良好的合作关系；法律实务部门的人员在高校做校外导师，经过评估与考核在培养人才方面做出了显著成绩的，由其所在单位予以物质和荣誉上的奖励，并在职务与职称晋升方面有所体现。

（4）建立培养单位、校内外导师、学生之间四方沟通交流机制。为加强培养单位对校内外导师队伍的动态监督和有效协调服务，充分调动导师的主动性和积极性，发挥“双导师”制的内在动力，提高培养质量，应建立培养单位、校内外导师、学生之间四方沟通交流机制，通过多种方式加强四方的联系。在导师与学生的交流上，根据每学期的教学安排，对导师之间、学生与导师之间的沟通内容做出规定，对沟通交流次数做出最低要求；另外，通过课堂问卷、管理人员定期听课、教学督导以及评选“最受欢迎教师”等形式，建立起学生与导师的有效沟通机制。在培养单位与教师、学生的交流上，应设专人负责与校内、外导师的沟通与联系工作，对涉及校外导师的课程安排、讲座安排、双向选择导师的工作安排，以及实习指导工作安排等统一部署；建立导师教学信息库，利用新技术手段，如建立与校内外导师的微信联络平台等，及时掌握导师在指导学生过程中遇到的问题并进行实时沟通；定期召开由“双导师”及学生代表参加的教学研讨会，围绕法律硕士教学方法、教学内容、教学模式、学位论文指导等进行交流，加强培养单位与教师和学生之间、“双导师”之间、教师与学生之间的互动，及时发现并解决问题，提高教师授课水平与教学质量。

（5）建立科学的校内外导师的质量监控体系。法律硕士研究生“双导师”制建设应加强全过程管理，强化导师指导环节、质量监控和动态调整。形成“遴选—聘任—管理—评估考核—优胜劣汰”的良性循环。应建立一套由管理部门主导的、规范化的考核评估体系，建立教学督导制度，制定科学的评价指标。

评估考核包括培养单位对“双导师”的教学、指导论文情况评估考核、学生对“双导师”的指导评估、社会对毕业生的反馈评估等。对校内导师和校外导师应制定不同的评估考核指标，且评估考核要有相应的监督机制。

校内导师的评估可参照学校对研究生导师的评估考核标准，在学术和教学上采取自我评估、管理部门考核和学生评估的方式，且对不同的评估考核方式赋予不同的权重。教师培养的研究生质量是最重要的考核标准，因此，可以把与质量相关的行为、结果作为主要指标，其他作为次要指标。例如：学生课程学习的成绩和结果、实习实践课题的审核结果、毕业论文盲审与答辩结果、就业单位反馈的意见等都可以作为主要指标，其他作为次要指标。

校外导师的评估和考核可参照校内导师的维度进行，采取自我评估、培养单位考核和学生评估的方式。评估考核的主要指标应包括：学生实习实践课题审核结果、学位论文盲审与答辩结果、就业单位反馈意见、学生对其教学或专题讲座评价、带领学生从事横向课题研究的数量和质量等。

通过评估考核，对于不能履行相关职责、学生满意度过低的导师予以解聘，对评估考核优秀的予以续聘，对校内外导师的聘期进行动态调整。

对“双导师”评估考核结果的处理应包含奖励与惩罚两个方面。奖励应实行物质奖励和精神奖励相结合，对于评估考核优秀的校内导师，除给予一定的物质奖励外，在其个人的职称和职务晋升上给予一定的优先权重；在导师的招生资格、招生人数、学术交流和培训上给予一定的优先权重。

对校外导师，培养单位除了给予一定的物质奖励外，更要加强与校外导师单位的沟通。要在校内外建立起一种绩效互通机制，将校外导师的兼职行为与其任职部门的考核挂钩，使校外导师的主动付出变为职业嘉奖，以更好地调动校外导师参与研究生培养的积极性。国家、学校从宏观层面应加大经费投入，建立科学的配套考核和激励制度。只有国家、学校与实务部门三方共同协调、通力合作，才能切实保证“双导师”制的顺利运行。

（二）聘任程序之完善

“双导师”的遴选与聘任应结合专业与学生的特点和需要，坚持理论与实践形成互补、科研经验与基础教育经验形成互补，吸纳不同学科领域、不同部门、不同年龄阶段、不同教学或管理风格的校内外导师。

建立多维度的校内外导师遴选与聘任机制。培养单位对导师的需求包含质量和数量两方面，在这里人才培养目标定位极其重要。法律硕士应具有的能力和素质决定着对导师在质量上的需求，导师的指导对法律硕士培养质量起着至关重要的作用；学生的总数量以及各个培养方向的人数决定着导师总数量及各专业方向导师的数量配置。

目前，培养单位对聘任校内导师大多仅从其所属学科、职称、发表论文数量等学术水平进行考察，对校外导师的遴选则更多偏向于其所在领域或部门、现任岗位、专业成果和业界资源等，这样聘任的导师能力比较片面。培养单位在“双导师”队伍建设规划时应根据社会需求、培养质量、培养条件及学生自身发展等多方面因素，对未来几年内的各专业方向招生人数做出预期，并据此制定相应的“双导师”人才资源储备规划。

法律专业硕士教育是以培养高水平法律职业人才为目的的教育，聘任“双导师”时不仅要考察其是否了解法律实务部门的最新需要，是否懂得怎样培养出符合社会需求的具有相当理论水平与实践能力、德才兼备的高素质人才，同时还要考虑学生本人的个性特征与兴趣志向，据此合理确定及配置“双导师”人选。

遴选与聘任机制应包括以下三方面：

1. 聘任条件

坚持思想道德与业务考察相结合，明确规定校内外导师应具备的基本条件，特别突出对实践经验和专业技术能力方面的要求。导师所具体的遴选条件应根据各培养单位的具体情况，在导师的思想道德与理论水平、所属学科或实践方向、学历及职称（职级、职务）、学术能力与实践经验、职业资格、工作年限、能为学生提供的实习实践资源等方面制定可量化的、可操作的标准和指标。对校内外导师的要求和标准应各有侧重。

（1）严格选拔，建立专职的法律硕士校内导师队伍。目前几乎所有的法律硕士校内导师与法学硕士导师都是混用的，这些导师自身鲜有针对法律硕士的培养特点进行的教学研究，大多数仍然沿用法学硕士的培养和教学方法，这与专业硕士人才培养的要求差距很大，因此，亟需尽快建立专职的法律硕士导师队伍。法律专业学位教育指导和主管部门应推动各培养单位根据招生规模、教学及指导学生的需要、学位主干课程的设置、学校专业技术岗位设置比例的规定，组建一支具有较高的政治素质与高度的责任心，有扎实的专业知识与合理的知识结构，学术上有一定造诣，对专业学位特点有清楚的认识，了解本专业的培养目标，熟悉本专业教学计划和各教学环节的关系，尤其是实践经验和解决实际问题的能力和与法律实务部门的合作情况，了解相关行业领域前沿发展状况，具有指导专业学位研究生的能力及提高法律硕士培养的教学研究和本专业领域的学术研究能力的校内核心教师队伍，并在政策和资金投入上予以支持。

（2）拓展渠道，建立涉及专业领域广泛的校外导师队伍。了解并认同国家对法律硕士培养的相关政策，具有良好的法律职业道德和高度的责任心，治学严谨、作风正派，愿意为法律硕士培养工作做出努力和贡献；具有较为丰富的司法实践经验，是国内法律实务界的精英翘楚，在社会上具有一定影响力和知名度；具有相应的专业技术职务或行政职务及资深的从业资格；着重考察其作为导师参与学生培养各个环节指导活动的能力与水平，如培养学生的专业技能、教育教学的组织管理能力等，而不应过多地关注其学历、学位、论文数量。

2. “双导师”选择途径及聘任程序

按照我国法律制度与法律实务各部门职责，校外导师的来源为各级公安部门、法院及检察院、律师事务所、公证机关、企事业单位法务、知识产权组织及其他法律实务部门。培养单位可以开拓思路，从多种途径和渠道遴选与聘任校外导师：

(1) 根据各法律实务部门人员的工作业绩与实务能力，培养单位直接物色、选聘具有丰富工作经验，具备一定理论水平及指导法律硕士研究生能力的法律实务工作者担任校外导师。

(2) 与学校教学实践基地建设相结合，以实践基地为依托，由他们推荐选派工作能力及工作业绩突出，且具备一定理论水平及法律硕士研究生指导能力的法律实务工作者担任校外导师，将实习指导与日常教学管理相结合，实现优势互补。

(3) 由校内导师推荐本专业领域能力较强的法律实务工作者担任校外导师。校内导师一般在本专业领域具有较高的知名度和学术造诣，与校外相关法律实务部门有非常密切的合作关系，对本专业或相关领域法律从业者的专业和业务能力有较多了解。

(4) 具有较高理论水平并具有丰富实际工作经验，且热心于法律教育和培养的法律实务专家，可以结合自身情况，在安排好工作的前提下，向培养单位自荐，经培养单位按照规定的要求和程序考察合格后，成为法律硕士培养校外导师。

(5) 充分依托校友资源，从优秀校友中选聘校外导师，同时利用校友扩大学校法律硕士专业的影响，吸引和吸收校友周边的优秀法律实务工作者，建立一支专业丰富、稳定、可持续发展的校外导师队伍，吸引更多优秀专业人才为法律硕士研究生培养提供实际的指导和帮助。

（6）鼓励学生根据自己个人兴趣和专业方向及对相关法律实务工作者的了解，通过个人联系的方式向培养单位推荐校外导师，不断拓展校外导师资源。在必要的情况下，可以采取面向社会招聘的方式选聘校外导师。

（7）严格遴选条件和程序。一般情况下校内导师的聘任按照学校研究生导师聘任方法和程序执行，如有专职的校内导师队伍则按相应的程序聘任。校外导师的聘任应由培养单位将制定的聘任条件、任职管理规定等在相关媒介上公布，由法律实务专家向培养单位提出书面申请，或经由培养单位、校内外专家学者、法律实务部门正式推荐等多种渠道筛选，培养单位组织相关职能部门严格审议，按照公正、公平、公开、合理的原则加以遴选。确定合格人选后，学校与校外导师及所在单位签订正式聘用协议，规定各自的权利与义务，以保证校内、校外导师职责切实履行到位。

（8）随着社会经济的发展，社会分工呈现专业化和动态化的特点，法律硕士就业去向除传统的公、检、法系统和律师事务所之外，已逐步遍及金融、企业、会计事务所、报社、出版社、地产公司等各行各业，职业领域更加宽泛。其中，某些实务部门对于法律硕士存在个性化的需求，法律专业学位研究生教育必须能够提供相应的知识和能力结构。法学教育应当与法科毕业生的就业方向相契合，调整教育培养目标。应当以培养法律实务需要的人才为法律硕士培养的核心，注重培养复合型法律人才。因此，需要突破传统职业化法律人才的观念，实行跨学科分类培养模式，培养复合型法律人才。除了需要加大与校内其他专业教师的合作外，还应主动引入相关学科实务领域的专家学者填补导师师资的空缺，构建类别化的“校外导师资源库”，为“双导师”师资队伍提供充足的人才资源，为法律硕士未来职业规划与实践能力提升提供更为丰富的渠道和机会。

3. 聘任期限

根据相应的考核标准，规定校内外导师的聘任期限。聘期应据法律硕士培养周期而定，建议为3年。对经调查和考核确实不能胜任和完成培养目标及教学任务的导师，或因个人、所在单位的特殊原因不能履行导师职责的导师，可以中途解聘。

（三）经费机制之完善

“双导师”队伍建设需要经费的投入，建立经费的有效投入机制是“双导师”制度顺利实施的物质保障。实施“双导师”制培养意味着教育成本的增加，如果没有充足的经费投入，“双导师”制的一系列配套制度和措施就无法实施，这项制度将流于形式，学生的培养质量也无法提高。国家政策的支持是解决经费投入的重要途径，应按照学生人数与导师数量拨付培养经费，校外导师与校内导师应享受同样的待遇。学校方面应积极筹措经费，努力形成培养经费的多渠道投入机制，在政策上应对专业学位的培养投入有所倾斜。同时，也要通过加强产学研合作，加强实习实践基地建设，与基地形成长期稳定的联合培养模式，以降低培养成本。

大学适应的多水平模型分析

——班级凝聚力、年级差异及高中住校经历的影响 *

毕向阳 **

一、问题提出

作为青年社会化的重要阶段，大学是学生个体完全走向社会、独立承担社会责任的准备期，被称为“人生的第二个关键期”。大学阶段是个体自我意识形成、自我同一性确立，以及人生观、价值观形成的重要时期，大学生适应的好坏不仅影响其大学阶段的学习和生活，还会影响其成人后的工作和生活。[1]

然而，并非所有的学生都能顺利完成大学生活的过渡，随着进入大学后生活、学习和人际环境的变化，大学生们容易产生心理不适感，甚至出现适应障碍，比如：厌学逃避、焦虑抑郁、交往障碍等适应不良症状。相关研究也表明，学校适应不良与退学、

---

* 论文数据来自2015年11月中国政法大学团委政研中心实施的“大学生基础状况调查”项目。论文作者作为参与者，主要负责问卷设计和数据分析。团委黄瑞宇、付睿智老师对问卷进行了修改并负责调查组织工作。在此一并致谢。文责自负。

** 毕向阳，中国政法大学社会学院副教授。

〔1〕 陶沙：《从生命全程发展观论大学生入学适应》，载《北京师范大学学报（人文社会科学版）》2000年第2期。

心理健康甚至自杀行为都具有相关性。[1]因此，研究大学生的学校适应问题，具有重要的理论与现实意义。

二、文献综述与研究假设

大学适应（College Adaptation）是一个广义的概念，学界目前尚没有统一的界定。一般意义上，作为社会适应的一个特殊形式，大学适应是大学生进入大学阶段在生活、学习、社会交往等方面观念与行为改变以适应新环境的过程。

国外学者从20世纪80年代开始就对大学生心理适应进行研究，其中最著名、应用最为广泛的当属贝克尔等编制的大学生学校适应问卷（Student Adaptation to College Questionnaire，SACQ），该量表将大学生适应分为学习适应、独立生活适应、社交适应以及归属感四个方面。[2]

国内关于大学生适应性的研究从20世纪90年代末开始起步，并开发了一些大学适应量表。[3]比如：陶沙在国内外已有研究成果的基础上进行理论概括，提出大学生适应主要包括学习适应、人际适应、生活自理的适应、环境的总体认同、身心症状表现五个方面，并据此提出大学生入学适应结构的五因素理论模型。[4]

学校适应是个复杂的现象，受到多方面因素的影响。但目前尚未就大学适应形成整合的理论框架。从经验研究的角度，相关研究涉及的变量主

---

〔1〕 钟向阳、张莉：《大学新生心理适应及其与心理健康的相关研究》，载《高教探索》2009年第4期；蔡婧：《大学新生适应性及其与心理健康的相关研究》，载《文教资料》2010年第12期；冯淑秀：《武汉市大学生适应不良与自杀意念关系的随访研究》，华中科技大学2014年硕士学位论文。

〔2〕 Baker，R. W. & Siryk，B.，“Student Adaptation to College Questionnaire（SACQ）”，Los Angeles，CA：*Western Psychological Services*，1989.

〔3〕 傅茂笋、寇增强：《大学生适应量表的初步编制》，载《中国心理卫生杂志》2004年第9期；方晓义、沃建中、蔺秀云：《〈中国大学生适应量表〉的编制》，载《心理与行为研究》2005年第2期；邓颖琦、顾海根：《学校生活适应量表（LASS）大学版修订报告》，载《中国临床心理学杂志》2007年第3期。

〔4〕 陶沙：《从生命的全程发展观论大学生入学适应》，载《北京师范大学学报（人文社会科学版）》2000年第2期。

要集中在以下三个方面：①心理因素，如心理资本与心理韧性[1]、应对方式[2]、人格特征[3]等；②社会因素，如社会支持[4]；③人口学特征，如性别[5]等。

从目前有关大学生学校适应的研究来看，正如相关综述所评价的，尚缺乏纳入相关社会—心理因素的综合性分析。[6]另外，在方法上，国内现有关于学生适应的经验研究基本上还没有注意到学生适应因嵌套于不同的学校、班级而可能存在的聚类效应，这违反了 OLS 所需的独立性假设，会导致无效的标准误估计进而可能造成错误的统计推论。[7]本研究将综合上述若干方面的变量进行分析。

当然，任何研究都有自己的角度，本研究主要侧重如下三个方面：①关注群体氛围的影响，并在方法上纳入了对学校适应可能存在的聚类效应的考量；②将大学适应作为生命周期的一个过程，因此，研究对象不只是对新生，而是涵盖大学四个年级，并询问了高中阶段的有关情况；③对大学适应整体及不同维度同时进行分析和比较。

在已有研究成果的基础上，基于上述考虑，并结合实际经验，本研究从如下三个方面提出研究假设：

---

〔1〕 李建华：《专业认同与大学新生学习适应：心理资本的调节效应》，北京师范大学2011年硕士学位论文；王勤勤：《大学生心理韧性与学校适应的关系研究》，载《社会心理科学》2013年第11期；王志红等：《大学新生心理资本与学校适应的关系研究》，载《科教文汇（上旬刊）》2015年第5期。

〔2〕 房超等：《大学生应对类型与学校适应的关系》，载《中国心理卫生杂志》2009年第3期。

〔3〕 王兵兵等：《大学生人格特质、求助策略、应对方式和学习适应之间的关系研究》，载《中国教育与社会科学》2009年第7期；董增云：《大学生人格特征、社会支持与学校适应的关系》，载《中国临床心理学杂志》2010年第5期。

〔4〕 陶沙：《社会支持与大学生入学适应关系的研究》，载《心理科学》2003年第5期；包文婷：《大学新生社会支持、应对方式与学校适应的关系》，载《中国健康心理学杂志》2010年第4期。

〔5〕 Al - Qaisy, L. M. , " Adjustment of College Freshmen: The Importance of Gender and the Place of Residence", *International Journal of Psychological Studies*, 2010 (1): 142 - 150.

〔6〕 李辉、朱丽芬、李梅：《大学生学校适应性研究综述》，载《云南师范大学学报（哲学社会科学版）》2006年第2期；余武明等：《大学新生适应研究综述》，载《亚太教育》2016年第1期。

〔7〕 De Leeuw J, Kreft I. , "Random Coefficient Models for Multilevel Analysis", *Journal of Educational and Behavioral Statistics*, 1986, 11 (1). pp. 57 - 85; Hox J. , "Multilevel modeling: When and Why", In *Classification, data Analysis, and Data Highways*, Springer Berlin Heidelberg, 1998. pp. 147 - 154.

（1）适应是伴随人们生命历程的长期过程。虽然大学生活是生命历程中的重要转折，但从中学、大学衔接的角度，中学阶段的一些因素有可能对大学阶段的适应产生影响，[1]也就是说，学校适应表现出从中学到大学的延续性。本研究设计了中学阶段是否有住校经历变量，并假设：（H－1）具有高中住校经历的大学生适应性优于没有住校经历者。该变量在已有研究中被忽视。[2]

（2）多数大学适应的研究主要关注的是大一新生，暗示适应主要是新生面临的问题，对不同年级大学生的比较研究相对缺乏。然而适应并非是大一新生面对的独特问题，既往的经历也会对之后的适应产生决定性的影响。由此可以推论：（H－2）不同年级大学生在学校适应方面不存在差异。

（3）由于组织氛围等方面的差异，大学生学校适应一定程度上存在聚类效应，学校、班级的群体氛围等对大学生的学校适应可能具有难以忽视的情境效应。已有研究注意到学校氛围对大学生学校适应的影响，但未关注可能存在的聚类效应。[3]虽然大学生班级相对松散，但班级凝聚力对大学生的适应也可能存在一定影响。由此可以推论：（H－3）班级凝聚力对于学生个体的适应具有情境效应。

三、数据、变量与测量

本次调查总体为中国政法大学在校本科生，共8317名，调查采取整群抽样方式，抽中的班级集体（共73个班）回答问卷问题。经复核，实际有效样本2184个，入样比例26.3%。样本中，男生占35.5%，女生占64.5%；各年级学生比例分别为31.6%、23.6%、31.8%和13.0%。由于样本中大四学生占比少于实际情况，与总体有一定偏差，为了令样本更具

[1] 杨钋、毛丹：《“适应”大学新生发展的关键词——基于首都高校学生发展调查的实证分析》，载《中国高教研究》2013年第3期。

[2] 高中是否有住校经历可作为高中集体生活经验的代理变量，而且由于很大程度上可被视为外生变量，不会因为在没有控制某些潜在因素的情况下，因为引入类似高中学校参与等变量而存在内生问题。

[3] 翟亚奇：《大学学校气氛的结构及其与大学生适应性的关系》，河南大学2008年硕士学位论文。

代表性，根据学生性别—年级—专业总体数据对样本进行了加权处理。经加权后，样本性别、年龄、年级与总体构成一致。

根据调查数据，大学生年龄均值 19.6 岁（标准差 1.35 岁），独生子女占 65.9%，67.3% 的学生在中学阶段有住校经历，学生生源属于城市的占 78.9%。从相关指标来看，样本分布正常，具有较好的代表性。

（一）因变量

学校适应测量采用修订版大学生适应性量表（SACQ）[1]进行测量，修订后的量表含人际适应性、个人情绪适应性、学习适应性、生活适应性、对大学满意度和总体评价 6 个维度，共 36 个题项。负向题调整方向，得分越高，代表积极面向，也就是适应性越好。

（二）自变量

（1）班级凝聚力。鉴于目前没有标准的班级凝聚力量表，采取自编利克特量表（见表 1），含 13 个题项，负向题调整方向，得分越高，代表凝聚力越好。经计算，科隆巴赫 α 系数 0.8877，具有高度内部一致性信度。使用主成分分析，第一因子特征值为 5.81，第二因子特征值 1.416，前者是后者的 4 倍（一般标准为 3 倍），说明量表具有较好的单维性。据此，对量表各题项加总生成个体层面感知班级凝聚力指标。经计算可得，该指标 ICC（1） = 0.137，ICC（2） = 0.818，表明该指标具有难以忽视的内部同质性，同时班级均值具有较高的可靠性，各班级均值之间存在明确差异。同时，量表 RWG（j） =0.984，说明个体针对组群层次构念具有高度共识。这里，以班级为单位进行聚合（Aggregation）作为场景变量（Contextual Variable）带入多水平模型。[2]

---

〔1〕 欧阳娟：《大学新生适应性量表（SACQ）的修订与应用研究》，湖南师范大学 2012 年硕士学位论文。

〔2〕 拟合组内单因子－组间单因子的多水平验证性因子分析（MCFA）模型，拟合指标 CFI = 0.918、RMSEA =0.062。组内因子载荷均显著，均在 0.4 以上，组间因子载荷均显著，除了一个 0.5 以上，其他均在 0.7 以上。分层次来看，水平 －1 的 AVE =0.382，CR =0.885；水平 －2 的 AVE = 0.666，CR = 0.962。两个水平建构信度均处于高水平，虽然水平 －1 单因子收敛效度尚不理想，但水平 －2 也就是班级层次单因子结构效果较好。因此，总体而言，在班级层面上，该聚合变量作为反映不同班级凝聚力差异的度量指标，有其实际意义。

（2）社会支持。对领悟社会支持量表[1]中支持来源题目做形式上的修订，按照物质支持和情感支持两个维度，结合大学生的特点，扩展了支持来源：包括恋人、大学室友、大学同学、辅导员、班主任、任课老师、父母、其他亲属、朋友（不包括大学同学、室友、老师），学校党团学生会等官方或半官方组织，宗教、学生社团、社会团体等非官方组织。测度单位为“没有得到帮助”“得到一些帮助”“得到很多帮助”3个等级（实际测量也含“不适用”）。最终按不同维度加总形成支持总分。

（3）生源类型。鉴于目前户籍制度改革和城市化进程的加快，人户分离现象普遍，本次研究综合户口和家庭实际居住地两方面因素确定城乡生源类型。该变量虚拟变量处理，1代表城市生源，农村为参照类。

（4）心理资本。采用积极心理资本量表（PPQ）[2]，对大学生心理资本进行测量。量表含自我效能、韧性、希望、乐观4个维度。得分越高，代表心理资本存量越高。[3]

（5）其他变量包括：性别、年级、高中是否有住校经历（否为参照类）、是否独生子女（非独生子女为参照类）。

表1 感知班级凝聚力（%）

	非常不符合	不太符合	说不好	比较符合	非常符合
我和班上其他同学交往很密切	3.7	23.0	31.9	34.9	6.6
班上的同学都愿意为班级发展做些事情	2.8	19.1	34.4	35.0	8.7
我帮助过班上同学	1.3	10.2	20.2	56.1	12.2
我得到过班上同学帮助	1.0	10.8	20.1	55.8	12.3

[1] 肖水源：《〈社会支持评定量表〉的理论基础与研究应用》，载《临床精神医学杂志》1994年第2期。

[2] 张阔、张赛、董颖红：《积极心理资本：测量及其与心理健康的关系》，载《心理与行为研究》2010年第1期。

[3] 由于大学适应首先是一个社会心理现象，心理资本作为心理素质、情绪智力等因素的指标或代理变量加以控制，有助于减轻由于存在于模型残差项中的某些未观测因素同时与某些自变量相关而导致的内生性问题，从而获得更接近无偏的估计。

续表

	非常不符合	不太符合	说不好	比较符合	非常符合
我经常和同学讨论班上事情	4.5	22.3	33.7	32.0	7.5
没人关心班级事务*	2.2	10.4	21.7	34.7	30.9
我觉得能作为这个班级一员很幸运	2.7	7.7	28.7	44.7	16.1
手头暂时紧张，可以向班上同学借到100—200元应急	7.1	10.7	25.3	37.5	19.5
班上同学之间关系是和睦的	1.6	4.1	16.6	58.2	19.5
我们班是一个有凝聚力的集体	2.3	5.8	26.6	47.4	17.9
班级荣誉是大家很在乎的事情	2.2	7.7	29.7	41.2	19.3
班级内部奖学金、班干部人选等资源分配是公平的	3.3	5.5	26.0	47.4	17.8
班上有很多集体活动	3.8	18.3	25.3	39.9	12.8

四、研究发现

（一）描述性统计

从调查结果来看，学校适应取值范围0—180分，均值为125.5分（标准差18.7分）。心理资本取值0—130，均值90.3（标准差13.3分）。情感支持、物质支持得分0—33，情感支持均值20.6分（标准差5.6分）；物质支持均值17.3分（标准差5.3分）。班级凝聚力取值范围0—65分，均值46.5分（标准差3.5分）。

（二）多水平回归分析

纳入各自变量及协变量，构建针对大学适应整体概念及各分项维度的多水平回归模型。使用空模型，计算ICC = 0.0661，也就是说，大学生6.61%的学校适应可由班级因素来解释；一年级新生中，该比例为9.09%。按照5.9%的标准，数据有必要进行多水平分析。由于实际建模中水平-1自变量未发现有显著的随机效应，简约起见，最终模型设定为随机截距模型。

从模型输出结果（详见表2、表3）可看到：

（1）高中阶段有住校经验的大学生学校适应比没有住校经验的平均要高，表明大学阶段的适应性很大程度上可以看作高中阶段的延续。假设1得到支持。分维度来看，高中有住校经历的大学生主要在人际关系、生活和对大学的满意度方面优于没有住校经历者。

只考虑一年级新生，高中住校经历的影响相对更大，而高年级则明显降低，表明该效应主要集中于大一阶段。分维度来看，高中住校经历对大一新生的影响主要集中于个人情绪、生活、人际关系适应方面。

（2）控制相关变量后，对于整体学校适应，各年级相应偏回归系数统计上不显著，似乎表明学校适应问题贯穿整个大学阶段，而不只是针对新生的问题。假设2总体得到支持。从分维度的回归模型结果来看，除了学习适应方面，整体上不同年级大学生适应性各维度差异均不显著。不过大四年级学生在个人情绪上的适应性降低，而对大学满意度增加，似乎与面临毕业有关。

（3）班级凝聚力作为场景变量显著，表明班级凝聚力整体而言对大学生学校适应存在情境效应，班级凝聚力每高出1分，大学生个体学校适应平均高出0.582分。假设3得到支持。分维度来看，不管是全体学生还是大一新生，班级凝聚力对人际关系适应、大学满意度及总体评价方面有积极影响。

虽然其他一些变量在本次研究中作为控制变量，但还是可以看到一些值得关注的结果。

（4）从结果来看，控制相关变量后，社会支持因素中，物质支持对学校适应影响不显著，情感支持系数显著。每多获得1个单位的情感支持，学校适应得分高出0.299分。分维度来看，除了学习适应和大学满意度，情感支持对大学适应其他维度影响并未达到统计上显著。[1]

（5）有研究发现，来自于不同生源地（区分为大城市、中等城市、小城镇、农村）的大学新生在学校适应方面存在的差异，来自于小城镇和农

[1] 当然，由于情感支持获得并非随机，有可能适应越差的学生得到更多的情感支持，因此可能存在一定的内生性问题，该变量与大学适应的关系有待于进一步的细致研究。

村的生源，其大学适应较之于大中城市学生要差。[1]本研究表明，在大学生学校适应问题上，城乡之间存在差异显著（$p<0.1$），与有关研究结论一致。城市生源大学生学校适应总体要优于农村，平均高出2.508分。不过具体来看，城市生源大学生在人际适应方面好于农村生源，并表现出对大学更高的满意度，其他方面差异则不显著。

分年级来看，针对总体适应性，虽然城乡差异对应的偏回归系数的大小保持正值且大小变化不大，但未达到统计上显著。这可能与针对各年级分别回归样本量减小有关。

（6）整体来说，不同性别大学生学校适应不存在显著差异。不过分维度来看，在人际关系适应方面，男生不及女生；对大学满意度，男生则高于女生。大一新生，人际关系适应方面，男生低于女生，但生活适应方面显著好于女生。

（7）在是否独生子女影响大学适应的问题上，目前结论不一。有研究发现，非独生子女大学适应好于独生子女，[2]但也有研究得到相反的结论。[3]本研究结果表明，控制相关变量后，是否独生子女，不论对整体大学适应性还是从各个维度来说，均不存在统计上显著的差异。

（8）心理资本对于大学适应作用统计上显著，而且在各个维度上均表现出十分稳健的影响，心理资本得分每高出1分，大学适应高出0.682分。大一新生中，心理资本对整体大学适应及各个维度也发挥着稳定的作用。

（9）使用R&B方式[4]，从方差变化大致来看，与零模型相比，水平－1方程加入自变量之后，对于个体层面大学适应解释的比例提高40.2%；以随机系数模型作参照，班级凝聚力加入水平2方程后，班级层面大学适应解释比例提高36.9%。[5]以上结果表明，模型中考虑的自变量对结果变量具有一定的解释力。

---

〔1〕 李德芳、陈丽、宁维卫：《不同生源地大学新生的适应差异与对策研究》，载《西南交通大学学报（社会科学版）》2008年第3期。

〔2〕 吕昀：《独生子女对大学学校适应的影响》，载《现代交际》2015年第5期。

〔3〕 佘丹丹、宋少俊：《独生子女与非独生子女的大学适应性情况调查》，载《医学研究与教育》2011年第4期。

〔4〕 Raudenbush, S. & Bryk, A., Hierarchical Linear Models: Applications and Data Analysis Methods, *SAGE Publications*, Incorporated, 2002, p. 74.

〔5〕 如以一般多元回归建模，拟合优度为30.9%。

表 2　学校适应影响因素（全部年级）

	(1) 大学适应	(2) 大学适应	(3) 大学适应	(4) 大学适应	(5) 人际适应	(6) 个人情绪	(7) 学习适应	(8) 生活适应	(9) 大学 满意度	(10) 总体评价
固定效应										
性别（男=1）		−0.330 (0.964)	−0.154 (0.873)	−0.169 (0.880)	-0.982^{***} (0.202)	0.332 (0.464)	0.217 (0.190)	0.124 (0.190)	0.832^{*} (0.379)	-0.734^{*} (0.299)
是否独生子女（是=1）		0.087 (1.245)	−0.071 (1.063)	−0.091 (1.057)	0.161 (0.195)	0.711 (0.462)	−0.077 (0.222)	−0.263 (0.249)	−0.458 (0.507)	−0.186 (0.395)
生源地（城市=1）		2.402^{+} (1.321)	2.383^{+} (1.347)	2.508^{+} (1.341)	0.452^{+} (0.233)	−0.452 (0.523)	0.255 (0.316)	0.275 (0.204)	0.980^{+} (0.564)	1.043^{*} (0.431)
高中住校经历（是=1）		3.183^{**} (1.052)	3.183^{**} (1.021)	3.328^{***} (0.993)	0.452^{+} (0.238)	0.776 (0.532)	0.373 (0.240)	0.785^{***} (0.173)	0.619^{+} (0.344)	0.339 (0.276)
年级(2)		−0.266 (1.402)	−0.157 (1.442)	0.155 (1.416)	−0.198 (0.256)	−0.922 (0.573)	0.756^{*} (0.341)	−0.256 (0.321)	1.379^{*} (0.580)	−0.505 (0.483)
年级(3)		−0.472 (1.560)	−0.491 (1.553)	−0.082 (1.616)	0.187 (0.258)	−0.053 (0.507)	0.797^{*} (0.406)	−0.441 (0.358)	0.147 (0.634)	-0.660^{+} (0.376)

续表

	(1) 大学适应	(2) 大学适应	(3) 大学适应	(4) 大学适应	(5) 人际适应	(6) 个人情绪	(7) 学习适应	(8) 生活适应	(9) 大学满意度	(10) 总体评价
年级(4)		−0.595 (1.834)	−0.662 (1.804)	0.459 (1.533)	−0.503 (0.371)	−1.751* (0.795)	1.193** (0.407)	−0.278 (0.377)	2.509*** (0.733)	−0.670 (0.539)
心理资本		0.707*** (0.063)	0.689*** (0.068)	0.682*** (0.067)	0.076*** (0.010)	0.170*** (0.023)	0.124*** (0.010)	0.071*** (0.011)	0.134*** (0.023)	0.109*** (0.013)
情感支持			0.309* (0.151)	0.299* (0.151)	0.023 (0.037)	−0.036 (0.058)	0.059+ (0.033)	0.025 (0.038)	0.190*** (0.048)	0.042 (0.044)
物质支持			−0.074 (0.135)	−0.069 (0.135)	−0.036 (0.028)	0.015 (0.074)	−0.010 (0.038)	−0.012 (0.029)	−0.019 (0.040)	−0.008 (0.046)
班级凝聚力				0.582*** (0.137)	0.061* (0.028)	−0.016 (0.056)	0.070* (0.034)	0.051 (0.034)	0.273*** (0.074)	0.129** (0.047)
_cons	125.033*** (0.712)	57.651*** (4.786)	54.344*** (5.106)	27.517*** (7.740)	6.184*** (1.401)	10.149*** (3.064)	0.666 (1.874)	5.971** (1.860)	−1.251 (4.234)	6.166** (2.344)
随机效应										

续表

	(1) 大学适应	(2) 大学适应	(3) 大学适应	(4) 大学适应	(5) 人际适应	(6) 个人情绪	(7) 学习适应	(8) 生活适应	(9) 大学 满意度	(10) 总体评价
Intercepts (τ_{00})	22.635 *** (4.29345)	12.624 *** (3.486)	12.873 *** (3.506)	8.120 *** (3.437098)	.203 ** (.228)	.827 + (.719)	.989 (.404)	.199 * (.153)	2.535 *** (1.492)	.540 (.329)
Residual (σ^2)	303.6593 *** 18.42296	206.350 *** (13.210)	203.979 *** (13.056)	204.210 (13.054)	6.671 + (.758)	33.042 *** (2.005)	8.473 *** (.750)	6.246 *** (.672)	30.803 *** (3.149)	14.818 *** (1.297)
Observations	2059	1822	1822	1822	1822	1822	1822	1822	1822	1822
ll	-8844.7	-7455.6	-7445.4	-7438.3	-4387.6	-5756.9	-4604.4	-4300.3	-5653.0	-5026.5
aic	17695.4	14933.1	14916.7	14904.6	8803.3	11541.8	9236.8	8628.5	11333.9	10080.9
bic	17712.3	14993.7	14988.3	14981.7	8880.4	11618.9	9313.9	8705.6	11411.1	10158.1

注：括号内为标准误；$^{+}p<0.1$，$^{*}p<0.05$，$^{**}p<0.01$，$^{***}p<0.001$。

表3 学校适应影响因素（大一年级）

	(1) 一年级	(2) 一年级	(3) 其他年级	(5) 人际适应	(6) 个人情绪	(7) 学习适应	(8) 生活适应	(9) 大学满意度	(10) 总体评价
固定效应									
性别 (男=1)		1.518 (1.383)	-0.389 (1.117)	-0.631** (0.230)	1.037 (0.743)	0.372 (0.407)	0.529* (0.207)	0.582 (0.628)	-0.269 (0.417)
是否独生子女 (是=1)		2.182 (1.784)	-0.679 (1.444)	0.489* (0.199)	0.520 (0.636)	0.285 (0.376)	-0.200 (0.251)	0.017 (1.049)	0.998 (0.655)
生源地 (城市=1)		2.277 (2.242)	2.528 (1.666)	0.021 (0.393)	1.260+ (0.720)	0.607 (0.402)	-0.061 (0.306)	1.193 (1.123)	-0.662 (0.685)
高中住校经历 (是=1)		5.137*** (1.300)	2.801* (1.342)	0.651* (0.305)	1.695*** (0.484)	0.016 (0.304)	1.385*** (0.235)	0.721 (0.566)	0.812* (0.383)
心理资本		0.738*** (0.064)	0.653*** (0.096)	0.093*** (0.010)	0.161*** (0.021)	0.143*** (0.012)	0.088*** (0.009)	0.144*** (0.030)	0.107*** (0.015)
情感支持		0.419+ (0.239)	0.286 (0.186)	0.014 (0.045)	-0.063 (0.085)	0.097* (0.045)	-0.009 (0.032)	0.251** (0.090)	0.136* (0.061)
物质支持		-0.008 (0.199)	-0.120 (0.180)	-0.008 (0.034)	-0.020 (0.060)	0.030 (0.039)	-0.006 (0.035)	-0.005 (0.056)	0.004 (0.071)

续表

	(1) 一年级	(2) 一年级	(3) 其他年级	(5) 人际适应	(6) 个人情绪	(7) 学习适应	(8) 生活适应	(9) 大学满意度	(10) 总体评价
班级凝聚力		0. 813 *** (0. 189)	0. 503 ** (0. 194)	0. 078 $^{+}$ (0. 041)	0. 029 (0. 091)	0. 036 (0. 074)	−0. 023 (0. 058)	0. 547 *** (0. 095)	0. 114 $^{+}$ (0. 061)
_cons	126. 618 *** (1. 331)	5. 190 (8. 896)	35. 835 ** (10. 921)	3. 473 * (1. 770)	8. 070 (5. 036)	−1. 226 (3. 731)	8. 302 ** (2. 909)	−17. 042 *** (4. 427)	5. 152 $^{+}$ (3. 093)
随机效应									
Intercepts (τ_{00})	33. 262 *** (10. 753)	9. 483 ** (7. 337)	9. 205 *** (4. 858)	. 203 (. 228)	. 827 (. 719)	. 989 (. 404)	. 199 * (. 153)	2. 534 (1. 491)	. 540 (. 329)
Residual (σ^2)	332. 819 *** (39. 504)	213. 299 *** (26. 656)	197. 559 *** (14. 218)	6. 671 *** (. 758)	33. 042 *** (2. 005)	8. 473 *** (. 750)	6. 246 *** (. 672)	30. 803 *** (3. 149)	14. 818 *** (1. 297)
Observations	648	579	1243	579	579	579	579	579	579
ll	−2455. 6	−2091. 9	−5338. 9	−1209. 3	−1615. 0	−1279. 7	−1192. 9	−1604. 6	−1413. 1
aic	4917. 2	4205. 7	10699. 7	2440. 7	3252. 1	2581. 5	2407. 7	3231. 1	2848. 1
bic	4930. 6	4253. 7	10756. 1	2488. 6	3300. 1	2629. 5	2455. 7	3279. 1	2896. 1

注：括号内为标准误；$^{+}p<0.1$，$^{*}p<0.05$，$^{**}p<0.01$，$^{***}p<0.001$。

五、结论与讨论

与多数强调大学阶段特殊性的研究不同，从本研究结果来看，大学适应其实是一个具有一定延续性的过程。学生进入大学，虽然发生了生命历程中的重要转折，但适应的问题并非完全的中断，尤其是在大学低年级阶段，高中的住校经历对大学适应尤其是生活、情绪、人际关系适应方面仍然发挥着显著的影响。在一则访谈中，重庆师范大学青少年犯罪心理专家、教授周小燕提醒家长，尽可能地让孩子在青春期时有集体生活的经历，特别是在高中阶段有住校生活的经历。因为依据她的经验，"'感觉不好'、出问题的大学生中，有很大一部分是中学，尤其是高中里没有集体生活经历，独立自理能力差，人际关系不好。"因此，她建议通过高中的住校生活锻炼这些能力，可尽早发现问题，及时纠正。[1] 在控制心理资本、社会支持等变量的情况下，本研究对此判断提供了基于规范抽样调查的重要依据。

在大学期间，除了学习适应性，其他各方面适应性各年级并不存在显著差异，暗示对学生而言，大学适应问题伴随整个大学阶段，具有一定程度的心理上的"路径依赖"的锁定效应。具体来看，由高中进入大学，学生们首先面临学习方式的转变，学习适应是首要问题。[2]不过这里的结果在一定程度上表明，学习适应似乎也相对容易完成，年级越高，学习适应性越强。相反，其他方面包括情绪、人际关系、生活等方面的适应过程反而更为持久，可塑性也相对较差。依据路径依赖理论，必须借助外力，才能打破原来的锁定，形成新的发展路径。因此，对大学生这些方面的适应性问题有关方面尤其值得予以持久的关注，有针对性地采取积极措施加以引导。

另外，从研究结果来看，社会支持对于大学适应的积极作用主要集中在情感表达方面，情感支持在某些维度上有助于提高大学生的适应能力。

---

〔1〕 高敏：《孩子高中阶段最好有住校经历》，载《时报网/重庆时报》，2014 年 3 月 30 日，http://www.cqtimes.cn/roll/20140330/58060.shtml，最后访问日期：2016 年 4 月 10 日。

〔2〕 Erickson, B., D. Strommer, "Inside the First - year Classroom: Challenges and Constraints", In Upcraft, M., J. Gardner, B. Barefoot (Eds.), *Challenging and Support the First Year Student: A Handbook for Improving the First Year of College*, San Francisco: Jossey - Bass, 2005: 241 - 256.

班级凝聚力对于大学适应具有显著的正面效应，尤其在人际关系适应等方面，班级凝聚力较高也有助于提高学生对大学的满意度。

在政策意义上，这些研究结果意味着进行大学生心理辅导、加强班级建设、提供更多社会支持等措施可作为帮助大学生适应学校生活的重要途径。同时，在增进大学生适应性的问题上，要重点关注学校中的弱势群体。有学者从高中与大学衔接的角度提出，在高中阶段要加强对学生适应新环境能力的培养，在大学阶段要实行有效机制引导新生缩短大学生活适应期〔1〕，努力创造从高中到大学的无缝链接〔2〕等主张，本研究对此也提供了部分的经验支持。

当然，本研究在考虑大学适应延续性方面仅是利用年级信息所做近似历时设计（Approximating Longitudinal Design）〔3〕而非追踪研究。大学适应是一个较为复杂的社会心理现象，尤其是适应周期方面的差异问题，有待进行更为细致的调查研究。

---

〔1〕 黄兆信、李远煦：《大学新生适应性问题研究——从高中与大学衔接的视角》，载《中国高教研究》2010年第5期。

〔2〕 参见杨钋、毛丹：《“适应”大学新生发展的关键词——基于首都高校学生发展调查的实证分析》，载《中国高教研究》2013年第3期。

〔3〕 Babbie, E., “The Practice of Social Research (12th ed.)”, Wadsworth Publishing Co. Inc, 2009, pp. 110-112.

课程与教学

Ke Cheng Yu Jiao Xue

新时代学术研究的使命感与创新自觉

——兼论高校教师学术公益意识的培养

李雪梅 *

一、“新时代”传统学术研究的使命感

（一）化兴趣研究为使命研究

学识学风建设具有一贯性，它是每一个教育工作者的本分、职责和担当；同时又有创新性，即如何在中国特色社会主义新时代及“双一流”学科建设中，让传统学科贡献智慧、焕发魅力，应是每位教育工作者尤其是从事传统文化研究的教育工作者，需要认真思考和努力践行的问题。

党的十九大报告指出：优先发展教育事业。落实立德树人根本任务，发展素质教育，加快一流大学和一流学科建设，实现高等教育内涵式发展。

“新时代”对教育工作者提出的基本要求是“立德树人”和遵守、传承社会主义的核心价值观。“富强、民主、文明、和谐，自由、平等、公正、法治，爱国、敬业、诚信、友善”的核心价值观体现为多个层面。对法律院校的教师而言，自由、平等、公正、法治，是对本职工作的要求；敬业、诚信、友善，则是个人必备的修养。

---

* 李雪梅，中国政法大学法律古籍整理研究所教授。

习近平总书记在系列讲话中向广大教师、教育工作者提出明确职业要求：要做“四有好老师”（有理想信念、有道德情操、有扎实学识、有仁爱之心），做学生的“四个引路人”（做学生锤炼品格的引路人，做学生学习知识的引路人，做学生创新思维的引路人，做学生奉献祖国的引路人），教育工作要做到“四个相统一”（坚持教书和育人相统一，坚持言传和身教相统一，坚持潜心问道和关注社会相统一，坚持学术自由和学术规范相统一）。

对于高校中从事传统法律文化研究的学者而言，选择这一工作，主要是从兴趣出发，故能够长期坚守，潜心研究，勤谨耕耘。但在新时代，个人的研究兴趣需要服务于国家发展、民族振兴，需要一种使命感。这要求我们关心国家长远发展规划，自觉将个人的研究兴趣与时代的发展和社会需求结合起来，方能不负于时代。

2016 年 5 月 17 日习近平总书记在全国哲学社会科学工作座谈会上的讲话，给我们指明了行动方向。他指出：“面对新形势新要求，我国哲学社会科学领域还存在一些亟待解决的问题。比如，哲学社会科学发展战略还不十分明确，学科体系、学术体系、话语体系建设水平总体不高，学术原创能力还不强；哲学社会科学训练培养教育体系不健全，学术评价体系不够科学，管理体制和运行机制还不完善；人才队伍总体素质亟待提高，学风方面问题还比较突出；等等。总的看，我国哲学社会科学还处于有数量缺质量、有专家缺大师的状况，作用没有充分发挥出来。改变这个状况，需要广大哲学社会科学工作者加倍努力，不断在解决影响我国哲学社会科学发展的突出问题上取得明显进展。”

为解决上述问题而做出力所能及的贡献，应当成为每个有责任感、使命感的教师的自觉。针对如何解决这些问题，习总书记提出要有“立足中国、借鉴国外，挖掘历史、把握当代，关怀人类、面向未来的思路，着力构建中国特色哲学社会科学，在指导思想、学科体系、学术体系、话语体系等方面充分体现中国特色、中国风格、中国气派”。

何为中国特色、中国风格、中国气派？习总书记指出，建设中国特色哲学社会科学应注意把握三个方面：一是体现继承性、民族性；二是体现原创性、时代性；三是体现系统性、专业性。

习总书记的上述言论，可谓高屋建瓴。系统、强化的理论学习，更能深入理解十九大报告的精神，也让我们更真切了解到自己所肩负的使命，使我们对自己所从事的传统法律文化教学和科研工作又有了全新的认识。我们的工作不仅有学术意义，也有社会价值和现实功用，这也增加了我们坚持特色研究的自信和自觉。

（二）从传统中寻找力量，构建传统法律话语体系

中国政法大学法律古籍整理研究所成立于1984年11月，是由司法部批准成立的中国政法大学第一个校级科研机构，2009年成为教育部全国高等院校古籍整理工作委员会的直接联系单位，是目前教育部所属高校中唯一一所专门从事古代法律文献整理研究的学术机构。研究所的宗旨与任务是：收集、整理、研究中国古代法律文献，传承传统文化的精粹，为繁荣传统学术贡献力量。

古籍所有协同研究的传统，古籍所同仁主持和参与的《中国历代刑法志译注》（1989年版）、《大清律例通考校注》（1992年版）、《盟水斋存牍》（2002年版）、《沈家本全集》（8卷，2010年版）、《中华大典·法律典·刑法分典》（2011年版）等都是具有标志性的集体成果，其中《沈家本全集》获第六届高等学校科学研究优秀成果奖（人文社会科学）三等奖。古籍所的研究刊物《中国古代法律文献研究》首创于1999年（古籍所成立15周年），2010年改为年刊，是学界率先出版的以中国古代法律文献为研究对象的学术刊物，至今已出版12辑，刊登学术文章240余篇。因其关注对象独特、密切追踪学术前沿、所刊文章考订缜密等，为学界所关注。目前已与境内外众多重要学术机构建立了长期互换刊物的合作关系。

在协同研究的同时，古籍所也提倡凝练个人研究特色，形成各有专长的研究格局；鼓励教师个人研究方向的稳定与延伸，将个人兴趣与研究所的建设宗旨有机统一，以实现以特色求生存、求发展；形成为学术的学术研究，鼓励以项目申报体现、总结阶段性的学术积累，以优质结项成果达到深化研究，进而提升研究所的整体学术实力。

古籍所教师的钻研对象涉及所甲骨金文、简牍碑志、契约档案及珍稀典籍，大部分老师所做的研究工作都属于国家开始重视的冷门绝学范畴。目前，冷门学科的发展迎来天时地利人和。以传统显学——金石学为例，

经过近一个世纪的沉寂之后，又重启复兴之路。以国家社科基金中有关碑志的课题立项数目发展为据：在1992—2003年的13年间，立项11项，平均每年不足1项；2004—2010年7年间，立项22项，年均3项；2011—2017年的7年间，立项108项，年均15项，2017年更是高达24项。这仅是碑志立项情况，青铜器铭刻研究立项尚未包括在内。

就碑志立项的学科分布情况看，各学科悬殊较大。大致占比是：中国史占37%，宗教学占20%，中国文学占15.7%，语言学占9%，民族问题研究占8.3%，图书馆·情报·文献学占5%，考古学占2.5%，法学占1.6%，体育学占0.8%。

法学在碑志研究中的极低占比揭示了一些现象，说明法律史研究者对碑志史料的生疏；对许多经典和专题碑志的研究，法学研究者尚处于“失语”状态；法学研究者对碑志史料的关注度和敏感度，较中国史、宗教学等领域的学者微弱、迟滞。但传统法律话语体系的根基，很大可能会源自这里。

中国有丰富的文物文献遗存。新出土、新发现的甲骨、简牍、敦煌吐鲁番文书、明清档案等，都是具有代表性的本土性史料，也都拥有显学地位。但这些史料都各有一定的局限，如甲骨刻辞是殷商的时尚，内容以占卜为主；简牍流行于战国秦汉，普及面广，但耐久性弱；敦煌吐鲁番文书地域偏于西北，传世档案以明清为重。唯有传统显学的主体——青铜和碑石铭刻，可弥补上述史料流行时段和使用地域的局限。金石铭刻绵延三千余年，地域分布广，适用于官方和民间。更重要的是，始自西周的“器以藏礼”、春秋战国“器以布法”“物勒工名”等法制“镂之金石”传统，至今尚未中断。

陈列于北京人民大会堂全国人大常委会会议厅的“人民万岁鼎”铸造于1954年，具有很多象征意义：鼎高1954毫米，象征1954年召开第一届全国人民代表大会；重1.3吨，象征当时全国13亿人民；鼎颈部饰有传统玉玺形边框，内铸“人民万岁”字样，象征人民当家作主；鼎内壁以金文铭刻1954年颁布的《中华人民共和国宪法》第1条和第2条部分内容，很容易让人联想到春秋时期的铸刑书、刑鼎等重大事件。另中国农业博物馆还收藏有2006年河北农民铸造的“告别田赋鼎”，该鼎是为铭记自2006年

1月1日起在全国范围内取消农业税而铸造。

这些例子告诉我们，法制“镂之金石”的传统并未消失。金石载体可以穿越时空，为今人所认同。加之传统金石学的千年积累，促使金石文献从诸多本土性史料中脱颖而出，成为经典并具有代表性的中国本土性史料。目前需要我们做的是，重新激活这笔厚重的文化遗产，从中梳理、发现、概括中国本土的法律话语体系。

正如习总书记所强调的，“绵延几千年的中华文化，是中国特色哲学社会科学成长发展的深厚基础”，要“善于继承和弘扬中华优秀传统文化精华”。目前传世和出土的金石法律文献计有上万件之多，但系统整理研究尚不够充分。对传统法律文献的整理和研究是一项冷寂、艰难又充满乐趣的工作。我们坚信，传统文化之精粹、传统法制传承的基因密码，便隐藏在以碑志为代表的众多本土文献之中。从传统中寻找力量，是我们持之以恒的追求。

二、传统学科传承与创新的自觉

（一）传统法律文化为当代法治建设服务

立德树人是高校教育的根本。除传统的教学、科研、社会服务外，文化传承创新、国际交流也成为新时代高校的重要使命。针对中国政法大学的实际，我们特别关注十九大报告及习总书记系列重要讲话中对法治国家、法治政府、法治社会，以及中华文明、中华传统、中华法系、德治和礼治等方面的论述。

十八大以来，习近平总书记在一系列讲话中阐述了依法治国与党的领导之间的关系，指出“党大还是法大”是一个政治陷阱，是一个伪命题。习近平总书记说：“对这个问题，我们不能含糊其辞、语焉不详，要明确予以回答。”他还指出，对各级党政组织、各级领导干部来说，“权大还是法大”才是真命题，“不能以党自居，不能把党的领导作为个人以言代法、以权压法、徇私枉法的挡箭牌”。有关“权大还是法大”的争论，在30多年前已经展开，然而并没能解决现实中存在的问题。其原因值得我们认真分析和思考。或许我们能从传统法律制度与文化中，找到一些借鉴。

习总书记在谈及法治时，屡次谈到法律和道德的关系。他指出：“法律是成文的道德，道德是内心的法律，法律和道德都具有规范社会行为、维护社会秩序的作用。治理国家、治理社会必须一手抓法治、一手抓德治，既重视发挥法律的规范作用，又重视发挥道德的教化作用，实现法律和道德相辅相成、法治和德治相得益彰。”而中华法系的代表——《唐律疏议》便以遵循德主刑辅和“一准乎礼”而著称。

在2018年举办的国家统一法律职业资格考试中，法律史的比重有明显提升，传统法律文化教学、研究的重要性也得到鲜明体现。

古籍所自2012年起开始招收中国史专业历史文献学、古代史和专门史三个方向的硕士研究生。在开始招生的3年内，便开设了24门新课，包括中国古代文献学通论、法律文献学、传世法律文献研读、出土法律文献研究、古代石刻文献、中国古代文学与史料研究、中国古代史学名著研读、中国古代史通论、秦汉官制、秦汉简牍中的法律制度、秦汉史专题研究、秦汉政治制度与文化、十三经导读、魏晋士风与政治专题、明清法律研究、明清史料研读、明清政治制度史、清代群体性事件研究、社会史的理论与方法、中国古代社会史导论、区域社会史、法律社会史、中国古代妇女史导论、社会性别理论等相关课程。目前共计承担研究生30余门课程，本科生10余门课程教学任务。这些课程中，约50%为中国政法大学的独创课程，非独创的课程也因融入鲜明的传统法制文化内容，而具有政法大学的风格。

（二）让法制文物活起来，树立制度自信

2013年12月，习近平总书主持中央政治局集体学习时，就如何建设社会主义文化强国着力提高国家文化软实力，特别强调：“要系统梳理传统文化资源，让收藏在禁宫里的文物、陈列在广阔大地上的遗产、书写在古籍里的文字都活起来。”这几年的博物馆热，人们参观博物馆、欣赏文物的热情，与国家政策导向不无关系。

习近平总书记于2016年5月17日在哲学社会科学工作座谈会上的讲话指明：“中华民族有着深厚文化传统，形成了富有特色的思想体系，体现了中国人几千年来积累的知识智慧和理性思辨。这是我国的独特优势。中华文明延续着我们国家和民族的精神血脉，既需要薪火相传、代代守护，也需要与时俱进、推陈出新。要加强对中华优秀传统文化的挖掘和阐发，使中华民族最基本的文化基因与当代文化相适应、与现代社会相协调，把跨

越时空、超越国界、富有永恒魅力、具有当代价值的文化精神弘扬起来。”

对于制度自信与文化自信的关系，习总书记说：“我们说要坚定中国特色社会主义道路自信、理论自信、制度自信，说到底是要坚定文化自信。文化自信是更基本、更深沉、更持久的力量。历史和现实都表明，一个抛弃了或者背叛了自己历史文化的民族，不仅不可能发展起来，而且很可能上演一场历史悲剧。”

习总书记的上述重要讲话，为我们的学术前行点亮了一盏明灯。如何让传统法律文化、法制文物活起来，不仅需要法律人认真思考，更要有所行动。

我们要率先在校园中、在课堂上，让传统法制文物活起来，让遥远冰冷的古代法律文明变得触手可及。这是不是新时代所要求的文化传承和创新呢？

对于什么是创新，习总书记说得很明白：“哲学社会科学创新可大可小，揭示一条规律是创新，提出一种学说是创新，阐明一个道理是创新，创造一种解决问题的办法也是创新。”

中国法制史是法学专业的必修课。中国古代法制文明积累厚重，中华法系底蕴深厚，内涵丰富，源远流长，影响深远。但由于知识、观念的隔膜，今人对传统法律文化、文献颇感生疏。以直观、生动的法制文物和图像阐释古代法制文明的发展演变，足以弥补文字枯燥、知识隔膜的缺憾。

“左图右史”是古人为学治学的基本途径。以专业的视角解读法制文物和图像资料，是普及和弘扬中国传统政治文明和法律文化的重要方式，也有助于提升学生的学习和研究兴趣。为此，我们主动设计并承担了学校“双一流”建设项目，也是传统法律文化传承与创新项目——“中华法制文明虚拟博物馆”的建设任务，并为研究生开设了配套课程“法制文物与图像研究”。

这是一个新的尝试。文物和图像史料在艺术史、考古学领域受到较多关注，在历史文献和古代法制研究中，文物、图像同样具有重要意义，但尚未得到系统利用和科学阐释。全国各法律院校尚未有开设此课程者，因为这需要大量的原创性资料积累和图片库数据建设。早在20年前，在博物馆尚还冷清时，我们已着手法制文物图片资料的积累工作。故我们有充分的信心将创新项目和配套课程落到实处，以精美图像和专业视角复原、解读中华法制文明发展演进历程，鼓励学生发现、寻找、拍摄中国法制文物，并参与到“中华法制文明虚拟博物馆”建设中（如图 1、图 2 所示）。

图 1 虚拟博物馆图像

图 2 虚拟博物馆图像

2018 年秋季新开设的跨学科研究生课程“法制文物与图像研究”（如图 3 所示）取得良好效果，选课学生涉及刑法、宪法、诉讼法等诸多专业，并激发了不少学生的研究兴趣。作为网站建设和课程建设的基础工作，我们率先行动，组织学生编辑了一本普及版的法制文物图册——《法韵中华》年历书（法律出版社，2018 年 10 月版）（如图 4 所示）。在挑选图片、编写说明时，我们思考并把握的一个主旨方向是，如何赋予文物“制度”之美，如何让法制文物成为人们理解、亲近中国传统法律文化的一个窗口。

图 3 法制文物与图像研究课程

编后记

发现文物的“制度”之美

文物：古代制度文明的建构者

法制文物是古代法律制度的见证和记录。中国古代有过什么样的法律制度，就会留下什么样的法制文物。从物的角度追溯中国古代法律制度的生成演变，既形象生动，也充盈着新知、新趣。

以文物来构建中国传统法制文明，一个关键性的前提是对法制文物的“理性”和“感性”界定。从理性的角度看，古代刑具、法典、契纸之类是显而易见的法制文物，而更大量的隐性法制文物，则需要理性加感性的慧眼，以及丰富的现场观感。当我们亲临新发现的考古遗址或置身国宝荟萃的博物馆，环顾琳琅玉器、庄严礼器、凌厉兵器，不禁会思考它们与法制的关联，同时也会追问，“礼源于祭祀，刑始于兵”的中国古代法制起源路径能够通过文物展现吗？中华法

图 4　《法韵中华》年历书

这项尝试取得了初步成功。毕竟，制度往往依托于常用器物而存在。中国古代有过什么样的法律制度，就会留下什么样的法制文物。通过拍摄整理博物馆中展陈的文物照片，数百上千年前的制度文明触手可及。“国之大事，在祀与戎”“礼乐征伐自天子出”是早期王朝立国的政治理念。与之相应，“礼源于祭祀，刑始于兵”是中国法制起源发展的重要路径。博物馆中丰富的礼器、兵器收藏，足以建构出中国古代法制文明初始发展的谱序。

借助“左图右史”的传统形式，我们力求在体系、内容上有所创新，以展示一部形象的法制文明发展史。我们以月为主题单元，12 个月的排列

顺序及传达的理念是：一月“权之威”、二月“衡之用”，通过“谨权量，审法度”的代表性文物，分析度量衡制度中蕴涵的公平与秩序理念、“嘉量”所承载的帝国法制理想等。三月“玺之政”、四月“印之信”，揭示印章在古代政权及官僚制度建构中的作用，以及权力信用如何生成、演变。五月“符之验”，通过符牌等文物窥视古代军事、经济和行政管理制度的侧面。六月“位之尊”，以权杖、鸠杖、盟书、铁券、封册等文物，展现传统社会尊老尊贵等“特权”制度的发展。七月“镂之金石”，梳理青铜礼乐文明与法制的紧密关联及其深广影响。八月“书于简帛”，检视文书行政在秦汉帝国秩序构建中的作用。九月“纸本文献”，传达契约观念、官文公凭等在社会的应用。十月“典籍传播”，揭示唐代律令制度的完善，以及礼刑书籍的广布、影响。十一月“经济命脉”，在梳理货币起源和发展的基础上，展示其与法制的关联。十二月“经典流传”，辨析法制文明中的礼刑关系，以及传说中的独角兽——獬豸形象的演化路径。

初步筛选的 12 个月法制文物主题具有相对独立性，而这种条块性的分布，并不影响我们对法制文明的整体观感。以日为单位，法制文物图片在 365 日的年代分布情况如下：史前 4、夏 1、商 7、西周 28、春秋 12、战国 29、秦 21、汉 66、三国两晋南北朝 20、隋唐五代 45、宋 23、辽金西夏 20、元 28、明 30、清 31，其中不乏一日展示 2 张图片及一图中有数件文物的情况，总计涉及法制文物近 500 件。虽然这并非中国法制文物的全貌，但足以展现四千余年古代法制发展的阶段性和总体性特征。

（三）科研反哺教学，立德树人，倡导学术公益活动

中国政法大学的校训是厚德、明法、格物、致公。另有一条不是校训的校训——课比天大。法律古籍整理研究所经过 30 余年的建设与发展，在秉持“探赜索隐，钩深致远”的学术传承基础上，在出土法律文献（简牍、铭刻等）和传世法律文献（律令典章、碑石、档案等）整理研究方面具有明显优势，代表性集体成果《沈家本全集》等和个人学术专著多次荣获国家和省部级奖项。

在学科竞争日益激烈的当下，许多高校古籍所或被合并，或处于自生自灭状态。尽管国家出台了扶持冷门绝学的政策，但高校传统科研机构也要善于发挥自身特长，自我拓宽发展道路，争取更多的资源，以体现古籍所独立存在的意义。

对此，我们主要采取两种方式。一是坚持科研反哺教学，科研人员全员投入本科生、研究生教学，强化科研支撑教学。研究所教授主创的中国法制史基础史料研读会、石刻法律文献研读班，通过常年坚持的史料研读和学术考察方式，形成一种富有特色的人才培养与学术提升的模式。二是创新教学和培养人才模式，设立具有中国政法大学古籍所学术特色的“碑石课堂”。“碑石课堂”是中国政法大学法律古籍整理研究所推动石刻法律文献研究的阵地，也是融合中国传统传拓技术与教学、科研、访古考察、展览等为一体的系列研习模式。其宗旨是以科研反哺教学、以教学促进科研，力求在亲近古代法律碑刻的过程中，感知中国传统法律文化的多样性及博大精深。历经十余年的积累，目前已收集法律碑刻拓片数百种，照片数以万计，储备了丰富的教学科研资源，“碑石课堂”即以这批原生史料群为媒介，展开多层次、多形式的教学科研活动（如图5所示）。

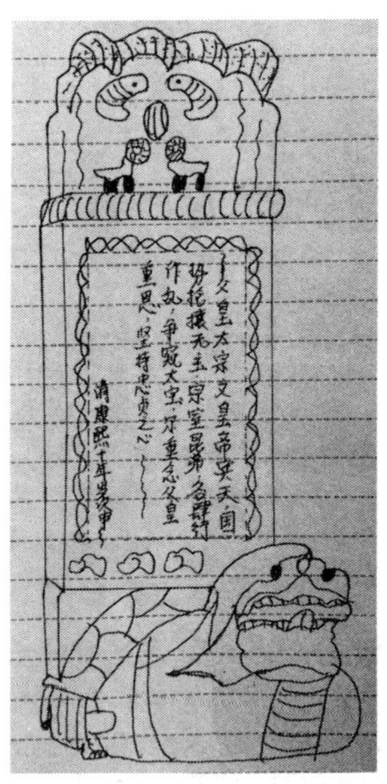

图5　碑石课堂考试学生答卷

2017年4月25日至5月9日，古籍所在昌平校区承办了“碑石逸韵——古代法律碑刻拓片展”，此次展览是全国首次法律碑拓专题展，其中一些展品具有重要研究价值。2017年，“碑石课堂”被评为中国政法大学十佳校园文化品牌。2018 年 11 月 20 至 12 月 18 日，“昭昭千载——中国古代公文碑拓片展”又在昌平校区拉开帷幕，此展同样是全国首次举办的专题展。

上述教学和人才培养模式多为第一课堂之外的学术公益活动，而且多是常年坚持。每学期的学术考察活动经费，多从教师个人课题经费中支出。还有诸如夏令营、古文书研修营等活动，也是古籍所每年的常规活动。在这些学术公益活动中，需要老教师、教授率先垂范，为青年老师树立榜样。尽管公益活动占用了教师大量科研时间和精力，但确是培养学生学术能力的一种有效方式，也是古籍所的传统。老教师的身体力行和持续坚持不仅形成了良好示范效应，也为古籍所营造了严谨、开放的学术氛围。勤谨、亲和、奉献、进取，是我们理解并长期践行的“立德树人”方式。

法学特色高校开设网络数据库课程体系的研究与探讨

——以我校《法律信息管理系统》课程为例 *

宗 恒 **

数据库技术作为信息领域的基础支撑和非计算机学科的重要工具，经过几十年的发展，已形成非常完整的理论体系和实践体系，细细算来，生活、工作中的任何一个环节都离不开数据库技术的支持和应用，因此，数据库的相关课程在高校计算机的课程体系中始终占据着举足轻重的地位。尤其是在文科高校的课程体系中，这几年随着网络技术的发展与普及，伴随着社会科学大数据时代的到来，网络数据库技术相关课程的开设及网络数据库技术在各专业中的应用理所应当地成为了课程改革的先行军。本文就法学特色的文科高校开设网络数据库课程的相关问题进行探讨。

我校是一所以法学为特色和优势，兼有文学、历史学、哲学、经济学、管理学、教育学、政治学、心理学等多学科的学校，计算机教学始终是本科培养方案中不可忽视的内容。2013—2014 学年之前的本科计算机教学是按照两个层次进行的，第一层次为全校必修的《计算机基础》，第二层次为全校必修的计算机应用课程，包括数据库、多媒体、计算机网络、计算机语言四个方向（其中数据库是以讲授 Access 为蓝本），以此来适应不同学生、不用专业的个性需求。

---

* 2015 年中国政法大学教改立项《法律信息系统课程体系的研究与实践》。

** 宗恒，中国政法大学科教部/法治信息管理学院副教授。

随着我校本科生教育教学改革的不断深入，从2014—2015学年开始，我校实施了新的本科生培养方案，其中计算机教学发生了很大的改变：第一层次教学内容依然是《计算机基础》，但是课程性质由必修课改为了全校选修课（植入式）；第二层次的课程不论是课程的性质还是方向均无大的改动；在第一、第二层次的基础上增加了面向各个专业的第三层次计算机课程，其中面向法学专业开设了《法律信息管理系统》课程，此课程是为了适应法学专业学生掌握网络数据库技术并将此技术逐步应用在司法实践中而开设的。

为了更好地实现教学目标，课程组到多所相关院校进行课程教学、实验教学等方面的调研活动，在借鉴相关院校相关课程的基础上制订了自己课程的教学大纲和实验大纲。课程组还对课程教学的每个环节跟踪监控，以此发现问题，实时进行更改和调整。经过2015—2016学年第一学期和2016—2017学年第一学期的教学和实践，课程组根据考核、测试、作业情况以及调查问卷等方式得到的本课程的教学评价，对教学大纲、实验大纲进行了适当的调整，对教学方式进行了多次教研。下文就课程《法律信息管理系统》的教学、实验及前期准备环节逐一分析，文中统称为《法律信息管理系统》或本课程。

一、前期准备工作

（一）计算机教学三个阶段的选课机制

根据最新的本科生培养方案，除了第一层次是植入、选修外，其余两个层次都是全校通选必修。计算机三层次课程的受众对象是大二的所有学生，为通识必修课，即每一个二年级的学生必须从三层次所开设的所有方向中选择一门课程。目前这种选课机制有利有弊，有利的方面为：学生可以选择的方向很多，基本可以保证每一个同学都能选到适合自己计算机水平和喜好的三层次课程。从表面来看，不论是授课教师还是选课的学生，都是比较满意的，即学生有课选，教师有课上，皆大欢喜。可是这种选课机制的弊端在实施一个学期后就显现了出来，下文会有详细说明。

（二）教学大纲的设计

早在新的计算机培养方案出台之前，针对当时的计算机培养方案，我们通过灵活多样的形式在在校本科生、研究生、毕业工作的学生中均做了调查，同学们一致认为，第二层次课程跟自己专业的联系不大。所以最新培养方案中三层次课程的开设初衷，是在学生有计算机基础和相关方向第二层次课程的基础上，开设与我校相关专业结合的课程，进而解决第二层次“空而泛”的问题。根据这一初衷，我们开设了三层次课程《法律信息管理系统》，旨在跟我校的优势特色法学专业相结合，使我们的学生能够初步开发满足当今司法信息化要求的法律管理信息系统，以及初步普及司法信息大数据在网络数据库中的应用。

随着国家对大学生创新、创业实践活动的要求与大力支持，我校学生参加各类计算机设计大赛、各类别创新创业大赛的热情不断高涨，大家都想把自己所学的专业知识通过计算机的相关开发进行进一步的实践和应用。学生们除了在我校的传统强项——媒体方向继续努力之外，他们在数据库方向也逐渐地有所建树，在全国比赛的名次稳步向前。作为计算机大赛和国家创新创业大赛的指导老师，笔者在指导学生参加比赛的过程中发现，学生即使会使用后台数据库软件开发一个小的应用系统，也不能独立完成后续的相关工作，所以很难独立地去开发一个应用软件。鉴于以上原因，我们在参考多所院校教学大纲的基础上，结合我校的学生水平和专业要求，初步制订了适合我校的教学大纲。

本课程主要解决以下三个技术问题：

1. 选择后台数据库开发软件

现在大多数理工科高校的相关课程中基本使用 SQL Server，SQL Server 与 Access 相比有明显的优越性。但我们还是选择 Access 作为后台数据库开发软件。原因如下：学生的基础参差不齐，所以把数据库理论通过 SQL Server 的实施就变得很困难，远不及在 Access 上实现起来更顺利，学生也好理解，学生更容易接受 Office 的界面、使用方法等。

2. 选择程序设计语言

除了选择 SQL Server 创建后台数据库，为了便于程序的开发，学生还要学习一门程序设计语言编写程序实现对数据库的操作。结合我们第二层次课程有 Access，同学们有些许 VBA 的基础，所以我们选择了 VB 程序设计语言作为数据库系统开发的语言。

3. 选择数据库编程技术

在学习了 Access 和 VB 语言的基础上，数据库引擎[1]和接口技术也是必须让学生掌握的。现在成熟的数据库接口技术有：开放式数据库连接 ODBC（Open Database Connectivity）、数据访问对象 DAO（Data Access Objects）、对象链接嵌入数据库 OLEDB（Object Linking and Embedding Database）、ActiveX 数据对象 ADO（ActiveX Data Objects）等。结合文科院校学生的基本情况，我们决定使用 ADO 技术来实现数据库与 VB 的对接。

（三）教材的选择

关于教材，我们想找一本与程序语言兼有的教材，但是找了好多都不太满意，所以就暂时用两本：一本 Access 的教材，一本 VB 编程语言的教材。随着开课经验的不断积累，再择机编写适合我们自己需要的教学教材和实验教材。

二、在教学计划、教学方案的实施过程中充分体现法律信息管理系统的特色

（一）以案例教学为驱动力的教学设计理念

我们在这门课的整体设计上，以开发法律实证研究中的案例法规数据库为学期的学习目标。案例教学法既避免了枯燥理论知识的单调说教，使得大家在学习伊始就有一个明确的开发目标；更关键的是，我们的设计目标是法学专业学生非常熟悉的案例法规数据库，案例法规数据库的开发和应用在法律实证研究中都起着重要的作用。[2]

现在的实证研究有如下难题：对于实证研究者来说，单凭自己的力量收集证据几乎不可能，实证研究者在数据处理方面任务非常艰巨；实证研究者对统计数据的掌握还远远不够。基于以上情况，我们通过案例教学法，指导学生开发模拟案例数据库。经过对真实案例数据库的分析，真实案例数据库要满足以下总体特点：

（1）数据结构要完整，要包括法律实证研究者所需要的所有信息。

---

〔1〕 数据库引擎技术：是用于存储、处理和保护数据的核心服务。利用数据库引擎可控制访问权限并快速处理事务，从而满足企业内大多数需要处理大量数据的应用程序的要求。

〔2〕 郑顺炎，案例法规数据库在法律教学科研中的运用。

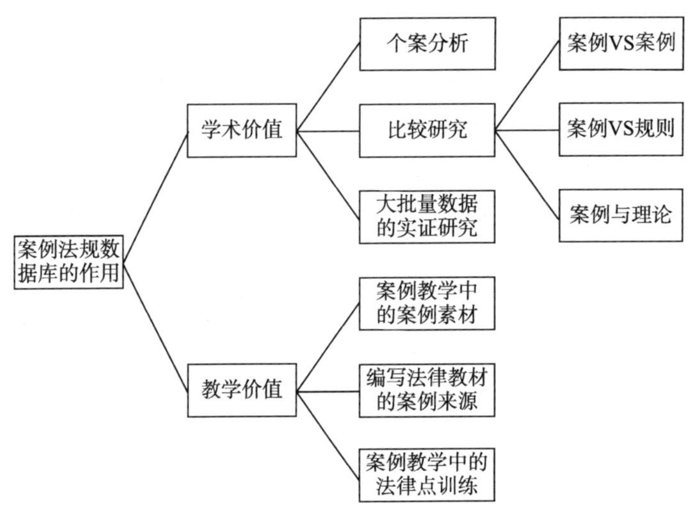

图1　案例法规数据库的作用

(2) 数据信息量要足够大，否则如果样本不够，研究意义便大打折扣。

(3) 界面要实用，要满足人机对话的需求。

(4) 页面结构简洁，使使用者尽快掌握使用流程。

(二) 依照真实案例法规数据库来设计教学用数据库结构

开发案例数据库，首先要指导学生设计案例数据库的结构，建立相关数据表之间的关系模型。学生们通过网上查资料、咨询地方法院、向师兄师姐们请教等途径，了解到案例数据库需要设计如下实体：案例、法院、法官、当事人、律所、律师。依据法院审判的基本流程，设计如下的案例库 E－R 图（图2）和与审理案件相关的实体关系图（图3）：

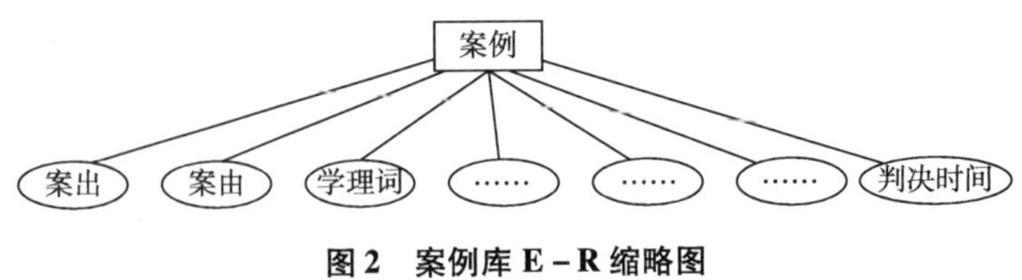

图2　案例库 E－R 缩略图

通过以上实体分析图可以看出，案例与当事人、法院、法官、律所、律师均为“一对多”的联系，下面我们将多个“一对多”的实体关系图转

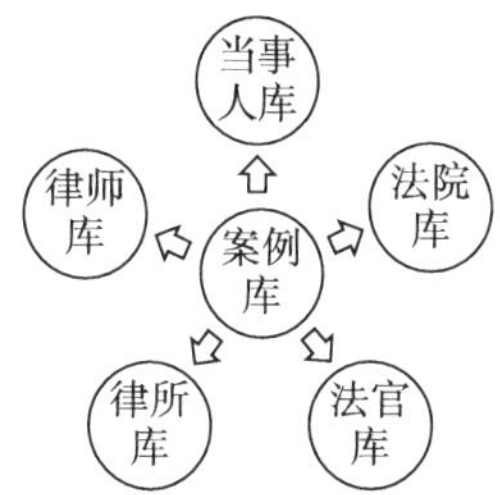

图3 相关实体关系图

换为关系模式（关系模式中的粗体字符为数据库表的主键Key）：

案例库（案号，案由，学理词，当事人ID，审理法院ID，审理法官ID，代理律所ID，代理律师ID，判决时间，判决结果）；

法院库（法院ID，法院名称，法院级别）；

法官库（法官ID，姓名，性别，出生日期，工作时间，最高学历，专业职称）；

当事人库（当事人ID，姓名，性别）；

律所库（注册号，律所名称，负责人）；

律师库（从业证号，姓名，性别，出生日期，从业时间，最高学历，专业职称）。

根据上述对案例库数据库的分析，学生利用数据库蓝本建立6类实体集（鼓励大家使用SQL Server，第二层次没有学过数据库的也可以使用Access），继而得到如下的数据库参照完整性约束（图4）和数据库实体间一对多的关系（图5，以Access为例）。

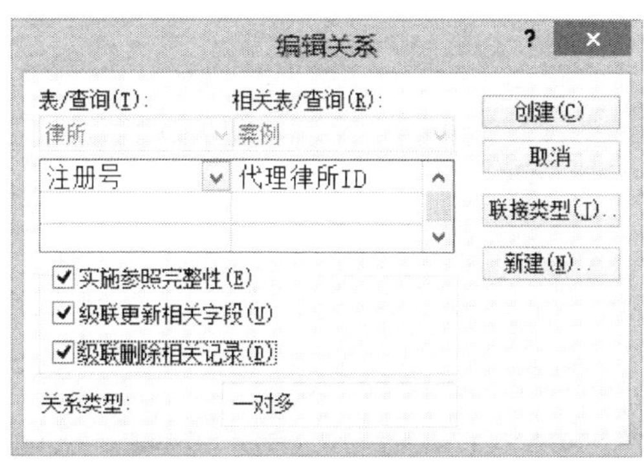

图4 参照完整性约束

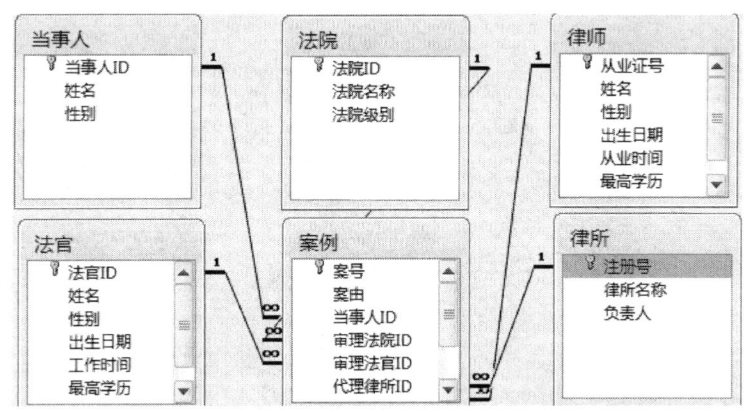

图5 实体间一对多的关系

（三）依照真实案例需求设计案例库的检索和查询

在面向所有同学开设的《数据库管理系统》中，一般只关注数据库的查询而不涉及检索的分类。但是在《法律信息管理系统》中，要全面考虑检索方法、检索范围及查询问题。

检索方法包括但不限于分类引导检索、关键词检索、页面页内检索等。其中关键词检索最为常见：案号、案由、学理词、当事人、审理法院、审理法官、代理律所、代理律师、判决时间等，都是常见的关键词检索标准。

案例数据库的检索范围包括案例类型的检索和数据库查询检索，学生要考虑案例的分类标准和数据库查询的实际需求，根据大家的调研得出案例的分类标准及分类情况如下：

（1）案由分类：刑事、民经、行政、知识产权、海商。

（2）审理法院分类：最高法院、省级地域。

（3）专题分类：（此处略）。

（4）法域分类：港澳台。

在任何一个数据库管理信息系统中，都需要对大量的数据进行数据分析，包括对数据的查看、更新、删除、追加等操作。在SQL Server和Access中，进行数据分析是通过创建查询并运行查询实现的。查询就是对存储在数据表中的数据进行询问或对数据进行操作的请求，用户可以通过查询从一个表（实体集）或多个表（实体集）中检索到用户需要的数据，并将其独立存储在查询对象中，作为窗体或数据访问页的数据来源。创建查询一般有两种方法：设计视图模式和 SQL 语言模式，考虑到 SQL 语言的通用性，在教学中要求学生掌握 SQL 语言模式，并且要根据实际案例库的查询需求设计查询：

（1）连接查询：因为设计的数据库结构是围绕案例库的“一对多”的关系模型，所以除了一个表内的基本查询外，实际使用的查询都是通过多个表得到查询结果，需要对多个表建立自然连接。自然连接（Natural Join）是一种特殊的等值连接，它要求两个关系中进行比较的分量必须是相同的属性组，并且在结果中把重复的属性列去掉。等值连接并不去掉重复的属性列，即：$R \bowtie S \equiv \Pi R \text{ u } S \ [\delta \text{ predicate } (R \text{ x } S)]$。在案例数据库中经常使用的查询某一个案例的审判法官的具体信息，就要把案例库和法官库进行自然连接，主要语句如下：

SELECT 法官．* FROM 法官 INNER JOIN 案例 ON 法官．法官 ID = 案例．审理法官 ID WHERE 案例．案号 = “001”。

（2）模糊查询：作为案例数据库的设计者，必须站在使用者的角度来考虑查询的类型。有些使用者不太清楚法院审理流程和关键因素，所以一定要给这类用户提供方便的查询方法，充分利用模糊查询是很好的解决方案。不同数据库蓝本实现模糊查询的方法不同，但其基本思路是相似的。例如：要查询所有与“盗窃”有关的案例，主要语句如下：

SELECT 案例．案由 FROM 案例 where 案由 like“ * 盗窃 * ” or like “ * 偷 * ”。

（3）分类统计查询：实证研究者对数据统计尤为青睐，要得到正确的数据统计结果，首先要清楚统计的分类标准是什么，还要清楚统计要求是什么。所以学生在完成这部分功能时，首先要设身处地地站在法律实证研究者的角度，模拟几种分类统计的问题，再进行 SQL 语言的实现。例如：要统计不同律所代理刑事案件的件数，分类标准是“律所”，统计要求是“和”，统计条件是“刑事案件”，其主要语句如下：

SELECT count（案号）from 案例 where 案由 = “刑事” group by 代理律所 ID。

（4）特别类型字段的查询：在分析犯罪行为与不同季节、每天不同时段相关性的研究中，需要设计有关日期/时间型数据的查询，而日期/时间型数据在其他的数据库管理系统中鲜有使用，所以学生必须掌握与此相关的若干函数，准确、灵活地完成这类数据的查询。例如：要统计各地2015年元旦期间盗窃案件的数量，需要使用英文的日期函数，语句如下：

SELECT count（案号）from 案例 where 案由 like“ * 盗窃 * ”or 案由 like“ * 偷 * ”and year（时间） =2015 and month（时间） =1 and day（时间） =1。

要统计各地中秋之夜、除夕之夜等重大传统节假日期间盗窃案件的数量，不仅要掌握英文的日期函数，还必须掌握公历日期转农历日期的算法，算法如下：

SELECT Format（[日期]，“yyyy”）AS 年，IIf [（[年] Mod 10） -3）<1，（[年] Mod 10） +4，（[年] Mod 10） -3] AS 天干号，IIf [（[年] Mod 12） -3] <1，（[年] Mod 12） +9，（[年] Mod 12） -3）AS 地支号，DLookUp（“天干”，“天干地支表”，“序号 =”&[天干号]）& DLookUp（“地支”，“天干地支表”，“序号 =”&[地支号]）& " 年" AS 农历 FROM 日期表。

（5）灵活查询：以上所有例句中的具体条件在后续的人机对话界面中都需要转化成灵活条件，学生们都能做到熟练掌握。

综上所述，检索和查询是完成数据库系统的主要内容，在这部分课程的教学设计中，我们充分考虑案例数据库的实际需求，把相关的法律元素融合在数据库基本概念中，使同学们理解了概念，又在实操中得到了演练。

（一）站在实证研究者的角度设计人机对话界面，力争页面结构简洁、功能全面

三层次数据库课程组的教学目标，是使得学生能够在二层次数据库基础上开发一套“麻雀虽小，五脏俱全”的专业数据库系统，所以在设计人机对话界面的过程中，要充分考虑实证研究者的感受，力争人机对话页面结构简洁、功能全面。在这部分的教学实践中，课程组老师充分调动同学的积极性，设计、开发了多款界面，基本实现了“功能全”，但是“结构简洁”实现得很不理想。分析原因，我们师生的美学设计水平有待于全面提高。

二、2015—2016 学年秋季学期结束后对开设本课程过程中的反思

《法律信息管理系统》于 2015—2016 学年秋季学期面向 2014 级（二年级）全校同学开设，为全校通选课。经过一学期的教学，我们不断总结经验，吸取教训，总结如下。

（一）现有选课机制对本课程的影响

1. 本课程学生所选修二层次课程的统计分析

2014—2015 学年第二学期的选课阶段结束后和 2015—2016 学年第一学期伊始，我们课题组曾分阶段详细调查并分析了本课程学生二层次的选课情况，我们共开设 8 个教学班，共 391 名同学。

（1）过半同学没有学过数据库。没有学过 Access 数据库应用技术或者数据库管理系统的同学占 51.40%。

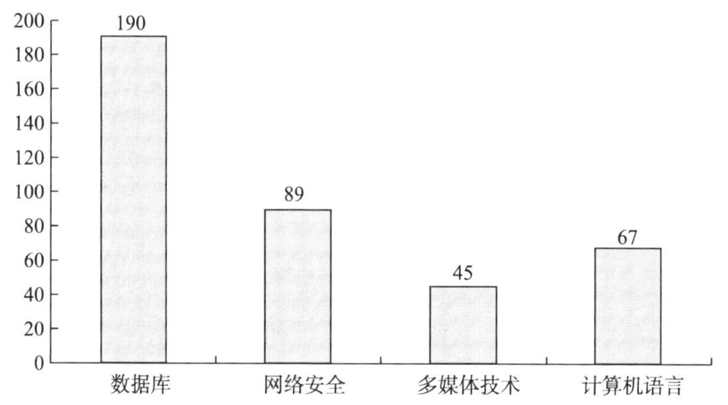

图 6　学生二层次选课情况

（2）51.40% 的同学分布在所有的 8 个教学班中（此部分数据太多，暂不赘述）。

（3）学生分布面广，分散在学校所有的学院之中。

（4）虽然有 48.6% 的同学在二层次选课时学过数据库的相关课程，但是不乏缺少数据库入门知识的学生。尤其对关系模型的完整性约束、SQL 的复杂查询等关键的内容，学生的掌握情况非常不尽如人意。

经过上文的分析可以看出，选修本课程的同学数据库基础不同、所处学院分散，这为我们课程组的教学提出了新的挑战。经过多次讨论，我们

进行了多种情况的预设及解决方案的设计。

2. 针对学生基础不同、院系分布广泛的问题，课程组设置了多种预案

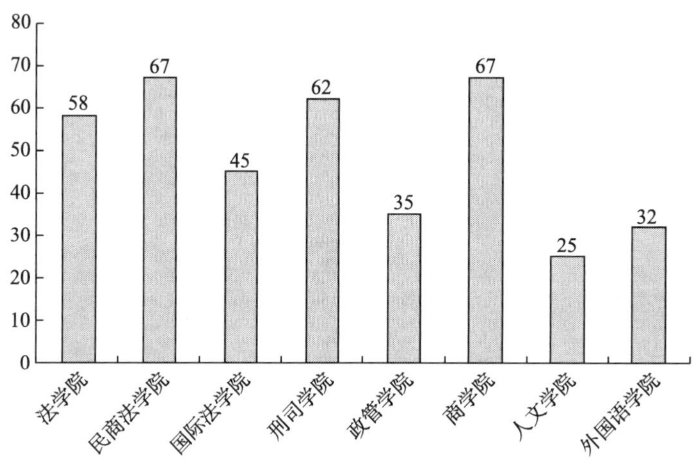

图 7 学生院系分布情况

（1）针对学生基础不同的问题，课程组必须加强理论教学的调度、管理。

根据学生二层次课程的选修情况，课程组就预感到本课程教学是个硬骨头。如何让零基础的学生了解数据库的基本概念进而能够设计、开发简单的数据库，同时还要保证有基础的学生充分利用课堂时间开发复杂的数据库，是课程组首先要解决的问题。为了使得不同层次的学生在原来的基础上有所进步，初步实现我们这门课程的教学价值，我们首先设计了层次分班教学的方案。

按层次分班教学指的是根据同学们数据库基础的不同层次重新组合教学班，从而实现因材施教的目的。具体实施方案是：根据没有学过数据库同学所占的比例（51.4%），课程组安排了 4 个基础班教学（可容纳 55.2% 的同学），4 个提高班（可容纳 55.2 % 的同学），所有 8 个教学班的同学自己选择是在基础班学习还是在提高班学习。具体模式如下：

有基础的和没基础的分开教学，先给没基础的和基础很差的学生补课（预计占 3 周的时间），再进行新课的教学；有基础的同学直接学习新课。因为两种类型的教学班均安排了 4 个，并且除周二外的每个工作日均有一个

教学班级供同学们选择，所以基本上每个选择基础班的同学均有适合自己的时间段上课。同上，提高班的同学也基本上都能找到适合自己时间的教学班。同时，要求本课程组每个教师，既要给基础班的同学上课，也要给提高班的同学上课，这种安排有利于教师掌握不同层次同学学习本课程的节奏和问题，以便于课程组及时调整教学进度和方案。

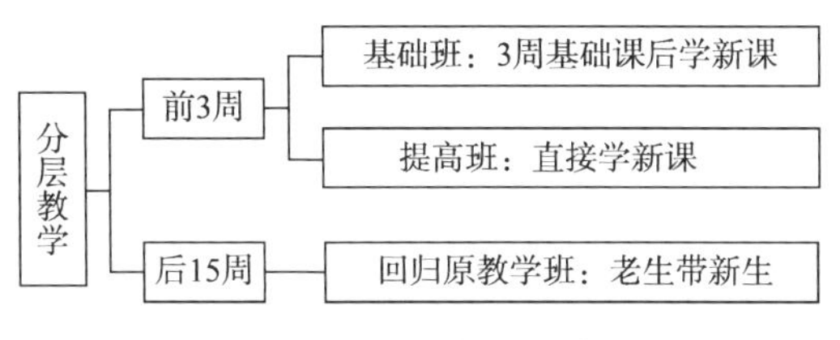

图8 分层次教学方案

从第4周到学期结束，基础班和提高班的同学重新回归原有的教学班，并且规定老生和新生组成同位。这样安排的原因有两个：一是要符合教务处对于教学班级的管理规定；二是因为新生已经掌握了基本的数据库知识，所以老生指导新生学习、代替教师的部分职能就成为了可能，他们互帮互助，学习气氛、学习效果均有很大改善。

（2）院系分布广泛对案例教学中案例的选择提出了新的要求。

这门课程在教学培养方案中的名称是《法律信息管理系统》，最初的宗旨是使我们学校最具特色的法学专业学生掌握网络数据库的相关知识，能够开发与法学相关的数据库信息系统。但是根据最后的选课结果，有59.33%的学生来自于法学专业，另有40.7%的同学来自于非法学专业，这部分非法专业同学对这门课的心理预期是什么？他们对于使用案例数据库作为课堂教学的主要方法能否接受？课程组决定，在第一节课上对非法学专业同学开展现场调查。

经过对8个教学班级中非法学同学的现场调查、课程组汇总，得出结论：在所有的非法学同学中，有接近一半的同学很喜欢法律，通过灵活多样的方式掌握或者了解了很多基本的法律概念和法律知识，他们对法规案例数据库作为课堂教学的方法完全接受。更有同学表示，老师教学时用案例数据库，他们在完成作业时可以根据自己专业的数据库来进行同步的对照、设计、开发。

3. 不同层次学生对于三层次课程的接受差异分析

经过一个学期的不断调整、不断改进，通过一学期课上交流、课后完成数据库系统的情况汇总，课程组对同学们的表现、教学效果、课后作业等都比较满意，教学成果达到了之前的预计目标。毋庸置疑，同学们之间的水平差异还是客观存在的，这种差异最终从期末考试中得到了体现。下面是对期末考试成绩进行的分析报告：

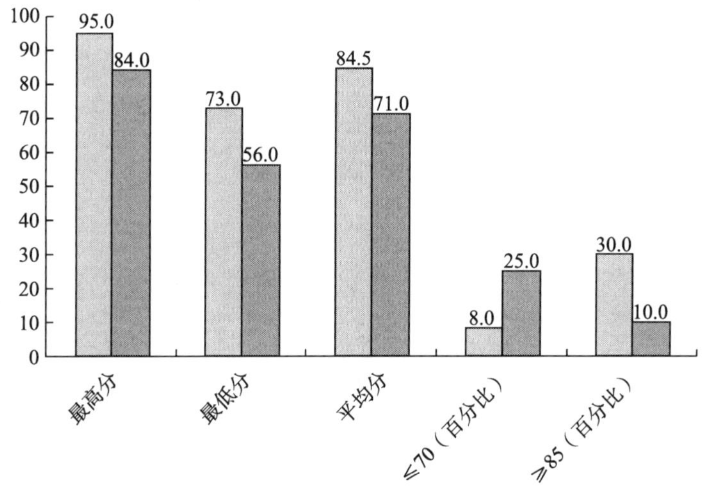

图 9 期末考试分析报告

期末考试的试卷（含备用试卷）涵盖了这门课程主要的知识点、难易程度适合、能够考查出同学们对这门课的掌握程度。

考试后和部分同学进行了交流，结合不同层次同学的平时学习状态和课后完成作业的情况发现以下规律，零基础和基础很差的同学主要表现为以下两点：

（1）学期进行到 1/3 阶段时，他们就自我放弃了。虽然每次都不缺课，但是他们在课堂上确实无所事事，老师讲什么、同学在练什么，他们已经都不知道了。

（2）他们对数据库技术以及相关的技术很难入门。虽然经过了 3 周的集中课堂教学，但在短时间内掌握这么多知识体系对他们来说确实存在困难，尤其是数据库中非常重要的概念、SQL 语言、VB 连接数据库等掌握得不好。

4. 三层次选课机制的思考

根据上述现有选课机制对本课程影响的具体分析，为了三层次课程的教学能达到我们设想的教学效果，制定一种既有利于学生自由选择，又能保证教学质量的选课机制，是下一轮选课前应该设计好的。根据《法律信息管理系统》已运行两个学期的实际情况，每当秋季学期开始，教师要花费很多的时间与精力重新划分教学班级，但即使这样，教学效果也不甚理想。课程组建议三层次的选课和二层次的选课联动起来，至少在二层次选课前应该把这三个层次课程的安排计划告知学生，否则一旦出现二层次和三层次的课程衔接问题，老师和学生都很被动。

（二）3 个教学学期结束后对教学大纲的分析

本课程开课前，根据我校学生的实际情况和需求，结合当时其他兄弟院校相关课程的设置，课程组制定了本课程的教学大纲（第 1 版）。2014—2015 学年秋季学期结束后，根据一个学期教与学的具体情况，对大纲进行了调整（第 2 版）。2015—2016 学年秋季学期结束后，学校教务处调整了教学周期，由原来“春季学期 + 秋季学期”改为“春季学期 + 夏季小学期 + 秋季学期”，本课程也随之由 72 课时调整为 64 课时，所以现本课程的教学大纲为第 3 版。下面就本课程的三大部分内容进行分析。

第一，后台数据库开发软件的选择。经过 3 个学期的教学实践，学生对 Access 的掌握、使用游刃有余，所以课程组认为完全可以提高此部分的教学难度。为了适应以后几年数据库的发展和趋势，课程组准备调整 SQL Server 数据库作为开发后台数据库系统的蓝本。SQL Server 与 Access 相比，先进性还是很明显的。Access 数据储存量小，安全性不够高，加了用户级密码容易破解。C/S 结构下对服务器要求很高，否则容易造成 MDB 损坏并发数 255，但是对高强度操作适应性差，如果服务器不够好，网络不够好，编程的方法不够好，6—7 个人同时访问就能导致 MDB 损坏或者并死，不能将 VBA 代码开发的软件系统直接编译成 EXE 可执行文件，不能脱离 ACCESS 或者 ACCESS RUNTIME 环境，该环境相对其他软件体积较大（50M 左右）。

第二，VB 是当前最合适的程序设计语言，不论是难度还是适用的广泛性都非常适合学生。因为 VB 程序设计课程在之前没有开设过（当然，有个别同学自学或者高中阶段涉猎过基础部分），所以这部分是本课程中最统一的内容，不论是课堂教学还是作业，学生都是完全一样的内容、完全一样的要求。尤其是用 VB 解决生活中的数学问题等，学生很感兴趣。但是在学习函数的调用、传值和传址运算、与数据库对接等知识点时，他们接受起来还是有困难的。

在学习 VB 的过程中，还需要强调自学控件的重要性。学生应该在二层次阶段了解各类控件的方法、属性等，而在三层次的课堂上没有太多的时间来学习这些内容，所以就需要强调学生在课下自学。

第三，ADO 技术是现阶段比较适合我校学生的数据库编程技术。ADO 能够直接作用于学生自己设计的法律信息系统，所以这是学生最感兴趣的部分，教学效果也很好。学生不仅能掌握当堂学习的知识，还能根据自己的需求进行扩充学习，所以这部分在下一轮教学时应该有所加强。

（三）3 个学期结束后对这门课教学方法、教学设计的思考

在这个学期中，我们采取的是课堂讲授、课上教师演示、学生自己操作答疑、任务驱动、案例教学等教学方式，但是相对于二层次的小组讨论、集体作品等教学方式，笔者就没有成功。因为二层次时学生的水平是相近的，所以他们愿意自行组成小组，共同讨论、共同完成一个作品；但是三层次时，学生的前期知识储备差距太大，所以就无法实现小组讨论的学习方式。

三、总结

当今社会，法治无疑是促进社会平稳运行和进一步发展的重要保障。法治信息化是现代司法系统中不可或缺的元素之一。随着我国法治建设逐步进入信息化建设阶段，越来越多的法治工作部门、企事业单位以及法学法律工作者将不可避免地要面对和处理大量的法治信息。政法领域的信息化建设是国家信息化建设的重要组成部分。信息化技术的实现离不开网络数据库技术，同时只有法律人才能真正明白需要怎样的法治信息化，所以，以法学为特色的高校开设网络数据库课程是非常必要的。

《法律信息管理系统》是根据我校的实际情况开设的交叉融合型网络数据库课程，既能避免纯工科的网络数据库技术，又能结合我校的法律特色，使同学们能初步涉入法治信息化的领域。课程组会继续根据技术的发展、法治信息化的需求、学生的计算机水平，对本课程的相关问题进行研究探讨。

论“复盘式”案例教学法在法学教学中的应用

——以知识产权法案例教学为例 *

陶　乾　耿昊天 **

引　言

复盘，亦称为复局，是围棋术语，本义指的是围棋对局完毕后，对弈者把对弈过程凭记忆按原来顺序重新复演一遍，进行回顾和总结各自招法和棋路的优劣得失。2011 年，魏本亚教授提出复盘式评课范式，作为一种合作认定教学事实、进行集体教学反思的研究活动。[1]柳传志先生将复盘应用于商业管理，并形成了以回顾目标、评估结果、分析原因、总结经验为步骤的复盘方法论。[2]复盘这一方法除了在教育和商业领域获得运用之外，还在军事、社会治理等方面得以发展。在法学的案例教学上，复盘指的是对案件审理过程进行还原以作出重新的事实认定与价值判断的复演过程。复盘式教学法能够取得出色的教学效果。鉴于法学各部门法的教学具有各自特点和一定程度的差异性，本文以知识产权法学科的案例教学为例进行分析。

---

* 本文为中国政法大学2018 年“双一流”建设项目《法律硕士研究生多元化培养机制》研究成果。

** 陶乾：中国政法大学法律硕士学院副教授。耿昊天：北京理工大学法学院 2018 级博士研究生，研究方向为知识产权法。

〔1〕 魏本亚：《“复盘式”评课的评价学阐释》，载《现代基础教育研究》2013 年第 2 期，第 31 页。

〔2〕 陈中：《复盘：对过去的事情做思维演练》，机械工业出版社 2013 年版。

一、“复盘式”案例教学法之于法学教育的可能性与必要性

（一）法学案例教学之价值与目的

在人文社会科学的知识大厦中，法学是一门特殊的学科。在法学研究中，哲学式的思辨不可或缺，学者和学生根据客观规律在头脑中用价值、规范和效用构建思辨的模型，尝试解释客观存在的社会生活。与此同时，法学也具有不输经济学和管理学的实践性，从经验素材抽象提炼出的法学理论，毕竟需要反馈于法制实践，并在其中发挥指导作用。而且，我们无法根据对思辨性与实践性的偏重，将其像经济学或工程学那样分为理论法学和应用法学两类分支学科，毕竟于法学学科而言，其理论与实践是紧密结合而难以分割的。这样的学科属性决定了，法学教育不论是以理论性为重，还是强调法治人才的培养，都需要强调实践性教学在其中不可或缺的重要地位。

法学实践性教学具有多种形式，法律诊所课程和模拟课程是法学实践教育最主要的两种课程模式，比较典型的模拟课程包括法庭论辩、模拟调解等。[1]案例教学法在上述课程中的运用，具有教学资源成本较低和可重复性较高而易于确保教学成效的特点，无疑居于法学实践性教学的核心地位。[2]在各国法学教育的实践中，普通法系以美国之个案教学法和法律诊所教育最具有代表性。因其普通法系的司法职业体制决定其法学教育以律师为培养法治人才的出发点，在法学院的教育中完成理论素质和实践技能的培养。大陆法系国家的法学实践教育则以德国之实例研习最为流行。德国法学教育以培养法官为基本出发点，存在培养环节上的分工，法学院专注于学生法学素养的提升，而法律职业培训则交由实务部门承担，故实例研习教学注重学院教育与实践需求之间的衔接。

纵观各国法学教育，法学实践教学模式均以案例教学为中心环节，其间的差异由各国法律职业体制决定，但均着眼于培养法学生开展法学研究

---

〔1〕 袁钢：《中国法学实践教学的基本理论》，载《中国政法大学教育文选》2014 年第 15 辑，第 11 页。

〔2〕 刘天君：《法学案例教学法探究》，载《教育探索》2006 年第 3 期，第 81 页。

所必备的实务经验，与从事法律职业所必需的实务技能，讲究打通从理论到实践的实务能力与从实践到理论的研究进路，这正是法学案例教学的价值与目的所在。对我国法学教育而言，立足于本国司法生态与法律职业体制，探究如何更好地实现上述目的与价值，是我国法学教育工作者当前面临的重要任务。

（二）当前法学案例教学现状与存在的问题

在建设社会主义法治国家的目标指引下，面对我国法律实践中法治人才存在较大缺口的问题，我国法学教育对实践教学尤其是案例教学的重视程度正与日俱增，法学案例教学正在逐步向科学化、体系化的方向发展。但当前我国案例教学的发展现状仍难以满足法律实务的现实要求，随意性和盲目性的问题仍相当程度地广泛存在，甚至在教学方法不科学和教学资源配置不均的双重因素作用之下，案例教学沦为形式化的“走过场”情形也不鲜见。“当前法学教育虽然定位为职业教育，然而，法律院校并未采取符合职业教育要求的教学方法，教学与司法实践脱节。”[1]

详细考察我国法学教育的实践教学现状，我们应针对我国法学教育现行的案例教学方法展开具体分析。按实践方式的不同，可以将其分为三种教学模式：一是参与式实践教学，即带领学生直接参与现实社会生活中的法律实践，包含参与法律诊所或法律义务咨询服务的案例教学方式，以及参与普法活动、社会调查等其他形式的实践教学方式；二是模拟式实践教学，即选取案例开展模拟法庭等拟真方式的实践教学，乃是现阶段我国法学案例教学的首选教学模式；三是观摩式实践教学，即带领并引导学生观摩现实法律实践活动的教学模式，包含庭审观摩、法律诊所观摩、实况录像观摩等具体形式。

从实践教学的科学性和系统性上来看，传统的参与式和观摩式实践教学注重本学科领域内的探究与训练，往往在部门法和程序法与实体法之间产生割裂，不利于学生完整而立体地掌握司法生态与法律实务技能。参与式实践教学受到教学周期的限制，学生只能参与寥寥数个案件的实务，且

---

〔1〕 许身健：《卓越法律人才教育培养计划之反思与重塑》，载《交大法学》2016年第3期，第26页。

教师无法对作为教学材料的案件进行选择和排布，其教学成效难以满足法学教育之科学化与系统化的现实要求。“由于知识教学与实践教学的脱节，加之缺乏全程化、常态化的实践教学模式和操作规则，造成传统知识教学和实践教学‘两层皮’的尴尬现状。”〔1〕

从实践教学的成效上来看，观摩式实践教学往往是走马观花，学生在观摩活动中可以对司法实践的流程和个案情形产生直观的感性认识，但这一模式存在无法充分调动参与学生思考与研究的问题，难以使学生在理论素养与实践技能上真正有所同步提升。参与式实践教学可以有效调动学生的研究与思考，但学生在参与法律援助时必然会面对各式各样的案件，相当一部分案件过于简单或过于复杂，不适宜直接用于实务技能的训练。模拟式实践教学则能满足参与深度足够和科学系统教学的法学教育对实践教学所提出的要求，但这一模式在我国的推行还面临着经验材料短板的制约，即我国司法判决书的说理部分多长于简明扼要，而往往缺乏理论深度和充分证成，这与美国、德国等国家的案例实践教学中的经验材料存在相当差距。

从教学资源需求上来看，观摩式实践教学只需带队教师随行，无疑是教学成本最低的法学实践教育模式。相比之下，参与式实践教学由于并不具有一般法学教学的封闭性，学生在其中所面临的现实情况往往复杂而多变，必然需要教师的紧密辅导，对教学资源的密度要求较高。模拟式实践教学模式也具有所需费用高昂的问题，传统上这一模式以一系列的角色模拟和情景训练为主要内容，采用大班授课难免流于形式，而小班授课的模拟式实践教学则属于资源密集型模式，追求实际成效必然要求较高的教师—学生比例，这样偏重“精耕细作”的法学教育模式阻碍了诊所法律教育的发展与传播，无疑与我国法治人才数量存在较大缺口的国情有所冲突，而且即便是美国这样的发达国家，也难以负担精细化法学实践教育形成规模所需的海量教学资源。〔2〕

---

〔1〕 于志刚：《法治人才培养中实践教学模式的中国探索：“同步实践教学”》，载《中国政法大学学报》2017 年第 5 期，第 44 页。

〔2〕 Elliott S. Milstein, “Clinical Legal Education In The United States: In – house Clinics, Externships, And Simulations”, 51 J. *Legal Educ.*

（三）“复盘式”教学能够体现的独特价值

在法学专业教学改革谋求跨越式发展的当下，改进案例教学的技术方法作为加强法学实践教学效能的主要手段，关乎法学理论教育与学生法律实务技能培养之间的相互促进，具有极其重要的意义。

在现阶段既有的法学实践教学方法的基础上，本文提出了“复盘式”案例教学方法。该方法得名于“复盘”的围棋术语，即在与理论教学同步进行的实践课程上，科学设计实践课程的知识点分布与课程进度，选取一系列真实诉讼案例，由学生扮演原被告双方及合议庭，在教师指导下根据真实案件中的证据材料，进行诉讼程序的演习；并在演习结束后将模拟诉讼过程及其中产生的所有诉讼文件与原案进行对比，由原案的主审法官进行系统点评，带领学生总结案件审理的司法程序、事实认定与价值评价。在应用现代教育理论和先进教学设计技术培养合格法律人的现实需求下，“复盘式”案例教学方法具有科学系统、贴近实务和高效低费的独特价值。

从教学设计的科学性与系统性来看，“复盘式”教学法包含诉讼的全部运行过程，不仅可以加深学生对实体法理论与制度的认识，还可以检验学生对程序法的掌握程度；与此同时，“复盘式”教学法的案例选取规划于课程的科学设计，教师可以按教学需要选取涉及实体法与程序法中重点理论问题的现实案例，按案例所设问题点的多少和逻辑关系进行关联融贯地设计排列，由此使学生在复盘训练中深化对相关理论问题的系统性认识。

从教学成效上来看，“传统的案例教学法更近似于例证教学，不是真正的案例教学”[1]，“复盘式”案例教学法能够突破这一瓶颈。一方面，“复盘式”教学法旨在模拟法的动态运行过程，学生在掌握全部案件材料之后经历庭审模拟对抗的全过程，这样沉浸式的模拟训练不仅可以增强实务技能训练的成效，还能起到刺激学生理论求知欲的作用；而模拟训练之后的原审法官点评环节，则可以加深学生对司法实践的理解，促进理论结合实践的实现。另一方面，相比参与法律援助等现实实践，“复盘式”教学法与真实司法生态之间存在缓冲带，学生所需要处理的案件乃是经过教师精心选择的真实案例，在保证了训练拟真性的同时，可以科学而系统地设计和

〔1〕 何美欢：《理想的专业法学教育》，载《清华法学》2006年第3期，第127页。

组织案例的遴选与排布，由浅入深、难易结合的课程设计无疑具有更好的训练效果。

从教学资源的需求上来看，“复盘式”教学法以模拟对抗为主要过程，在模拟庭审的指导上对师生比的要求并不高；而原审法官点评的收官环节作为全课的题眼所在，与传统案例评讲教学具有形式和流程上的共同性，受邀出席的法官对学生模拟活动的针对性点评仍可以采用大班上课的形式进行。也就是说，“复盘式”教学法可以采取较为节约教学资源的大班上课模式，而在所有大班上课的实践教学方法中，“复盘式”教学法无疑是教学成效最高的一种，具有高效低费的费效比优势。

特别是在本文首推的知识产权法案例教学中，由于该法律部门理论较为抽象，证据规则和审理程序较为复杂，价值判断较其他民事案件更为重要，使其一方面实践教学难度较大，理论与实践的联系更需科学的课程设计；另一方面理论教学相比其他的部门法学教育更需要实践教学的辅助和补充。由此观之，“复盘式”教学法首先应用于知识产权法教学，具有克艰纾困的现实意义。

二、“复盘式”案例教学法在法学教育中的应用步骤

（一）复盘教学的课程设计

上文所述“复盘式”案例教学法之于法学实践教学的重要意义与独特价值，需要注意的是，其效能的充分发挥需以任课教师与法院的事先充分沟通以及对课程的精心而科学的设计为前提。在进行“复盘式”案例教学法的课程设计时，我们需要根据法学教育的基本规律，秉持前沿而深入的基本策略。

第一，案例教学的课程设计应以前沿化的现实案例为选取标准。知识产权法教学中的最大难点在于其理论复杂性，规范性的形式逻辑与价值性的实质逻辑在知识产权法律制度运行中的交替运用，更是为学生在掌握一定知识产权法理论与制度知识之后的实践进路带来了相当的阻碍。由此观之，“复盘式”案例教学法应用于知识产权法教学，首先需要在模拟知识产权法动态运行的过程中，为学生进一步掌握知识产权法理论与制度提供沙盘推演的“场地”，则其课程设计必然以选取前沿性的现实案例为首要策

略。一方面，选取案例应注重审理程序上的对抗性与策略性，以便学生融汇、消化此前学习的民事诉讼法知识，并鼓励学生探究知识产权司法程序的特性；另一方面，选取案例需关注知识产权法律制度中权利边界、各项权利的衔接、侵权行为的归责、法律体系的交叉等实体问题，促进学生对知识产权法作为一个整体的理解，并引导学生将其置于整个民法部门的大背景下展开思考。

第二，案例教学的课程设计应注意选取问题点较多、具有相当理论深度的案例，并在学生能力范围内选取具有相应案件复杂性的案例。一方面，“复盘式”案例教学法由案例入手树立问题意识，引导学生开展更为深入的法学理论思考，从而在学生完成学院教育之前建立起“理论—实务—理论”的法学认知反馈机制，养成从事知识产权法实务所必需的紧跟知识产权法现实发展的问题意识与学习习惯，使学生在进入法律实务部门之后可以紧跟不断完善发展的知识产权法实务前沿。另一方面，“复盘式”案例教学法以沉浸式模拟对抗为主要操作方式，通过在真实庭审的模拟中鼓励学生探索并学习法律实务中的诉讼对抗策略，磨砺学生处理复杂案件所必需的诉讼技巧，并鼓励其思考和探索知识产权法证据规则、举证程序等前沿程序法问题。

（二）应用前的准备工作

1. 案例选择

在明确了案例教学的基本策略之后，应对课程排布进行具体设计。具体到每次模拟对抗训练，其案例选择应在具有焦点性的真实案例中选取，选择诉讼程序已经终结、判决已生效但判决书内容尚未向社会公众公开（仅已向当事人公开）的诉讼案（简称原案）。一方面，原案作为新近发生的热点案例，往往涉及知识产权法的前沿问题，方便学生在模拟对抗训练中进行事实基础上的逻辑展开，在模拟案件审理过程中可以进行深入思考；另一方面，在保证案件真实性的基础上，可以避免已公开案件的判决书对学生思路和操作的不必要限制，对学生而言，在模拟实务操作上具有更大的尝试空间和操作可能性。在任课教师与法院共同商谈确定原案的选取之后，教师取得原案的卷宗材料。需要注意的是，教师应当与法院有充分的沟通，以便明确哪些案卷材料属于涉密材料，不得公开。

2. 角色划分

在前期准备阶段，教师需要对学生进行分组，在原告、被告和合议庭组成的庭审结构之间进行角色划分，如有必要，还可以加入专家辅助人作为角色细分，专门负责知识产权案件审理中具有相当专业性的技术问题。案例教学课程不仅是学生检验理论知识、磨砺专业技能的平台，也和实习并列为学生接触法律实务的重要途径。学生在模拟对抗中还需要找到自己在法律实务中合适的位置，其认知与体验将会对其职业选择造成重大影响。故而教师需要把握学生的个性特征，在划分角色上尽量追求因材施教，如富于激情、才思敏捷的学生可以担任律师角色，而性格沉稳、善于把控局面的学生则更适合法官角色。需要注意的是，在不同案件的模拟中，应对角色进行轮换，以便每个学生都能对知识产权法律制度运行中的各法律职业产生整体性的认识。

3. 庭前准备

这是“复盘式”案例教学法正式应用于课堂之前的关键准备环节，即模拟司法程序中的收案环节。教师作为该案唯一的完全知情人，乃是学生与案件事实之间的中介和桥梁，需要在教学准备阶段向学生初步介绍案件背景、案情和涉案技术问题，然后，由教师来决定原案的案卷中哪些证据资料应分发给学生，哪些证据资料应由学生自行收集查找。比如：在商标权侵权纠纷中，原告的商标注册证明材料仅能来自于真实当事人，因此，应从案卷中提取分发给扮演复盘案“原告”的学生；但是，如果其欲主张驰名商标保护，那么可要求学生自行收集各类可证明其商标知名度的材料，比如：该商标的任何宣传工作的持续时间、程度和地理范围。与实际案件纠纷的发生和审理不同，“复盘式”案例教学法的模拟对抗中并不存在客观真实，教师对案件事实的介绍需要分组进行，即只对模拟原告或被告的学生一方分别介绍该方当事人眼中的案件事实，并仅向其分别提供本方所掌握的案件证据材料；对扮演法官的学生则仅介绍案件的大致经过和纠纷争议点，并对其准备法律适用的课前预习做适当的启发引导，由学生来查证事实、分析诉讼参与人的心理，尽量保证其对案件细节和证据材料的认识和把握留待庭审的模拟现场进行。

在案例选取、角色分配完毕、分组了解案件事实和分发部分证据材料等步骤完成后，学生即分组进行研讨，并分别起草起诉书和答辩状、收集证据，完成“开庭”前的各项准备工作。

（三）复盘演习的过程控制

在以庭审为中心的诉讼制度大背景下，模拟庭审乃是“复盘式”案例教学法在设计和实施上的中心环节，一切的教学设计都应以复盘演习的过程为实施的主要场域。学生分别组成原被告双方及合议庭，在教师指导下对案件事实、证据和法律适用做了充分的功课，在课堂上进行整个诉讼程序的演习，以此检验学生对程序法和实体法知识的掌握，学习并锻炼自身的法律实务思维和技能。

在复盘演习的过程控制上，教师需要把握对学生现场对抗模拟的介入程度，在充分发挥引导作用和留给学生足够的尝试空间之间求取平衡，以求获得最佳的教学效果。不同于真实司法程序中的庭审环节，在课时有限的教学条件下，复盘式教学法的对抗模拟环节无法多次开庭，难免出现课堂时间无法供原被告进行充分的逻辑展开和法庭辩论的情况。从辩论过程上来看，在学生中缺乏辩论技巧训练者也不鲜见，常有在辩论中力求驳倒对方而非充分阐释己方论点的事实依据与逻辑推导的情形，甚至还可能出现重复强调自身观点的无意义发言。从辩论焦点上来看，学生大多缺乏法庭辩论的直接或间接经验，在复盘演习中难免存在抓不住辩论交锋点的情况，尤其是在知识产权案件的模拟审理中迷失于富有专业性和技术性的问题丛林之间，找不到辩论的交锋点而在细枝末节的问题上纠缠不休，或出现发言离题万里的情形，挂一漏万。此时若学生审判员缺乏把控庭审现场辩论秩序的意识或经验，则课堂现场的节奏将会走向拖沓甚至陷入死循环，使得宝贵的演习时间遭到浪费。这就需要教师及时介入“法庭辩论”，对学生的发言进行有效规制，通过辩论技巧提示乃至辩论行为规制，将模拟庭辩的死循环及时改出。但对教师而言，在过程控制上必须注意介入深度的“比例原则”，教师的过分介入会打乱学生的发言节奏，打断学生的思路，影响学生的对抗策略选择，乃至阻遏学生的参与积极性。因此，教师在把控复盘演习的现场过程时，面对辩论秩序的混乱应保持谦抑，若些许纠缠不影响接下来模拟审理的正常进行，或学生审判员有能力把握庭审秩序和辩论过程，则教师还是应当选择宽容以对，以保证学生的思路顺畅，能继续大胆发言。

教师在注意现场过程控制的同时，也应注重复盘演习的记录与评估。对复盘演习过程的记录作为教师课程设计的反馈信息汇总，乃是准确评估教学成效所必需的经验材料。一方面，可以作为改进课程设计的重要依据；另一方面，作为把握学生共性与个性的重要手段，借此观察学生的法庭礼仪和参与庭审的个人风格，归纳其各自的长项与短板，作为教师追求因材施教的事实基础。教师在对复盘演习的过程记录上，可以分为实体和程序两个方面进行。在实体法上应对诉讼攻防的过程进行记录，定位学生在模拟对抗中攻防的交锋点，在评价扮演原被告双方的学生对原案案情的把握的同时，也可作为学生对之前理论课程的知识掌握程度的评价依据，考查学生对原案所涉的核心实体法知识的掌握，以及对相关边缘交叉法律的适用可能性的把握，不仅可以为评估教学成效、改进复盘式教学方法提供依据，还可以促进理论课程授课的改进。在程序法上，教师应注重学生对司法审判程序的把握，考量扮演原、被告及合议庭的学生对证据规则的掌握和诉讼策略的应用。

（四）模拟对抗的事后点评

在课上模拟对抗告一段落之后，则需要进行事后总结点评。作为复盘演习的“复盘”，总结点评不仅能促使学生更为全面地从模拟实践中吸取经验教训，还可以激发学生的课下思考，对其理论钻研和法律制度的掌握形成更为深远的促进作用。

为追求教学效果最大化，“复盘式”案例教学法拟邀请知识产权法院的法官到场，在旁观模拟对抗全程之后，对学生的思路和表现进行系统点评。知识产权法院的法官在知识产权案件的审理上具有丰富的实务经验，尤其是原案的主审法官，在该案审理上具有研究深度与审理经过上的权威性，其总结发言对学生的学习有着极其重要的影响作用。对复盘演习过程的现场记录乃是事后开展点评的科学性的重要保障，将整个演习过程以及演习中所产生的所有诉讼文件与原案进行对比，由原案的主审法官进行系统点评。学生通过此次复盘式案例演习，不仅能更为灵活系统地掌握知识产权法基础知识，同时对知识产权案件司法实务的模拟演练更为贴近真实司法实践，收获更好的实训效果。

在课程时间安排上，若为模拟训练的时长留出机动空间，则难免挤占教师和法官的评讲时间。在有限时间里进行总结发言，且必须全面而精炼，这对课堂现场把控的要求很高。对教师而言，需要紧贴学生的讨论，在强调重点知识和实务技能之时，对学生发言中的重大疏漏和错误之处进行及时矫正，以免学生之间相互误导，同时，需要提纲挈领地抓住知识点及其联系乃至框架，在学生的表现和认知上进行拔高或加深，以使学生的认识水平得以进一步深化提高。对参与的法官来说，需要将学生作为教学受体摆在课堂的中心位置，准确把握学生的理论素养和实务认知水平，在其基础上进行“拔高”。从这个角度来看，法官参与“复盘式”案例教学的主要任务在于，对比该次模拟对抗和原案经历的真实庭审之间的差别，在指出学生在准备和表现上的不足的同时，也应尊重原案在司法展开上客观存在的可能性，对学生的现场表现进行认可并提出合理的思维发散，以引导学生更为深入的学习与思考。这就需要教师同法官之间开展密切配合，在课前对点评总结的角色分配和讲解分工开展充分的讨论，并在模拟对抗过程中时刻交流对学生客观水平与现场表现的认识，以保证参与法官能在对该次课堂客观而深入的认识基础上，开展切题、公允而精炼的总结。

三、“复盘式”案例教学法应用于法学教学的注意事项

（一）注意关注学生的学习动机

欲在实际案例教学中充分发挥“复盘式”案例教学法的教学成效，应注重贴合学生的学习动机。学习动机乃是影响学习者努力程度与学习效果的重要情感因素，其作为一种源于内在心理而非外来压力的心理动机，包含自我效能感、学习兴趣、价值意识和目标定向等成分。自主学习的动机指征要求高度的自我效能感和学习兴趣，即富有完成学习任务的自信心并享受该学习过程，同时要求清晰的目标定向和明确的价值意识，即明白为什么学习并理解学习的过程与成果所具有的现实意义。[1]面对抽象而超乎生活经验的知识产权法理论与制度实施，学生在学习时需要投入大量精力

〔1〕 庞维国：《论学生的自主学习》，载《华东师范大学学报（教育科学版）》2001 年第 2 期，第 80 页。

和智力，这就需要其具备强烈的学习兴趣和自我效能感来激励自己；而法学实践教学以促进法学学生的学习与思考为核心目标，自主学习动机的内因才是决定其钻研与进步的关键动力，学生需要确立知识掌握性的目标定向，并构建以法律实务为导向的价值意识，才能在案例实践课程中有效检验知识产权法理论学习成效，并初步积累起相应的法律实务技能和经验。对学生作为教学受体接受训练的积极性与主动精神的唤起，无疑是教师所肩负的责任。

具体到“复盘式”案例教学法的实施中，学生需要积极思考、充分准备、勇于发言，才能完全投入沉浸式的对抗训练中，从中收获实务技能的训练成果和法律实操经验。一方面，案例教学的课程设计应关注学生的学习动机，案例选取和排布上应在学生的学习兴趣与未来所要从事的法律实务对法学教育提出的现实要求之间寻求结合，以求激发学生钻研法学理论并学习其在法律实务中应用的内驱力。教学内容的选择与排布组织、学习目标的设置都需要围绕学生的学习动机开展设计。另一方面，教师的宣讲作为实践课的第一个环节，不仅要阐明“复盘式”案例教学法的基本运作框架和对学生的技术性要求，更要在有限时间内阐明本课程的学习目标，尽可能从感性和理性角度耦合学生短期和长期的学习动机，引导学生确立从事法律职业的信心与恒心，并强化提升其法学学习的认知内驱力。

（二）注重量化评估机制对学生的激励作用

正如上文论述，在“复盘式”案例教学法的实施中，教师需要对复盘演习过程开展阶段性评估。一方面，教师需要完善并修正对学生个体情况的认知，以便调整教学上的细节安排，更好地做到因材施教；另一方面，也要对教学整体成效及时评估，以便对教学方案进行修正。科学的课程实施评估不仅建立在详尽的课堂记录的基础上，还需要一套科学的评估机制。

教师在“复盘式”案例教学法的实施中，对教学质量进行量化评估，主要体现在对学生的表现进行量化考核上，对学生课堂表现和学习主动性的评价量化为分数。易于教师作为法学案例教学质量的控制者实施教学操作和教学控制，便于通过分数的短期性刺激对学生的学习行为实现引导和激励。与此同时，量化评价形成的数据具有较强的全局性与客观性，以便教师对全体学生的法学知识水平和法律实务技能水平形成全局性的把握，同时，也可以最大限度地消解评价中的主观性波动，使教师对“复盘式”案例教学法之改进所做的思考以及学生对课程设计所提出的建议与想法得以量化，为及时改进教学方案提供科学的参考依据。

需要注意的是，法学案例教学活动是以经验材料的间接获取为目标的主体性活动，教学的量化评价作为一种唯效率主义的数字管理方式并不能作为评价创造性教学活动成效的主要表征，其只能表现“质量投入”和“质量产出”的“数量”信息，而无法精确地观察法学教育成果生成的全过程，无法判别学生学习的自觉性和能动性上升或对知识产权法内生逻辑的理解加深等质性改变。也就是说，在教学过程把控上，量化评价只能作为一种辅助工具。

四、结论

法学教育应当以能力、素质，特别是法律思维的培养为宗旨。[1]“复盘式”教学法通过对诉讼动态运行全过程的模拟，在全面而立体的法律实务技能训练中加深学生对实体法理论与制度的认识，同时促进学生对程序法的掌握和法律思维的培养。学生在掌握现实案件材料的提炼处理能力的同时，还将经历庭审模拟对抗的沉浸式模拟训练，学生的理论求知欲无疑会得到刺激。模拟训练之后的原审法官点评环节，则可以加深学生对司法实践的经验与理解，促进理论结合实践的实现。“复盘式”教学法的案例选取规划于课程的科学设计，教师可以按教学需要选取涉及实体法与程序法中重点理论问题的现实案例，按案例所设问题点的多少和逻辑关系进行关联融贯的设计排列，在保证了训练拟真性的同时，可以科学而系统地设计和组织案例的遴选与排布，在由浅入深、难易结合的课程进展中使学生在复盘训练中加深对相关理论问题的系统性认识。从整体上来看，这一教学方法作为法学实践教育方法的创新尝试，具有科学系统、贴近实务和高效低费的独特价值，其对现有的案例教学方法提出的改进方案有助于推动我国法学教育模式改革，对我国法学教育的实践教学具有重大创新意义。

---

〔1〕 王晨光：《法学教育的宗旨——兼论案例教学模式和实践性法律教学模式在法学教育中的地位、作用和关系》，载《法制与社会发展》2002年第6期，第42页。

习近平总书记在中国政法大学考察时强调，法学教育要处理好知识教学和实践教学的关系，要打破高校和社会之间的体制壁垒，将实际工作部门的优质实践教学资源引进高校，加强法学教育、法学研究工作者和法治实际工作者之间的交流。“复盘式”法学案例教学法的应用，有赖于教学单位与司法机关建立实践教学合作机制。建议国内高校法学院与所在地司法机关加强在实践教学领域更深入的合作，以知识产权法案例复盘教学作为实验，在积累丰富的经验和教训之后，最终形成一套科学完备的“复盘式”法学案例教学法。

谈谈学术论文写作

傅　扬*

进入大学阶段，学习上有一点与过去很不同的地方，就是要写学术论文，有些课程的平时作业甚至最后的考核都是要求写一篇论文。大学里的论文与中学时的作文是很不同的，或许结课时的论文和作为平时作业的论文要求不太严格，但学年论文和毕业论文就不一样了，它们应归属于学术论文的范畴。学术论文是科学研究成果的表达，是对某一问题进行思考和探究的结果，它是整个科学体系中的一环，所以学术论文有其特定的规范和方法。应该如何写学术论文，写作学术论文又有哪些步骤和要求？本文将从论题选择、资料搜集、论文撰写三个角度，谈谈如何进行学术论文写作。

一、学术论文之选题

在写作一篇学术论文时，首先面临选题的问题。选题对一篇学术论文来说非常关键，正如爱因斯坦所说："提出一个问题往往比解决一个问题更为重要，因为解决一个问题也许只是一个数学上或实验上的技巧问题。而提出新的问题、新的可能性，从新的角度看旧问题，却需要创造性的想象力，而且标志着科学的真

* 傅扬，中国政法大学马克思主义学院副教授。

正进步。”[1]

（一）选题之要求

学术论文不同于普通论文，它要求独创性，要有新的观点、新的视角或者新的方法，也就是说，要说前人没有说过的话，要看到前人没有看到的景象，或者使用前人没有用过的方法。乍看起来这真是太难了，到哪里去寻找这样的题目呢？其实不必担心，只要用心总能找到好的题目。以对鲁迅小说的研究为例，研究鲁迅小说的人非常多，可谈的都被谈到了，似乎没有什么拓展的可能性了，但是钱理群却认为鲁迅小说研究大有可研究的空间，因为鲁迅对自己小说的评价，还有周作人对鲁迅小说的评价就没有引起学界的足够重视，可从这个方面入手进行研究。[2]因此，题目不是太少，而是需要发现的眼睛。只要我们审慎地观察，勤于思考，并对问题保持敏感，就一定能找到好的论题。

（二）选题之来源

说到论文题目的来源无非是两个方面：或者是理论，或者是实践。

首先，我们在进行专业学习的过程中，掌握了本专业的基础知识和基本理论，了解到一些本专业的热点、难点以及前沿问题。如果勤奋钻研，勇于思考，就有可能通过对理论的质疑而发现问题。马克思在青年时期热情地追随黑格尔，尤其是他的辩证法，但却对他的“绝对精神”提出了质疑，后来通过对黑格尔理论的批判而建立起自己的历史唯物主义体系。当然，对于本科生甚至研究生来说，若要通过质疑理论而找出自己研究的问题，恐怕不是一件容易的事，但至少我们在进行理论学习时应抱持怀疑和批判的态度，有勇气和信心提出自己的主张和看法。年轻人思维活跃，没有条条框框的束缚，更容易有所创见。事实上，很多卓越的理论建构和重大的发明发现都是年轻人做出的。罗伯特·默顿 28 岁便发表了他的代表作《十七世纪英格兰的科学、技术与社会》，后来这本书成为科学社会学的奠基作品之一；费孝通 28 岁完成《江村经济》，他的老师马林诺夫斯基在为

---

〔1〕［德］爱因斯坦、［波］英费尔德：《物理学的进化》，周肇威译，湖南教育出版社 1999 年版，第 66－67 页。

〔2〕钱理群：《钱理群讲学录》，广西师范大学出版社 2007 年版，第 1 页。

这本书作序时，预言此书将成为人类学实地调查和理论研究的“里程碑”，而此书自问世以来确实广受国内外学术界的好评，费孝通在1981年因此书而获得英国皇家人类学会授予的人类学界的最高奖——赫胥黎奖。自然科学领域，类似的例子更是不胜枚举。帕斯卡尔17岁写出了《圆锥曲线论》，在这部著作中，他所完成的工作可以说是自希腊阿波罗尼奥斯（Apollonius）以来圆锥曲线论的最大进步；爱因斯坦26岁创立狭义相对论，拓展了牛顿的时空理论，奠定了现代物理学的基础。

其次，从实践中更容易寻到论题的线索。一方面，我们可以用实践去一一检验前人的理论和论述，哪些合理，哪些有误，哪些有失偏颇，通过对前人的观点进行批驳、纠正、补充，就会形成自己的新论题和新观点。比如：1947年费孝通发表了论述传统中国社会结构特质的著作《乡土中国》，而在这几十年的时间里中国发生了巨大的社会变迁，对比费孝通的理论与今天的现实我们就能有所发现。陈心想的《走出乡土：对话费孝通〈乡土中国〉》便是将费孝通在《乡土中国》中阐发的理论观点与中国在受到工业化、城市化的冲击而发生的生产方式、社会关系方面的变迁相对照而完成的著作，无疑是对费孝通的《乡土中国》的补正。另一方面，现实生活本身也是论题的重要来源。实际生活是纷繁多样、富于变化的，问题也层出不穷地涌现，今天的问题常常是不同于昨日的。比如：我们现在面临着人口结构失衡的问题，收入分配不公的问题，国际贸易摩擦的问题，食品安全的问题，生态破坏、环境污染的问题，等等。只要我们善于观察就能从中抓住要害，找出值得探究的论题。只是观察是需要用心的，日常的观察比较松散、模糊，往往是不准确的，甚至是错误的，不能期望从这种观察中发现问题。只有审慎、严谨的科学观察才能发现问题，有所突破。“科学研究的观察与一般的观察不同，它是一种带有目的的有计划的观察，即为获取原始资料而进行的观察。科学研究不能离开原始资料，而原始资料的可靠程度，就在于我们对事物观察的细致、全面和科学性。”〔1〕

（三）选题需注意的问题

选题时还要注意以下三点：一是自己对于所选定的题目要有一定的知

〔1〕 费孝通：《社会调查自白：怎样做社会研究》，上海人民出版社2009年版，第12-13页。

识基础，不要选自己完全陌生的论题。有些问题确实很有意义，或者非常新颖，是学术界的热点，但如果自己在这方面没有相应的理论基础，不在自己的能力范围内，就不要盲目地跟进。一个人对哪一方面越是熟悉，越应该选择哪一方面的问题来做研究。对于人口问题有较清楚概念的人，可以尝试选择人口方面的研究；而对于犯罪问题有较好理论基础的人，则应该尝试犯罪问题的探讨。这样做才是比较经济的，也比较顺手。二是要从自己有兴趣的问题入手。兴趣是最好的老师，它能够有效地推动人们行动，同时也是进行一切事业最重要的条件。对研究工作兴趣浓厚的人，不会把研究的过程视为枯燥的事，他会全身投入精神与气力，将研究的各个环节逐一完成。遇到困难时，他也能够勇敢面对，尽量克服，而不会轻易放弃。同时，研究兴趣浓厚的人，往往也能虚心接受别人的建议。一个人的力量毕竟是有限的，当我们身在研究中时，很难发现其中的不足，而旁人却能更容易发现问题，若我们能够虚心地听取同僚的意见，可使研究少走弯路。做研究终究不是一件容易的事情，有了兴趣的引导，研究工作才能顺利开展而有所成就。三是论题要大小适中，不宜选择太大或太小的题目。题目太大，不易下手，有可能难以胜任，尤其对于初学者而言；而且容易流于空泛，缺乏新意。空泛的论题没有重心，概念容易混淆，不易得到明确的结论，结论便言之无物，敷衍搪塞。此外，在研究过程中还要考虑时间和经费的问题。题目过大，需要搜集、整理的资料就多，需要思考、分析的问题也多，如果时间和经费不够充足，势必不能进行严谨的研究而得出精良的结论来。但题目也不宜太小，太小的题目价值就有限了。同时，太小的题目会把研究者的视野限制得很窄，钻进一个小胡同里，阻塞未来发展的道路。对于那些有志于终身从事学术研究的人来说，尤其要有开阔的视野，以此给自己的未来研究打下坚实的基础。所以严耕望说："选做小问题也可以，但要注意到这个小问题是否对某一重大问题极有关系，或是其一部分；或者也可说着手研究的是个小问题，而心目中所注视的是某些大问题。"〔1〕

〔1〕 严耕望：《治史三书》，上海人民出版社2016年版，第55页。

二、资料之收集

选定了题目之后，便要进行扎扎实实的资料收集工作。这样说好像选题与资料的搜集是前后相继的事情，其实两件事应是同时进行的。有些题目也许来自于顿悟和灵感，这时可以说选题在前，搜集材料在后。但绝大多数情况下，题目是在资料的搜集和分析中才真正形成的。本来一项研究就是科学体系中的一部分，研究的过程其实是和其他学者进行对话和交流的过程，而不是自说自话。选题是要选一个别人没有做过或者没有得出确切结论的问题，这当然要在资料的搜集中完成；此外，确定选题也要了解材料的情况，如果材料不够多，或者不够好，抑或自己不能驾驭，再好的论题也得暂时搁置。

（一）材料状况之评估

在搜集材料时，我们首先得对材料的状况有个评估：其一，要了解材料是否充分。如果材料缺乏，或者材料虽然丰富但很难得到，散落在世界各处，搜集起来费时费力，势必会有碍研究工作的进行，这样的论题就需要慎重考虑。如果有充足的时间和经费，像亚里士多德那样，自然可以任意地研究自己想要研究的问题。威尔·杜兰特写于1926年的《哲学的故事》中称“亚历山大提供亚里士多德作物理学和生物学设备和研究用的款项达八百泰伦特（折合现代购买力，约四百万美金）”，而且他手下有一大群的助手和抄写员协助他工作，“像一百五十八部宪法汇编，居然也有人替亚里士多德抄了出来”。[1]其二，材料是否有误。从一堆有问题的材料里怎么可能得出优良的成果呢？罗尔纲在大学读书时曾对中国上古史下过一些功夫，写出了《春秋战国民族考》一文，他便想深入研究下去写一部《春秋战国史》。他所根据的材料以《左传》为主，并参考《世本》《竹书纪年》《国语》《战国策》《史记》，以及“五经”“诸子”等书。胡适看了以后，认为上古史的史料是靠不住的，而用有问题的史料做研究是最危险的，劝他放弃春秋战国史的研究，而改为研究中国的近代史，因为近代史不仅资料丰富，而且易于鉴别真伪。罗尔纲听从恩师的劝导，转向中国近代史

---

〔1〕［美］威尔·杜兰特：《哲学的故事》，生活·读书·新知三联书店1997年版，第79页。

的研究，并专攻太平天国史，终成这一领域的权威。[1]其三，自己是否能够驾驭材料。对于一个有价值的问题，即使材料又多又好，还要考虑自己的能力是否与其匹配。个人的能力是不同的，各有短长，要衡量自己的能力去选择那些自己能够胜任的。严耕望是研究中国中古政治制度及历史地理的，在中古时期，边疆问题很明显是一等一的好问题，但是严耕望认为自己对于边疆民族语言一窍不通，西方语文知识也极贫乏，就无法利用他们的资料，所以即使碰上这样的好问题他也绝不插手，免得闹笑话，除非在研究其他问题时牵涉到边疆。[2]

（二）搜集材料需注意的问题

在搜集材料时，我们要注意：首先，要尽量地占有材料，搜集材料是为写好论文奠定基础，材料越多越好，材料不够，文章的基础就没打牢。王力先生在谈搜集材料时说："一个小小的题目，我们就要占有很多的材料，往往是几十万字，要做几千几万张卡片。"[3]理论上来说，我们要把跟自己选题有关的，无论古今中外，无论直接间接的资料，进行广泛的搜罗。但是切忌贪多求全，收束不住。往往资料的外围还有外围，如果一味地扩大自己搜集资料的范围，没有一个度，就可能永远没有下笔写作的时候。其次，要把材料分出主次来。我们对待材料的态度应该是有差别的。资料的海洋可以说是没有边界的，而我们的时间和精力却是有限的，所以我们要把主要精力放在那些重要的、基本的、与选题联系紧密的材料上，而对那些次要的、与主题联系松散的材料只简单地浏览就可以了。英国牛津大学经济史教授"汉考克在其《经济理论》中言及材料的取舍，以打渔作比喻，其中经济理论如渔网，入水网鱼，渔翁捉到鱼后，小鱼（喻之无用之材料）便任其漏入海中，将大鱼（喻有价值之材料）网起待售，小鱼入海，待其长大后再网"。[4]再次，要尽量占有第一手资料。第一手资料是没有经过别人加工的资料，比如档案材料、会议记录、日记、通信等。第一手资

---

〔1〕 罗尔纲：《师门五年记·胡适琐记》，生活·读书·新知三联书店1998年版，第23页。

〔2〕 严耕望：《治史三书》，上海人民出版社2016年版，第59页。

〔3〕 王力等：《怎样写论文——十二位名教授学术写作纵横谈》，辽宁教育出版社2006年版，第5页。

〔4〕 全汉昇：《中国社会经济通史》，北京联合出版公司2016年版，第9页。

料比较可靠，比如：我们在了解某一个人的思想时，直接读他的作品，就比读导读性质的文章更可靠。但这也不是说第二手资料就可以弃之不顾，第二手资料可以对第一手资料进行补充和佐证。全汉昇在研究中国社会经济史的时候，不仅从史籍、档案中搜集资料，也会关注笔记小说等。他提到："如要了解北宋首都汴京的情形，有孟元老《东京梦华录》一书可资参看。作者在书中回想东京的物质生活及种种情形，有的为正史所无，如记载当时运入城内的猪达数以万计，又如城内人口及粮食消耗之数量等均有记及。"[1]可见，第二手资料也是非常具有参考价值的。最后，要对材料进行分析。"科学研究者要大量搜集材料，但他不是材料的奴隶，而是材料的主人，不能受材料的支配，而要对材料进行适当的处理。这就要依靠分析。"[2]搜集材料的过程就是研究的过程，不能等到材料搜集完了再进行分析，一边搜集材料，一边就要进行整理与概括。在整理材料时，要分出哪些材料可用，哪些材料不可用，不可用的材料要坚决舍弃，并且要理清需要在哪个方向进一步扩大材料的搜集。此外，要对材料进行概括，善于抓住材料中共同的东西，将杂乱的材料统一起来，穿成一条线，并且探究原因，以期从中形成论点。在整理分析材料时，切忌匆匆忙忙，马马虎虎，随意歪曲原意或者断章取义。

三、论文之写作

论题选定，搜集完资料，接下来就要动笔写作。

（一）拟定提纲

在开始动笔之前，最好先拟定一个提纲，也就是通过对材料有系统的组织搭起一个论文的框架，"有一个提纲，可以帮助我们树立全局观念，从整体出发，去检验每一个部分所占的地位，所起的作用，相互间是否有逻辑联系，每部分所占的篇幅与其在全局中的地位和作用是否相称，各个部分之间的比例是否恰当和谐，每一字、每一句、每一段、每一部分是否

---

〔1〕 全汉昇：《中国社会经济通史》，北京联合出版公司2016年版，第8页。

〔2〕 王力等：《怎样写论文——十二位名教授学术写作纵横谈》，辽宁教育出版社2006年版，第96页。

都是为全局所需要，是否都丝丝入扣，相互配合，都能为主题服务。”〔1〕那么，如何拟定论文提纲呢？论文的提纲最好在搜集材料的过程中就加以提炼，对搜集到的资料进行提炼、加工，形成一些论点，进一步分类、整理这些论点便可勾画出论文的提纲。因此，选题、搜集材料、写作这几个步骤可以说是交叉进行的，而不是按顺序完成的。提纲拟定之后也并非一成不变，在写作过程中如果发现提纲不是很恰当，就应该加以修改和调整。

（二）撰写初稿

提纲确定后，就要撰写初稿。

首先，要注意文章的结构。关于文章的结构有以下三点要求：其一，文章的结构要清晰。文章应紧紧围绕着一个主题，加以适当的安排，选择那些有代表性的材料，使主题得到突出的表现。其二，文章的结构要完整，整篇文章是一个统一的有机整体，前后连贯，格调一致，浑然一体，没有七零八落、首尾割裂之感。其三，文章层次要分明，按照主题的需要，论文可分为几个部分，但层次之间是相互联系、首尾呼应的，并且有逻辑关系，它们共同为主题思想服务。

其次，要注意论文的语言表达。论文在语言表达方面要求简洁、准确、生动。学术论文不同于文学作品、政论性或者应用类的文章，它是比较严肃的。因而在写作论文时，尽量使用那些简洁的语言，去掉可有可无的字词或语句，避免重复、啰唆，这样的文章看起来干净利落、清爽紧致，而且不易产生歧义。所谓语言表达准确是指选择那些贴切、恰当的词汇表达自己的思想。绝大多数词汇的含义都不是单一的、绝对的，尤其是日常语言。在日常语言中，一个词汇往往含有多种含义，比如：“力”这个概念便可理解为“气力”“精力”“自然力”“创造力”等，在不同的语境中，它的含义是有变化的。而且日常语言的语法规则也是复杂的、混乱的，存在很多对现行语法的偏离现象，语法结构和逻辑结构之间不存在具有普遍性和必然性的统一。我们在撰写学术论文时要尽量使用精确、科学的语言，

〔1〕 王力等：《怎样写论文——十二位名教授学术写作纵横谈》，辽宁教育出版社2006年版，第36页。

注意语法规范和逻辑规范，而且在造句时注意句子成分不应有残缺和混淆，句子含义要完整，前后连贯，避免产生不必要的误解。

此外，也要注意文采，也就是在语言表达上要经过修饰、润色，这可以说是更高一层次的语言要求。对于学术论文来说，修辞看似是不重要的，毕竟学术论文主要是说理的，科学、严谨才是它追求的目标，精彩的表达有什么重要呢？况且修辞是属于形式方面的东西，更重要的不应该是内容吗？不错，但是内容与形式是紧密相连的，形式的东西并非可有可无，甚至有的时候形式可以左右内容。在一篇文章中，如果用词丰富，句式多有变幻，就会显得生动活泼，让人读起来不觉得枯燥呆板；如果适当使用比喻、类比、拟人等修辞方法，就会更有感染力，也更具说服力。比如：在《共产党宣言》中有这样一句话："资产阶级在它的不到一百年的阶级统治中所创造的生产力，比过去一切时代创造的全部生产力还要多，还要大。自然力的征服，机器的采用，化学在工业和农业中的应用，轮船的行驶，铁路的通行，电报的使用，整个大陆的开垦，河川的通航，仿佛用法术从地下呼唤出来的大量人口——过去哪一个世纪料想到在社会劳动里蕴藏着这样的生产力呢？"[1]这段话运用比喻、排比的修辞方法，将资本主义时代由于技术的进步所引起的工业、农业、交通、通讯、人口等各个方面的变化呈现在读者面前，使读者对资本主义时代的生产力有一个深刻的认识。

（三）修改并完成论文

论文初稿完成以后，并不意味着就大功告成了，这时要进行论文的修改。论文的内容是否完整，有没有脱漏的地方；文章的结构是否合理，逻辑关系怎样；文章的组织如何，前后顺序是否适宜，中间过渡顺畅不顺畅；语言表达够不够精炼，是否有需要推敲的地方；甚至于文章中标点符号的使用，以及论文引用、参考文献是否符合规范，都是在论文修改中要注意的事情。严耕望非常重视论文的修改，他在写作《北魏参合陂考》的时候，仅仅用了一天的时间就写出了大约四千字的初稿，但却用了两天的时间进行修改，而这两天的时间也只是把篇幅增加了一千多字，但是却把初稿中

---

〔1〕《马克思恩格斯选集（第1卷）》（第3版），人民出版社2012年版，第405页。

的漏洞以及各方面可能的理由都讲到了，比初稿缜密得多。[1]而且他认为论文修改越早越好，“最好初稿写成之后，打铁就热，马上审核补充。因为由排比材料到初稿写成，脑海中对于此问题已有深度了，再进一步不难；若写成初稿就搁置下来，那么你的脑筋慢慢从问题曲折中退了出来，对于材料也生疏了，以后再去审核补订，就较困难。”[2]论文修改可以说是没有止境的，只要条件允许，就要静下心来对论文进行多次修改，以期得到一篇完美的论文。

---

〔1〕 严耕望：《治史三书》，上海人民出版社2016年版，第87页。

〔2〕 严耕望：《治史三书》，上海人民出版社2016年版，第87页。

人民调解化解基层矛盾冲突的心理学策略与教学启示 *

王国芳　李嘉琪　袁珮珍 **

一、人民调解及其作用

人民调解是一项具有中国特色的化解矛盾、消除纷争的非诉讼纠纷解决方式，被国际社会誉为化解社会矛盾的“东方经验”。多年来，人民调解与司法调解、行政调解等共同构成的“大调解”体系，在预防和减少民间纠纷、化解社会矛盾、维护社会和谐稳定中发挥了重要作用。

人民调解是我国法定的冲突解决方式，是指在人民调解委员会的主持下，以国家法律、法规、规章和公共道德规范为依据，对民间纠纷双方当事人进行调解、劝说，促使他们互相谅解、平等协商，自愿达成协议，消除纷争的活动。在当前，人民调解是社区司法工作者的四大任务之一。在“大调解”的模式中，人民调解与行政调解、司法调解相互补充，共同起着化解基层矛盾纠纷、维护社会稳定的作用。相对于后两种调解方式，人民调解处于应对社会矛盾的最前沿，处理的矛盾冲突最为庞杂和琐碎，遇到的来自个体、社会环境和传统文化的阻力也更大。人民调解工

---

* 本研究是北京市哲学社科课题《人民调解化解基层矛盾冲突的机制和策略研究》（15SHB018）的阶段性成果。

** 王国芳，中国政法大学社会学院心理学系教授；李嘉琪，中国政法大学社会学院 2012 级应用心理学专业本科生；袁珮珍，中国政法大学社会学院 2013 级应用心理学专业本科生。

作虽已逐步被大众接受，但调解成功与否与多种因素相关，例如：纠纷的性质，调解员本人的专业知识、工作经验、权威性、对当事人心态的把握、对当地文化的了解等。有调解员感叹：人民调解工作中“最容易解的是法律问题，最难解的是心结和面子问题”。这样一种现实状况，决定了人民调解表现出高度综合性的特点，在方法上要求高度灵活和便捷，对人民调解员的素质要求更高，人民调解员除了必备的法律专业知识之外，还应该有丰富的社会经验和较强的人际沟通能力。

实际工作中，人民调解员的工作主要是通过说理、教育、感化等方式进行劝解、说和，促使当事人互谅互让、消除误会、化解矛盾，改善当事人之间的敌对关系，在某种程度上也在运用心理学的知识和技术，扮演着类似“心理咨询师”的角色。因此，本研究在访谈和调研的基础上，以心理学为视角，结合法学和社会学的有关概念和理论，分析基层矛盾冲突的类型与特点，总结与概括在实际调解过程中所使用的心理学策略与方法，以期为今后的人民调解工作提供专业化的理论指导。

二、基层矛盾冲突的类型及特点

虽然冲突是人际关系的组成部分，并非总是有害于社会，但是任由其积聚发酵，必将为社会带来巨大的威胁。已有理论研究认为，冲突的发生与环境因素与阶层差异息息相关。最早运用社会冲突理论来研究社区的美国学者 J. S. 科尔曼在其《社区冲突》一书中认为，社区冲突的根源在于三个方面：经济争端、政治争端和价值观冲突，这种争端可以引发群体之间暂时搁置的但又深入人心的对立思想。另一位美国学者 W. A. 葛木森于 20 世纪 60 年代调查了新英格兰 18 个社区的 54 件冲突事件，他将矛盾冲突分为积怨冲突与常规冲突两大类型。积怨冲突表现为不择手段，原因在于对立者彼此认知较低或社区整合程度低以及政治的不稳定；而常规冲突则常采用公认的政治表达手段。美国学者桑德斯在 1975 年发表的《社区论》一书中指出：矛盾冲突由对立的关系、权力分配的不均以及社区居民某种激烈的情绪三部分构成。当权力与社区争论相结合时，矛盾冲突通常采用求助动员的方式，双方采取各种策略促成争论的解决。

查阅有关文献我们发现，国内学者对于基层矛盾冲突的分类提及甚少，这方面的问题似乎并没有引起学界足够的重视，因此，我们走访了北京市西城区人民调解委员会负责人，北京市昌平区司法局、昌平城北街道司法所、南口镇、十三陵等各镇居委会，在对近20人访谈的基础上，总结出基层矛盾冲突的主要类型和特点，如表1所示。

表1 基层矛盾纠纷的类型与特点

主要类型	具体分类	特 点
社区居民之间的矛盾冲突	人际关系不和谐	业主生活繁忙，邻里亲密感减少，容易因为琐事产生生活矛盾
	邻里关系不融洽	
家庭内部的矛盾冲突	离婚纠纷	当事人之间具有亲情关系，不愿采取极端手段破坏双方情感
	遗产继承	
组织与个人之间的矛盾冲突	消费纠纷	有关机构的相关规定较为健全，调解矛盾争议不大
	物业纠纷	
	房产纠纷	包括拆迁、征地、房屋买卖等。利益空间大，影响深远，调解困难多

访谈记录一：

问：您在这些年的调解过程中，调解的案例主要都是哪些类型的？

某甲：主要有四类。首先是房产方面，包括拆迁，征地；其次就是物业纠纷方面，例如：福利分房制度，这属于历史遗留问题，就像许多老城区还是单位房，不收物业费，突然一下子收的话，很多人都接受不了；再次是消费纠纷，包括实体店和网络店两种，现在网购是越来越多了，年轻人都喜欢网购，所以关于这类问题也就都出现了；最后就是遗产纠纷，主要有给补助和赡养老人两方面问题。邻里关系的也有，不过在我们这边不多。

某乙：之前问题大多是邻里家庭矛盾，现在90%都是房子问题，包括中介反悔、买卖问题、老家遗留问题，剩下5%是赡养老人的问题，5%是其他问题。

某丙：我们这边主要是十三陵景区，因此大多是村民之间劳动争议，要求职工权利，来这边调解的也是中老年人居多。因为景区不让建超过三层的楼房，基本没有拆迁问题。

某丁： 主要就是邻里纠纷、物业和业主的纠纷，这些纠纷基本在社区内就可以解决，不需要上诉到法院。例如：搭建阳光房影响街坊采光、通风等方面的问题。因为这个小区是新建的小区，所以遗产之类的纠纷相对来说要少一点。

第一类，社区居民之间的矛盾冲突，包括人际关系不和谐和相邻关系不融洽两方面的问题。主要表现为：人际关系不和谐，例如：楼上装修房屋声音太大影响楼下住户休息、邻居之间因为急事借钱却被误认为骗子等。相邻关系的不融洽，例如搭建阳光房影响街坊采光、通风；排水管道的不恰当使用造成排水管的堵塞，影响一层住户的日常生活等。这种邻里之间人际关系淡漠主要是由居住方式和工作方式引起的。首先，伴随着国家房改政策的出台和居民生活条件的改善，目前绝大部分新小区都是商品化的住宅小区，业主不再居住于单位分配的房子或大院之中，业主之间少了同事关系这一重要纽带。其次，由于朝九晚五工作繁忙，业主之间没有充足的时间来相互了解。加之居住条件大大改善，传统住房共用卫生间、共用厨房的现象基本消失，家里各式各样的健身器材也减少了邻居间交流会面的时间与可能。邻里之间的亲密感日益减少，会使得由于邻里之间的不信任与不熟悉产生许多生活隐患，带来很多因琐事产生的矛盾，在一定程度上激化了矛盾，引发冲突。

第二类，家庭内部的矛盾冲突，主要包括离婚纠纷和遗产继承纠纷两方面问题。主要表现为：离婚纠纷是当夫妻双方感情破裂之后决定离婚，但无法就子女抚养、财产及债务处理等事项协商一致，从而产生的矛盾纠纷。遗产继承纠纷主要是被继承人死亡后，继承人之间因为遗产的种类、价值、数量等问题产生争议，无法合理解决问题，争议的焦点主要在于房产的归属权。这类矛盾冲突有一个共同点，就是当事人都是具有亲属关系的两方或多方，如果自主协商不成诉诸法院，一是案件周期较长，二是极大地破坏了当事人之间的和谐与情感。因此，这类案件要么在家族内部商议解决，要么选取一个与案件无利害关系的第三人主持双方达成合意，这样既可以在最短的时间内解决问题，又可以促使双方和平解决矛盾。

第三类，组织与个人之间的矛盾冲突，包括消费纠纷与物业纠纷两方面问题。主要表现为：消费纠纷涉及的范围较广，既有消费者与销售商之间的冲突，例如：消费者买了一台冰箱，回家之后发现冰箱规格与样品不符，要求销售者退货，而销售者认为合同中已经标明所售冰箱完全符合之前的合意，不予退货，因而产生争议；也有买受人与中介公司的冲突，例如：买受人甲通过中介公司与出卖人乙签订了买卖房屋合同协议，之后丙愿意以更高的价格买下该房屋，中介公司为了获得更高的利益自行违约将房屋交由丙占有，从而产生中介公司和甲之间的矛盾冲突。物业纠纷相对来说较为简单，就是业主和物业管理公司之间因某项行为不符合物业管理合同的规定产生的纠纷，例如：供暖不足、拖欠物业费等。这类矛盾冲突争议不大，通常可以双方协商解决或者由第三人进行调解，消费者和业主也可以根据规定向行政主管部门进行投诉。

以上三种冲突是当前社会中最具有代表性的基层矛盾冲突，它们通常发生在普通的平等民事主体之间，广泛存在于各个阶层、各个领域，具有很大的灵活性与复杂性。面对复杂而尖锐的冲突，我们需要采取一定的解决方式去抑制其负面能量的消极作用。因此，冲突解决方式就显得极其重要。

三、矛盾纠纷的产生与心理问题有联系

基层矛盾冲突看似都与具体的客观事件相关，但矛盾的产生和发展却离不开当事人双方心理因素的影响。比如：人际沟通能力欠缺、性格冲动、脾气暴躁甚至多疑和偏执等心理问题，都可能成为矛盾加剧的背后推手。

（一）不善沟通可能导致矛盾纠纷

随着时代的进步和经济的发展，地球变小了，但人与人之间的距离却越来越疏远。邻里之间互相不知底细，亲人之间的交流越来越匮乏。有些人变得孤僻，有的失去了与他人沟通交流的兴趣和能力，还有的人变得以自我为中心，遇事争三分，凡事不让步。由于沟通欠佳而导致小矛盾被激化，最后升级为必须借助外力来解决的更大的矛盾纠纷。

（二）个人性格可能导致矛盾纠纷

在这个世界上，不同的两个人可以外貌相似甚至是相同，气质也可以无限接近，但要找到两个脾性一模一样的人却是一件不可能的事情。每个

人都有自己的性格，因此，世界缤纷多彩。同时也因为每个人的性格都不同，矛盾才会发生。

有的人温和，有的人暴躁；有的人安静，有的人热闹；有的人偏执，有的人随性。如果人与人没有交集，矛盾就不会发生。但因为每个人都是社会人，无法不与他人发生交际，于是矛盾就产生了。婚姻生活中，也许因为其中一方的敏感多疑，双方就有可能走进调解室；乡邻关系中，也许因为某一方要面子好胜，双方就有可能走进调解室；亲子关系中，也许因为某一方专制不善于沟通，双方就有可能走进调解室。总而言之，个人性格也是矛盾纠纷产生的一大因素。

（三）心理不健康可能导致矛盾纠纷

当今社会，社会变动加剧、个人生活压力巨大，导致心理不健康或者亚健康群体人数激增，容易出现焦虑障碍、抑郁情绪、失眠等问题，甚至严重的精神病性问题。心理问题虽然存在于个体，但其影响却是广泛的。很多时候，心理问题会影响一个家庭、一个团体，甚至是一个社区乃至波及全国。心理问题就像一颗定时炸弹，一旦爆炸，矛盾纠纷就不可避免了：家庭暴力、儿童或老人受虐待、财产纠纷，甚至是违法犯罪。

四、人民调解中的心理学应对原则和策略

人民调解和心理咨询尽管处理的问题不同，但都是以人为对象开展工作。因此，在建立关系、解决问题的策略和方法上有许多相似之处。这就意味着我们可以尝试在人民调解工作中应用心理咨询技术。

（一）调解过程中需要贯彻的心理咨询原则

1. 遵循保密原则

在心理咨询活动中，最重要的一个原则就是保密原则。所谓保密原则，就是咨询过程需要保密；求助者讲述的事情需要保密；心理咨询师不能试图探索来访者不想讲述的或者隐私的内容。

人民调解同样需要遵守保密原则。在调解的过程中，不应该探究与之无关的事情，尤其是他人的隐私、秘密，当事人自愿讲述的隐私、秘密应当进行保护，不能泄露。建立一种信任关系是调解成功的前提。

2. 中立性原则

保持中立性是心理咨询的重要原则之一，体现为平等、尊重所有来访者，不与来访者发生治疗之外的社会联系。

人本主义心理学大师罗杰斯非常强调尊重对于心理咨询的重要意义，他提出心理咨询师应该“无条件尊重”求助者，并将其列为使求助者人格产生建设性改变的关键条件之一。[1]和心理咨询一样，通过人民调解员所讲述的案例我们发现，人民调解中尊重当事人非常重要。给予当事人尊重，可以让调解有一个好的开端。在调解工作中，求助者在文化水平、社会阶层、基本素养上千差万别，甚至有些人说话粗鲁，有些人着装邋遢。但不管面对什么样的求助者，能保持中立的态度，平等和尊重对方，是调解成功的重要保障。

调解员尊重有矛盾纠纷的来访者，需要做到以下三点：

第一，准时守信。一般来说，人民调解员在做调解之前，会先和调解的当事人约定好时间与地点。有时候，这个地点可能离调解员有一定的距离，但是不管客观条件如何，当调解员与当事人约定完时间后，就应该准时到达。在笔者采访调解员时，一名调解员说提前到达调解现场是其调解工作成功的一个重要因素。

第二，无条件接纳当事人。调解员除了要接纳当事人与自己相同的一面，也要接纳当事人与自己不同的一面，甚至是自己反对的一面。同时，调解员也需要明白，接纳不等于赞同。接纳是中性的，它没有喜欢和讨厌等情感内容。调解员既不可以对当事人讲述的内容表达出强烈的欣赏，也不可以表达出强烈的仇恨。

第三，认可当事人与自己是平等的。人民调解员在接触当事人时要明白自己在价值、尊严、人格等方面与当事人是平等的，不能因为双方地位、知识、金钱、文化等差异奉承或者歧视当事人。只有认可人人平等，态度才会端正，而良好的态度决定一切。

---

〔1〕 郭念锋主编：《心理咨询师（国家职业资格三级）》，中国劳动社会保障出版社2017年版，第49页。

（二）心理学应对策略

1. 针对当事人不同气质类型的应对策略

下面是另一段访谈笔录。

问：您在调解过程中针对不同类型的当事人所用的具体策略有不同吗？

甲1：这个肯定是有的，不仅是不同性格，不同年龄、不同文化水平的当事人也会有很大的不同。首先是针对不同性格的当事人。对于外向的人，一坐下来你还没问，他就一股脑儿把问题全部说出来了，我刚开始做调解的时候不太懂规则，特别是一些退休的老太太闲在家里没事干，一说就是一个上午。这既是好事也是坏事。好事就是能让他把想说的话都说出来，坏事就是说的太多往往找不到重点，这个时候就需要一些适当的引导，让他说出我们需要了解的内容，而不是就这样泛泛而谈。内向的人有的时候会显得有些沉闷，这时就需要我们适当地调节一下气氛，端个茶倒个水，多问一些与案情相关的内容，效果往往会更好。至于不同年龄、不同文化水平的，年龄大的、文化水平低的当事人，你要多跟他讲情理；年龄小的、文化水平较高的当事人，你要多跟他讲法律。不过这也不是一概而论的，要具体问题具体分析。

甲2：当然是有的。对于我个人来说，我更愿意跟外向的人聊天，为什么呢？因为他们直接啊，有什么话你都能直截了当地说。内向的人弯弯绕绕相对多一点，他们心里想什么不跟你说，那也是白忙活，面对这种人，就要想方设法让他们多说，能说什么就说什么。

甲3：有些当事人双方来我的调解室，说两句就开始急，拍桌子瞪眼睛的，这些当事人就是容易冲动的类型，要想调解首先就要把他们的情绪安抚住，双方都静一静再聊天。有时两个人来这儿了，一个人说个不停，另一个人你不问他就不说，这种情况下就要想一些办法来改变这个局面，争取从两方都得到同样有价值的信息内容。

心理学家通常将气质类型分为四种：胆汁质、多血质、粘液质和抑郁质。不同气质类型的人具有不同的情绪和行为特征。因此，在人民调解过程中，调解员可以针对当事人不同的气质类型选择不同的应对策略来化解矛盾冲突，从而有效提高调解工作的效率。

第一，胆汁质。胆汁质的人外向且极具情绪化。这种气质类型的人精力旺盛、活泼好动，但往往情绪多变、性格暴躁。因此，胆汁质类型的人与他人发生冲突时，往往更容易冲动，行为被情绪所左右，显得任性、自我。虽然这一类当事人在调解过程中更易表现为情绪激动，气氛不容易缓和，但是能够很好地向调解员暴露其心理活动，因此，也很容易掌握其诉求与其在调解过程中的接受程度。面对这一类型的当事人，调解员首要的工作就是先让其冷静下来，调整好自己的情绪，平心静气地参与调解。在调解过程中，由于胆汁质类型的当事人说话做事相较来说更为果断、干脆，委婉的表达反而会引起他们的不满，因此，调解员选择较为直接的方式陈述利弊，反而能够更加快捷、迅速地解决矛盾。

第二，多血质。多血质的人外向、热烈且开朗向上。这种气质类型的人活泼好动、思维敏锐，但有时也存在热情有余而耐心不足问题。他们往往不满足于墨守成规的工作，更喜欢让生活充满挑战，因此，往往善于交际，口才极佳，但同时也不甘于细心与平凡。多血质类型的当事人在调解过程中，通常能言善辩，言辞间漏洞极少，因此，对待多血质类型的当事人，调解员最重要的工作就是倾听，应该在与其交流的过程中眼观六路，耳听八方，对于某些重复出现的或者前后不一致的话语则更应该进行强烈关注。倾听之后，建议调解员直接陈述，果断指出纠纷中的责任分配，如果在倾听中发现言辞之间的漏洞，也需要在这个环节中指出，这样，既可以按照当事人的性格特征快速解决问题，也能防止某些当事人继续编造谎言，从而使当事人双方的利益达到最大限度的平衡。

第三，粘液质。粘液质的人内向、理智且沉稳。这种气质类型的人行为稳重，做事细致耐心，但反应相对迟缓，固执保守。粘液质的人将自己的性格很好地隐藏在自己的内心，不轻易外露，这就导致调解员很难在调解过程中通过言语或者表情等外在表现判断其真实想法；并且粘液质当事人由于内心较为固执，很难轻易改变既有的认识。因此，面对这种类型的当事人，调解员通常要使用多种手段，太过直接或者太过委婉的方式往往会适得其反。例如：在一次离婚纠纷中，当事人双方个性都较为执拗，始终无法就抚养费问题达成合意，这时，调解员并没有采用直接的方式强迫二人解决问题，而是希望当事人站在孩子的角度，换位思考，果然很快奏效。面对粘液质当事人，建议调解员灵活运用迂回、对比、角色换位等方法，相对来说更为合适。

第四，抑郁质。抑郁质的人内向、孤僻。这种气质类型的人不擅长与他人交流，情绪隐蔽但感受性极强，时常会因为外界发生的某些其他人不易察觉的细节而做出反应，敏感多疑，处事谨慎。因此，这种当事人在面对纠纷时往往能感受到比其他人更为深刻的痛苦。这种当事人往往是调解人员最难应对的，调解员不仅要试图弄清事情的真相，还需要照顾当事人的情绪，使其不要太过焦虑。因此，建议调解员首先制造一个相对安全的氛围，让当事人能够将情绪或者内心感受宣泄出来；其次，可以像对待粘液质的当事人一样，采用对比、角色换位等多种方法共同解决问题。

上述调解策略并不是绝对的。日常生活中，绝大多数人的气质并不会完全符合以上四种类型，只能说近似或者是多种气质类型的混合。因此，调解员在面对实际调解案例时，不能简单套用某一种模式，要灵活运用多种策略，结合案情的发展状况与当时的实际情况，结合自己调解工作的经验做出有效的应对。

2. 调解情境选择策略

一个调解案例是否能够成功，不仅取决于案件的性质、当事人的反应以及调解员解决问题的能力，更与调解的情境选择分不开。调解并不是一个封闭的心理环境，调解过程是在不断互动的过程中进行的。因此，选择一个合适的情境就显得至关重要。

问：您一般是在哪里进行调解的呢？是在调解室还是在其他地方？

乙1：因为我们是镇里的司法所，所以处理的案件基本上都是农村的，而且大部分都是村委会上报到我们这里来的。农村人嘛，又不用这么正式的，一般我们上门去就把问题解决了。上门调查有个什么好处呢？你可以问一下周围邻居这件事的情况，大家乡里乡亲的都比较了解，而且去家里看看实际情况对解决问题也有很大的帮助。

乙2：因为我们这级属于街道的司法所，因此到我们这里调解的案例大部分都是下面解决不了的比较疑难的问题，所以还是在所里解决问题的居多。但是这也不一定。就像上次我办的一个案子，就是说楼上漏水漏到楼下把墙壁、家具泡坏了，这种在调解室里光听他们说就不行，就得亲自去人家家里看看，看损失程度怎么样，必要的时候请一个专家来给损失估估价，都弄好了之后再进行下一步的调解。

问：那您一般是双方共同解决问题还是一方一方分开解决呢？

乙 3：一般情况下是先分开解决，等商量差不多了再合起来到我们所里，好多人在场的情况下把调解协议签了。一开始就坐在一块容易吵起来。

乙 4：先分开调解的比较多，为什么呢？两边分开问容易弄清楚具体情况是什么，因为两边说的不一定完全相同啊，你要通过他们所描述不同的内容来判断事情的真实情况是什么。等差不多弄清了之后再把他们叫到一块，共同解决问题。

乙 5：有些复杂的问题需要双方见面，简单的就不需要见面，我们需要做的工作就是先听双方的意见，看各方有什么诉求，找出双方谈话中的结合点。有结合点，双方都有调解的意愿，就可以继续调解。如果双方想要诉讼的话，就要跟他们讲清楚利弊，让他们慎重考虑后果。毕竟去法院，一个是浪费时间，最重要的是影响双方的感情。

问：调解的过程中有与案件无关的第三人在场吗？

乙 3：因为在我们农村有一定的威望是比较重要的，因此如果能有家里长辈在场的话可能比较好，能更好解决问题嘛。

乙 1：找一些了解案情的邻居啊、亲戚什么的，能具体分析当时的情况，对调解工作有一定的好处。

情境的选择主要取决于三个方面：

第一，是调解地点。调解地点并不一定死板局限于调解工作室，必要的时候，调解员可以到当事人的家里或者办公室进行调解。一方面，当事人在一个熟悉的环境之中更有利于放松心情，便于调解工作的进行；另一方面，调解员可以对当事人的生活、工作环境有一定的了解，力求获得更多的信息。

第二，是调解时机。在很多情况下，双方当事人在采取面对面方式调解的时候，可能会无法控制情绪从而产生直接的冲突，所以在调解工作刚开始进行的时候，调解员通常采用单独调解的方式。调解员分别跟双方当事人谈话，从两方面了解案件的情况，在大致摸清案情的走向后，再通过分析利弊，把控全局，让两方共同协商出解决方案。

第三，是调解参与人。除了双方当事人跟调解员之外，必要的时候可以请其他与案件有关的人员参与到调解过程中来。例如：在遗产纠纷案件中，由于老人死亡之后没有留下遗嘱，造成遗产分配的问题，在这种情况下，可以让平时与老人关系密切的邻居或者朋友参与到调解工作中，了解在老人生前子女是否尽到赡养义务等情况。对于尽赡养义务多的子女可以协商尽可能多分；反之，尽赡养义务少的子女则少分或不分。

五、教学启示

人民调解的工作模式与心理咨询非常相似，在建立关系、解决问题的策略和方法上有许多相似之处，因此，在对人民调解员进行培训时，可以尝试将心理咨询师的培训内容和培训方法应用于此。此外，被调解者的人格、情绪状态等会影响调解效果，甚至影响调解进程。因此，人格心理学、变态心理学等课程内容亦应该纳入人民调解员的培训内容。同样，在心理学的教学中，可以将人民调解的众多案例作为实践教学的重要素材，充实心理咨询与治疗、危机干预等课程的内容。当前，人民调解实践、人民调解员的培训，已成为心理学介入社会治理的重要途径之一。

科研教学一体化的产教融合型智慧课堂建设探索 *

葛建华 **

一、引言

在国务院办公厅印发的《关于深化产教融合的若干意见》中，将产教融合上升为国家教育改革和人才开发的整体制度安排。对此，我国高等教育如何发挥积极作用？高校教师的科研与教学工作如何与产业发展、社会需求、科技前沿紧密衔接？在教学活动中，教师如何选择教育链与产业链有机衔接的切入点？……目前，在商学院的教学中，强调互联网对企业经营管理的影响越来越多地渗透在课程内容中，如电子商务等专业课程的安排，教师的科研项目也更多地以"互联网+"为主题。这些都为产教融合带来了共同关注的视野，也为高校科研教学课题参与乡村振兴带来了契机。

振兴乡村经济是我国弥合城乡经济发展差距、全面建成小康社会必须完成的重要而迫切的任务。在乡村经济发展中，如何解决农产品供需矛盾，始终是一个老大难问题。随着消费者对食品安全的关注度越来越高，农产品阶段性供过于求、优质农产品供不应求等问题也日益突出。作为现代农业经营体系的一种创新，农

---

* 本文是中国政法大学科研创新规划项目，项目编号：10818423；教育部人文社会科学研究规划基金项目，项目编号：16YJA630012

** 葛建华，中国政法大学商学院教授。

村电商近年来发展迅猛并成为增加农民收入、引导农业供给侧结构性改革、促进乡村振兴的重要力量。但是，农村电商数量多，经营难的问题也十分突出。据农业部统计，在我国现存的农村劳动力中，小学以下文化程度的人员最多，高达 36.7%；高中以上文化程度人员仅占 13%，接受过系统农业职业技术教育的不足 5%。较低的文化水平和较少的专业培训，也使得许多由农民自己经营的农村电商在产品营销、市场信息把控和风险控制上处于劣势。[1]

近几年，笔者先后主持两项"互联网+"相关科研课题和一项研讨课教改项目。在项目开展过程中，课题组成员先后多次在河北、陕西、江西、山西、山东、福建、云南、四川等省的十几个县市调研，对当地农产品流通状况、农村电商的发展现状和面临的问题有较深入的了解。从现状看，农村电商在营销、运营、设计等各个岗位，在高、中、低各个层次，都不同程度地缺乏人才，吸引人才的难度较大。尽管最近几年农产品电商交易额有较快增长，但"农产品上行"的增长相对滞后于"工业品下行"，各种"农产品上行"困难重重，很多有特色的农产品并没有很好地转化为市场优势；农产品缺品牌、缺标准、缺供应链管理、缺渠道、缺人才等问题，都制约了农村电商的发展，也制约着农产品上行。这些问题所涉及的领域，又是商学院的专业课教学中必须包括的内容，也是笔者研究课题的主要内容。这就为科研教学一体化、为产教融合带来了切入点，也成为高校科研教学参与农村电商的良好发展、帮助突破农产品流通中"农商不联、产销脱钩"等瓶颈问题提供了契机。

因此，笔者希望通过科研教学一体化的教学改革助力农村电商发展，也希望通过解决农村电商实际运行中的问题提高学生运用相关知识解决问题的能力，化解人才培养与社会需求相脱节的"两张皮"现象，促进高等教育的教学内容与新时代社会经济发展实践相结合。

二、教学改革实施过程

2016 年以来，笔者在专业研讨课的教学中尝试以科研项目为依托，充分发挥智慧教室在教学内容的优化呈现、学习资源的便利获取、课堂教学的

---

〔1〕 刘灵辉、唐海君、苏扬：《农村大学生返乡创建家庭农场意愿影响因素研究》，载《四川理工学院学报（社会科学版）》2018 年第 3 期。

深度互动、情景感知与检测、教室布局与电气管理等方面的优势，[1] 从内容呈现（Showing）、教学环境管理（Manageable）、资源获取（Accessible）、及时互动（Real - time Interactive）、情境感知（Testing）五个维度创新教学实施方式，将科研、教学过程与帮助农村电商企业提升发展水平相结合，对在“互联网+”背景下全面提高教育质量等进行了有益探索，期望以此服务于乡村经济发展，服务于学校“双一流”建设过程中的课程建设和人才培养。

（一）教学改革实施路径设计

本次教学改革以有效教学理论为基础，探讨如何恰当使用智慧教室来更好地提高教学效率，服务于教师科研目标和专业研讨课的教学目标，促进学生“知行合一”的能力培养与全面发展。

智慧教室所集成的互联网技术对教学活动的主要影响在于促进了线上线下互动教学方式的形成，达到多方面资源的整合，并为教学资源的多种运用形式如实时沟通、远程访谈、多方参与课堂教学等研讨方式的实施提供了运行平台，这也是智慧教室的“智慧性”所在。

根据智慧教室的这一特性，笔者结合教学目标，对整个教改活动的具体实施路径进行了精心设计，如图1所示。

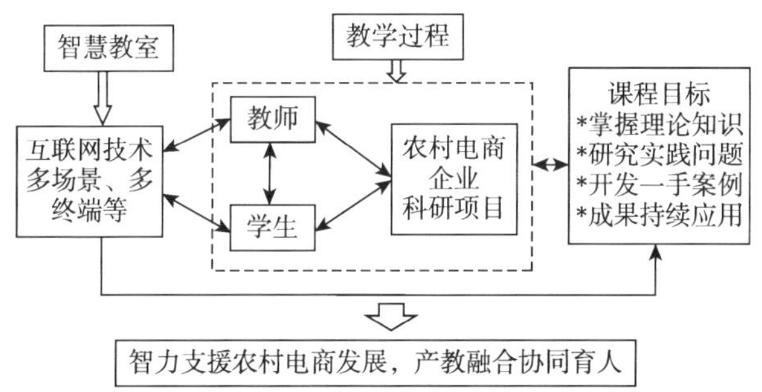

图1　线上线下互动：智慧课堂建设实施路径

（二）依托科研课题和实地调研，更新与重组教学内容

在商学院的课程类型中，研讨课是一个重要教学模块，其主要目的是通过不同研讨专题的设定，引导学生对现实问题进行探究，由此激发学生的好奇心、想象力和学习兴趣，提高学生活学活用以相关理论知识解决实

---

〔1〕 黄荣怀等：《智慧教室的概念及特征》，载《开放教育研究》2012年第2期。

际问题的创新能力。在近几年的研讨课教学中，笔者根据“互联网+”相关科研课题，设计了“互联网+与商业模式研究”这一研讨课主题，重点关注互联网创业、互联网与传统企业融合中的多种现实问题。在课题研究前期，笔者带领学生进行了大量实地调研，如北京超市发等传统零售企业如何拥抱互联网，重点关注超市生鲜商品销售及其供应链管理；深入陕西西安、周至、武功和铜陵等地市，考察农村电商发展情况，重点关注农产品上行及农超对接；等等。针对调研中发现的问题，笔者结合课程中的相关理论知识对研讨课的教学内容进行了重新设计。按照生鲜农产品流通的实际过程，课程内容被设计为订单农业及管理、农产品营销与品牌建设、冷链及仓储物流体系三个主题，通过科研和教学活动，与多家企业共同探讨如何用好互联网来解决现实中生鲜农产品上行中的一些突出问题：如信息不对称带来的滞销、供不应求与供过于求的反复等。

在课程理论体系的构建中，研讨课将流通功能及其演变等作为基础知识，将市场交易与组织交易、流通渠道系列化融入不同农产品的渠道选择中；将物流成本控制与订货处理、物流网点规划、库存管理与运输等，融入农产品冷链及仓储物流体系建设；将市场营销与商业、预测与订货、消费者行为与零售竞争等理论，融入农产品营销与品牌建设；将信息传递与处理、大数据运用等，贯穿于全课程。

更新和重组后的课程内容，以现实中农产品上行及生鲜农产品终端销售为主线来整合分散的知识点，力求消除理论与实践各说各话的“两张皮”现象，帮助学生从千变万化的现实问题中把握事物发展的本质，洞悉规律、发现新知，补充和完善理论知识，从而完成自身知识体系的构建。这也是开设研讨课的初衷。

（三）依托智慧教室，线上线下对接企业和教学过程

好的课程体系需要好的教学活动，而这一切的实施离不开好的教学物理环境，智慧教室恰好为产教融合提供了有效的技术手段。[1]在教学过程中，笔者首先调动学生对智慧教室的好奇心，采用头脑风暴的方式挖掘智

---

〔1〕何文涛、王亚萍、毛刚：《智慧教室环境下协作学习的交互特征分析——基于IIS图分析与社会网络分析的视角》，载《远程教育杂志》2018年第3期。

慧教室服务于教学目标的各种功能，督促学生快速熟悉智慧教室中各种硬件、软件的使用方法，积极尝试各种功能性模块，如光电黑板绘图、手机或 ipad 等多终端与系统联网发送作业或资料等、多屏展示、远程访问和与企业联网等多项功能及具体使用方法，并据此来设计具体的课堂教学活动，将其运用于课堂讨论、远程调研与讲解、研讨报告展示与修订等各个教学环节中，最大限度地发挥智慧教室的多边深度互动功能，打造智慧课堂。

依托智慧教室的硬件和软件支撑，课程选取实地调研的企业如北京超市发、沱沱工社、甜美猕猴桃生产合作社、商君特产、客来乐便超连锁等作为课程理论体系的案例载体，以整体的、跨界的方法对课程内容进行整合。通过智慧教室设备的远程访问功能，实现了课堂教学进行中的实时调研和访谈，例如：与企业创始人、经营者在线对话，了解企业实际的经营活动。通过在线视频发挥即使不到现场也能亲临现场的功能，使学生了解了生鲜农产品在采摘、分级、包装、配送等环节的具体操作和可能发生的问题，加深了学生对实践的体验和感性的认知。通过智慧教室的多屏展示，引导学生将甜美猕猴桃生产合作社、商君特产、客来乐等企业的微店、网店与天猫、京东等进行对比，从网页制作、访问体验、产品宣传、促销策略等多个方面进行比较分析；从按钮设计、颜色、图片选择、产品介绍、顾客评价等多个细节进行全方位的数据分析，也由此让学生了解大数据在实践中的具体表现形式和大数据分析可能解决的问题及运用方式。这种教学活动，充分激发了学生的学习热情，部分同学以志愿者的身份参与到企业网店或微店的运营中，并利用五一、端午、十一等假期，自发去企业实地调研，与案例企业面对面沟通交流，加深对企业实际情况的了解。整个过程中，企业人士通过线上或线下参与教学过程给出指导意见，有效发挥了企业导师的重要作用，也使教师的科研活动、课堂教学得以发挥对解决现实问题的指导作用，更加有的放矢。

在教学策略上，研讨课采用群体协作和独立学习、“集体听讲”与“分组任务”模式相结合的方式，充分发挥智慧教室桌椅 360° 自由旋转功能，随机拆分、组合讨论小组，使每个学生之间都可以相互交流、充分表达不同看法；智慧教室的远程访问、视频观看、多屏展示等功能又增强了研讨内容的现场带入感，让学生在教师、同学和企业经营者的质疑中充分研讨，提出并不断修正解决策略、检验方案效果，实现学生创造性思维能力和解决问题能力的提升，进而服务于学生能力培养，实现协同育人。

通过智慧课堂建设，研讨课形成了理论研究与电商企业发展之间在智力与实践等方面的优势互补，促进了资源共享的良性互动，使自主探究、合作学习、翻转课堂等教学方式在教学中得以落实。学生因此也更加喜欢课堂讨论与实地调研，企业经营者因为可以从科研教学线上线下的互动中吸取知识和创意，随时咨询相关问题，并得到教师和学生在客户群拓展、促销方式等方面的切实帮助，因而也更有主动性、更积极地参与到智慧课堂的建设中。

（四）依托课程改革，指导学生开发案例，完成研讨报告

案例教学是商学院不可缺少的教学方式，学生通过各门课程的学习也接触了很多案例。但是，如何开发案例？案例怎样与教学结合？学生对这些问题并不清楚，但他们对此却充满好奇。

本课程在实施过程中，教师及时引导学生将调研内容汇集成一手资料，借助课堂中的多方互动、在线访谈和节假日的实地调研，来发现企业经营者遇到的现实问题背后所隐含的知识逻辑，为专业理论的实际运用找到切入点。为提高学习效率和教学质量，教师还为学生制定了案例开发流程：确定案例企业—收集资料—编写案例提纲—讨论修改案例提纲—确定理论知识点和调研问题—实地调研（观察、访谈、问卷等）—现场体验—案例初稿讲解—讨论修改—定稿，研讨课的结课作业即企业案例和研究报告，一式两份，提交给教师和企业经营者。

在学习过程中，学生通过远程访问、实际调研、各种终端的互联等查看企业实时数据、生产与销售情况来了解企业，以经营者和消费者的不同身份完成微店、微信公众号、网店的实际运营与购买操作，实际体验农产品上行过程中各个环节存在或可能会发生的问题。各种数据和画面在智慧教室多屏幕的实时展现，既便于不同企业之间的资料比较，也便于不同小组对某一电商企业的全方位、多视角讨论，使实践问题和理论知识的探讨能够融合多方观点而有一定深度，并对企业改进经营管理具有参考意义，有些建议已直接被企业采纳。在学期末的研讨报告中，学生将整合营销、场景营销、冷链物流、交易组织与交易成本等理论融入数据分析中，围绕

甜美猕猴桃生产合作社、商君特产、北京超市发等的微店、网店运营等，从产品宣传、爆品打造、新产品开发、网页设计等方面都提出了改进建议，并通过线上线下随时与企业就方案进行沟通和改进，以提高建议的有效性。由此，研讨课的能量也得以放大，学生既加深了对企业实际经营问题的理解，也认识到文案转化为实践的各种限制因素。这无疑为学生进入社会进行了预热，帮助他们找到专业知识与现实需要更好结合的方式和途径。

其中，比较有代表性的是甜美猕猴桃生产合作社案例。为了让自己的孩子吃到放心的猕猴桃，企业创始人辞去了在大都市的工作，回乡接手父亲的猕猴桃专业生产合作社，并注册了“甜美”商标，其猕猴桃产品主打“有机”—不用农药、化肥、膨大剂，让猕猴桃自然成熟，专供孕产妇、小孩。按理说这样的产品有很好的消费群体，也符合人们对食品安全的要求。但几年来，该合作社的猕猴桃销售量却一直上不去，微店也流于形式。在实地调研的基础上，研讨课将其存在的问题引入课堂，通过智慧教室实现与该合作社经营者的实时对话，共同探讨将“互联网 +”引入猕猴桃生产的全过程：通过不同品种的线上预订，及时捕捉消费变化，从而对经营策略做出调整，实现以销定产，如规划不同品种的种植面积；通过在线直播和线下果园访问等活动，让消费者了解种植过程的关键环节，对食品安全放心；通过对微店的重新设计，突出针对孕产妇和孩子的有机、绿色宣传和品牌营销，使其从众多猕猴桃生产商中脱颖而出。在不断改进中，该合作社的徐香、翠香等猕猴桃品类进行了有机组合，线上促销与线下体验相互促进，朋友圈营销与话题营销、场景化营销结合等，有效促进了销售。2017 年，其年销售量从以前的 5 万吨猛增到 10 万吨，消费群体从西北地区成功扩展到上海、北京、湖南等经济发达地区。

农村电商人才需求涉及多个层次、多种岗位，如地方服务体系建设和运营人才，网店经营人才，网店客服、运营、设计和包装等不同岗位的人才等。依托于科研和教学活动的智慧课堂，结合课程内容关注农村电商经营的各个环节，为其提供“智力援助”，帮助其解决农产品上行中的实际问题，一定程度上解决了企业专业人才不足的现实问题，助力甜美猕猴桃合作社成长为带动当地猕猴桃生产升级、振兴乡村经济的领跑者。同时，企业实践也为教学中的理论知识提供了应用平台，为教学提供了鲜活的一手案例，提高了学生运用理论知识举一反三、解决实际问题的能力，也学会从企业经营活动中提炼出值得推广学习的商业经验。学期结束，教师指导学生完成甜美猕猴桃市场合作社、商君特产、北京超市发等案例和研讨报告的撰写。这些尚显粗糙的学生学习成果，经过教师进一步修改和打磨后，部分已被中国人民大学“电子商务创新创业案例”公众号收录。这也使研讨课产出的教学成果得以积累、广泛传播和持续使用，极大地满足了学生多方面的学习成就感，为产教融合注入了新的内容。

三、讨论

（一）让智慧教室服务于智慧生长

智慧教室投入资金不菲，其如何服务于教学活动促进“智慧生长”，具体效果如何等问题，必然是各相关部门都关心的问题。从全国范围看，高校智慧教室近几年才兴起。知网上国内最早关于智慧教室的研究文献始于2008年，迄今为止，相关论文中80%主要从技术角度探讨智慧教室的硬件配置；关于如何提高智慧教室使用效果的研究成果很少，本文所进行的探索弥补了这方面的不足。

“科研课题+农村电商问题研究+智慧教室”的智慧课堂设计，以让教师课题内容融入研讨课，更有效促进智慧生长为目标，以具体的电商企业案例研讨为引导；以智慧教室为教学物理环境，通过互联网、云计算、学习分析、数据挖掘、物联网等手段，对现有的课程内容和教学策略以一种整体的、跨界的方法进行整合，实现了科研与教学过程和电商企业之间线上线下的无缝连接，使智慧教室为教学过程中的“学生—学生”“学生—教师—企业”“学生—学习内容”之间的互动与交流提供帮助，在充分融合中实现产教协同育人，既完成了科研项目的阶段性成果，也实现了研讨课的教学目标，并逐步形成了适合智慧教室特点的“让智慧更好地生长”的教学模式。

（二）以校企协同促进知行合一

大学的根本任务是培养人才，通过科研与教学、与企业实践相结合来培养学生、服务社会，是促进中国高等教育高质量发展的重要途径。在商学院本科生的培养计划中，实习都安排在假期，课堂教学局限于教室而难以呈现企业经营管理的真实情境，企业经营者更难以进入课堂与学生互动。

在农村电商中，主要由有思想、有情怀、有基础和有启动资金的农民创业者、返乡农民工、返乡大学生、复转军人等构成，这些“新农人”为乡村发展增添了新的元素和能量，也是农村电商发展的重要“生力军”。他们在经营活动中积累了丰富的经验。借助智慧教室提供的多方互联平台，企业经营者可以远程介入课堂教学，与师生共同讨论问题，使学生理解教科书中理论知识在实践中的多种呈现形式，也使教学、科研针对实际问题的解决方案更切合实际，从而使教育回应企业实践，关注现实问题，服务于国家经济社会发展。同时，来自于实践的问题讨论，也让可以学生充分认识未知世界、探求客观真理，从而使高素质创新型人才的培养逐步摆脱纸上谈兵，实现知行合一。

一直以来，人文社科类专业在社会服务方面难以像理工科的技术运用那样显现成果。在这次教学改革活动中，教师将“互联网+”科研课题的内容融入研讨课的相关教学内容，借助智慧课堂实现了科研、教学与企业多方资源的广泛整合和资源互补；以企业实际需求为导向而建立起课程内容的动态调整机制，在产教融合中较好地实现了合作育人、合作发展，也提高了人才培养的适应性。

（三）为企业实践注入知识力量

现实中，已经成为城市生活一部分的电商，在农村的发展还面临很多难题，“互联网 + 农业”离农民也还有很大距离；[1]即使那些发展尚可的农村电商，在经营过程中也存在这样那样的问题。笔者将调研中发现的农村电商企业在实践中的诸多问题与理论教学内容相结合，将所研究的问题分解为若干课堂知识点贯穿于教学中，利用智慧课堂建立线上线下的学习机制，鼓励学生运用所学知识为农民互联网运营提供智力支持，帮助农村电商企业提高经营水平。例如：帮助电商经营者引入朋友圈和小程序等社交电商、内容电商、抖音等新的“互联网+”电商模式，更好地满足交易的便利性；[2]帮助农村电商搭建农产品多元化和规范化、用户社群化、渠

〔1〕 阮文彪：《乡村振兴中国模式及政府作为》，载《现代经济探讨》2018年第6期。

〔2〕 葛建华：《便利视角下中国O2O模式的演进路径研究》，载《吉首大学学报（社会科学版）》2017年第4期。

道立体化、营销媒体化等构成的经营体系，从而为农村电商经营者适应消费者需求变化和市场竞争注入新鲜力量，使其在不断调校、积极迭代中获得成长。

四、结束语

如何通过解决实际问题促进高校培养知行合一的专业人才？如何使教师的科研课题融入教学与实践？这些都是深化高等教育改革的重要课题，也为教育链与产业链的有机衔接提供了新途径。

“科研课题＋专业课研讨＋智慧教室＋企业问题研究”的智慧课堂设计，使教室不仅仅作为教学场所，也作为产教融合的一个组成部分融入教学过程中，教师对教学内容、教学过程的重新设计，使教学目标、企业案例和学生能力培养通过“互联网＋”实现有机结合，有效地重塑了教师的教学行为与学生的学习任务。借助鲜活的农村电商实践和存在的实际问题，使枯燥的理论知识因承载了企业的实际问题而焕发出活力，新旧知识、课堂内外的知识都通过智慧课堂实现了有意义连接和多场景呈现。整个教学活动从教师单向传授知识、学生被动学习，转化为教师通过企业实践案例引导学生进行自主思考、自主探索；学生通过小组合作、查阅资料、与教师和企业人士多方互动等方式来进行自主学习，既能够激发学生充分调动思维经验与知识基础，学会如何思考、如何探索，又能够培养学生与人合作的能力。教师和企业人士在线上线下对学生为解决实际问题而进行的抉择、构想、发现、归纳和评价等学习全过程的引导，也极大地提高了学生的学习热情和主动性，使学生素质得到全面发展、获得满满的学习成就感。

在产教融合的基础上，笔者的科研活动则着眼于从更高层次——如产业链和价值链体系的层面——对农村“互联网＋”进行深入研究。例如：以特色农产品经营的区域化布局、专业化生产、标准化控制和产业化经营过程来促进农村电商的发展，从旅游、文化、生态等角度探寻“互联网＋”在建设美丽乡村、振兴乡村经济中的具体途径，使科研、教学借助对农村电商发展的帮助间接服务于乡村振兴。

这种依托智慧教室、基于科研与教学相结合的线上线下深度互动的教学过程，使科研与教学一体化的“智力援助”与企业的实践指导相结合；

借助智慧教室，理论知识学习与实践的互动突破了时间和空间相分离的限制，实现了“学生—教师—创业者”和“理论知识—企业实践”的有机结合，有效探索了高校教学中产教融合的具体实现形式。整个教学过程，既很好地完成了课程教学目标，又丰富并提高了科研成果质量，也助力于农村电商发展，实现了教学活动的价值最大化——校企协同育人，让更多智慧生长，促进创新型人才培养；服务农村电商发展，满足振兴乡村经济的社会需要。

学术英语口头报告行动研究

——以中国政法大学非英语专业学生为例

苏桂梅 *

一、引言

自从我校近十年的大学英语教学改革，特别是由原来的 ESP 教学转换成 EAP 之后，学生的英语口头报告（English Oral Presentation）一直是英语课堂教学内容中必不可少的部分，是让学生积极参与课堂教学活动的一种教学模式。特别是我校自从 2012 年开设了“学术英语”课程，并开始使用了《法学英语》这本教材之后，学生要在开学第一周的第一次课上进行分组，把全班学生分成若干小组，一般来说，都是平均 5 个人为一小组，对其本学期学习教材中的 5 个话题进行口头展示，这样的话，每一个话题大概就有两组同学来完成，根据班级人数，有可能会出现 6 个同学一组，或三组同学同时做一个话题的情况。无论怎么分，同学都知道这个英语口头报告直接关系到自己的英语成绩，因为占总分比例为 15%。从具体的英语口头报告展示来看，学生除了选材上必须是课本上呈现的 5 个热门话题之一之外，在构思、收集资料、分配角色、组织语言、展示等方面都是由学生自己在课余时间独立完成的，课堂上展示的时间是每组大概 15 分钟，再加上问答环节及老师和学生打分环节，大概需要 25 分钟左右，这样的话，每三周基本上就有这样两个 25 分钟

* 苏桂梅，中国政法大学外国语学院教授。

的时间被用来做口头报告展示，那么到底这个练习意义何在，又有哪些方面需要提高，本人做了问卷调查，希望从中能够获得有用信息，以此来改善和提高口头报告的水平，提高英语课堂教学质量。

二、问卷调查及结果分析

本研究在中国政法大学进行，调查对象为2016级一年级第二学期初的非英语专业学生。选择这些学生作为调研对象主要原因在于，他们已经做了一个学期的口头报告，同时第二学期学生们自由选课，也就是每个班都有来自于前一个学期不同任课老师的班级、不同学院不同专业的学生，这样的话，更有利于调研学生对于此项课堂活动的真实体验和认识，以此来改进本学期的口头报告模式或方法。参与调查问卷的班级共有6个，总共发放250张问卷，回收有效问卷237份。具体设计了5组共29个问题，包括：①（问题1—5）学生对于做口头报告的态度；②（问题6—11）口头报告的形式及选题；③（问题12—18）口头报告给学生带来的益处；④（问题19—24）学生做口头报告最大的困难；⑤（问题25—29）老师对学生评价的重要性。下面就这5组问题进行详细的分析，以此找出问题所在。

1. 学生对于英语口头报告所持有的态度

本部分主要是从以下方面对学生对于做口头展示的态度进行调研的：学生是否认为口头报告是一种非常好的教学活动、有无必要、是否有收获、对自己的展示是否满意以及这样的活动是否很浪费时间而并没什么好处。调研结果如下图：

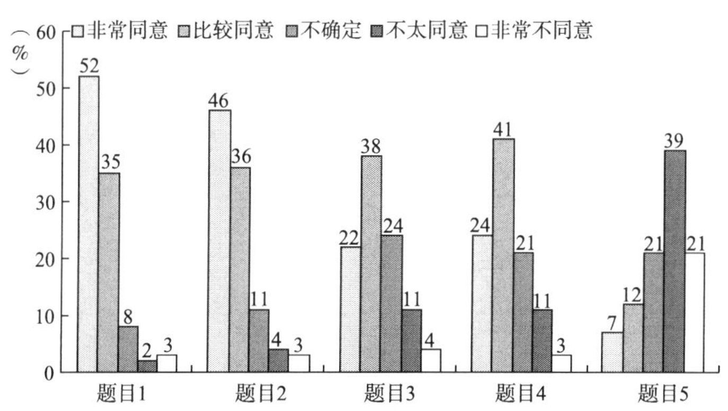

从上面的统计数据可以看出，高达 87% 的学生认为这是一项非常好的课堂活动，82% 的学生认为非常有必要在课堂上进行此活动，同时也有 60% 的学生对自己的口头报告表示不满意；65% 的学生认为通过口头报告收获良多，只有 19% 的同学认为不喜欢做口头报告，觉得是浪费时间没什么好处。这也说明目前我们英语教学课堂设计这项活动是非常有意义的，是得到大部分同学认可的。口头报告本身主要是一项学生和学生之间互动式的练习活动，在这个活动中，学生根据选题扮演不同角色，发挥不同的作用，要么担任辩论的正方或反方，要么扮演人，要么扮演动物，无论什么角色都是参与其中，积极努力地把自己想要表达的以及必须完成的部分完成好，这样才能获得老师的客观评价，同学的赞许目光。所以在展示之前，学生都会尽最大努力地去查找并收集资料，通过反复朗读达到脱稿演讲，最后用流畅的英语将扮演的角色在同学面前呈现出来。对于学生来讲，抓住了这样每学期难得的一次表现机会，收获良多，付出的辛苦也会得到回报，所以他们认为这种形式的课堂活动有价值、有意义。对于对自己口头报告不满意的同学来说，大概有以下情况：学生参与其他课内外活动太多，没有足够的精力进行个人与小组搭配的反复操练，同时在构思以及内容框架结构安排上不合理。鉴于此，建议教师在学生口头报告之前给予内容和结构安排上的把关，帮助他们有一个满意的展示。当然也有 19% 的学生认为此活动太浪费时间，毕竟别的同学在展示的时候，其余同学如果对话题不感兴趣，或者听力薄弱，也不知道同学在讲了些什么，因此会有这样的想法。那么，我们接下来需要加强对学生的口头展示辅助性手段的帮助，如怎样做更清晰的 PowerPoint，让学生能跟上展示者的思路，对于一些设计话题较难的背景知识以及难点，希望报告者能够以简单明了的方式解释给听众，使大部分同学都能明白或跟上报告者的思路。

2. 口头报告的形式及选题

此部分主要从以下方面对口头报告的形式进行探究，包括口头报告的组织形式应多样化、以小组合作形式准备并展示、以小组合作形式准备但一个人上台展示、选题应该由学生自己确定、选题应该以课文主题为基础、选题应该是老师推荐几个供学生选择。调研结果如下：

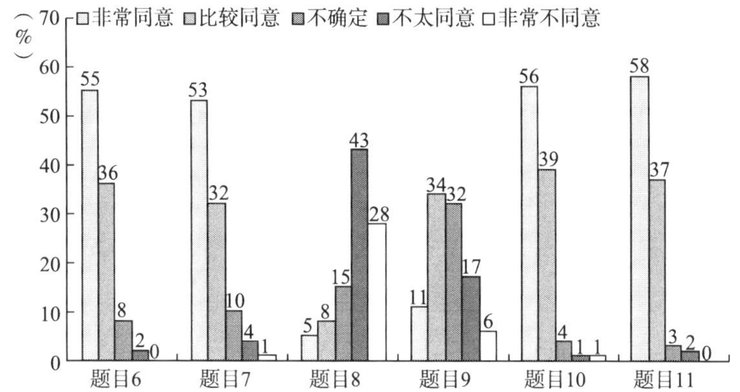

通过上图可以看出，接近 100% 的学生同意口头报告的形式应该多样化，同意以小组合作的形式来完成，同时也非常赞成选题应该以课文主题为基础，但具体题目希望老师能多提供几个供学生选择。只有 13% 的学生同意以小组合作形式准备但由一人展示。45% 的学生选择同意或比较同意选题应该由学生自己确定。由此看来，我们应该思考在锻炼学生口头报告能力的基础上，不要将口头报告的准备和展示形式拘泥于某一种形式。目前学生口头报告的选题都是围绕课文主题，以辩论、事实陈述、原因分析并给出解决办法等形式进行的小组口头报告。对于某些话题，例如：是否同意同性恋合法化，在中国保留还是废除死刑等，在小组讨论的基础上形成小组的观点进行准备并展示。毫无疑问，英语口头报告这种教学环节和活动形式非常有益于学生的团队合作精神，能够锻炼他们运用英语口语进行的辩论能力，同时也给学生创造了一个互相学习、彼此勉励的机会，相互之间通过准备口头展示增加了感情。同时，我们可以鼓励学生以多种选择形式呈现口头报告，例如：个人演讲、多人对话，甚至以小话剧、小品的形式呈现。这也符合当代大学生心理——追求形式多样化，想表现不同的自己。因此，这也是一种有益于学生更好发挥想象力、创造力的教学活动。但是，如何避免重展示形式轻报告内容，重报告内容轻口语表达，这是任课教师必须考虑的问题。组织口头报告教学过程中不应忽视，少数同学因口头表达能力较弱，加之性格内向，对于走上讲台在同学面前展示有恐惧感，这在学生完成报告的过程中可以觉察到。个别学生有应付的态度，不重视这样一个表现机会，表明学习英语有惰性。

问卷调查显示，45%的同学希望由学生自己来选题，相比较而言，他们可能更喜欢与校园生活相关的话题，如体育运动项目、美食、男女婚恋观等。这样的话题选择范围比较广泛，学生更感兴趣。如果开放选题范围，全班学生所展示的主题和内容不易重复。但是有些大众性的话题不利于学生评判性思维能力的锻炼。同时，如果自由选择的内容与教师讲授的内容不一致时，学生的口头报告就失去了对于课堂学习话题的深入了解、讨论和运用的机会。

3. 口头报告给学生带来的益处

本部分主要调查学生通过准备及完成口头报告能否锻炼如下能力：英语口头表达能力、在公众面前的演讲能力、提升主动参与的能力、加深对某个主题的认识和了解、增强对英语学习的兴趣和动机。同时，本部分的问卷还涉及到以学生为中心的教学方法。调研结果如下：

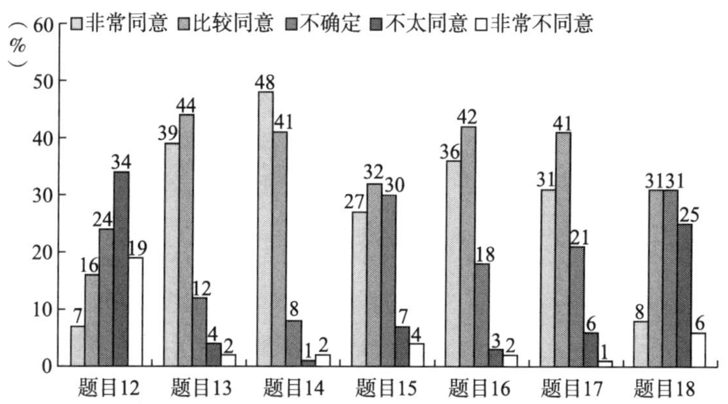

分析本部分问卷题目的回答情况，可以发现一个很有趣的现象，只有23%的同学认为口头报告锻炼了英语口头表达能力，53%的同学认为此活动并不能够锻炼英语口语表达能力，而83%的学生认为锻炼了在公众面前的演讲能力。更让人感兴趣的是，高达89%的同学认为不得不参与这项活动，因为和平时成绩密切相关；78%以及72%的学生认为通过准备口头报告展示，对某个主题加深了认识和了解，以此也增加了对英语学习的兴趣和动机；59%的学生通过做口头展示，发现了自己口语方面的不足；但只有38%的学生认为这项活动体现了以学生为中心的教学方法，其余30%的学生对以上问题没有给出明确的答案。

问卷调查的回答显示，英语口头报告展示对学生而言，最大益处就是锻炼在公众面前的表达及演讲能力。但是，超过50%的同学认为此活动并不能够锻炼英语口语表达能力，甚至高达89%的同学认为不得不参与这项活动。可见，如何激发学生参加口头报告教学活动的主动性、自觉性和兴趣，是需要直面的问题。

78%的学生认为通过准备口头报告，加深了对某个主题认识和了解，这与这种教学环节设计的初衷相吻合。这是因为，学生在准备某一个话题的过程中，由原来的被动学习转换成自觉的自主学习，学生需要进行大量的准备工作包括阅读资料、搜集事例、整理数据，这在锻炼了学生广泛阅读、分析问题能力的同时，加深了其对某一话题的了解，甚至使其有了不同的思辨看法，这也符合《大学英语课程要求（试行）》中的“实现以教师为中心向以学生为中心的转变”的要求。

英语口头报告给学生创造了自主学习和合作学习的机会。在准备的过程中，通过对话题的选择、展现形式、角色分配进行探讨过程中，学习者采取更加积极主动的态度，自觉参与到整个学习过程中，运用自己的学习技能及方法在合作的小组任务中找到自己的定位，对于自己负责的部分不遗余力，从而更加有意愿和动力学习更多知识。同时，超过50%的同学能够通过视听同学的课堂展示，发现自己的不足，并从同学的表现中得到启发。他们不仅意识到了练习口语的重要性，同时知道如何提高自己的口头表达能力，如何在公众面前能够流畅地、声情并茂地用英语语言表达出自己的思想。这对于今后的英语学习有非常大的促进作用。

目前看来，较高比例的同学诚实表达为了平时成绩不得不参与的一项活动。的确如此，因为这是一项花时间、花精力的任务，是一项具有挑战性的任务，不仅内容深奥，专业术语多，以“Death Penalty”一课为例，学生需要掌握大量与死刑有关的词汇，而且还要背诵诸多法律条款。对于习惯于教师一言堂的学生来讲，的确需要时间来适应这样的教学模式。此外，有些学生认为英语口头展示距离自己的实际生活比较遥远，以后也不打算从事这方面的工作，所以从内心有点儿排斥。对此，英语老师要启发学生作好职业规划，英语口语或许就是专业之外最重要的竞争力。我们注意到，只有23%的同学认为能够提高口语表达能力，而超过50%的学生认为这项活动也并不像老师们想象的那样会锻练并提高学生的口语能力。问题在于这是一门学术英语课程，讨论的话题都是当前热门的乃至于全球性的问题，运用的语言都是学术性的语言，与日常口语无疑有一定差别。然而，学生借助老师课堂讲解，合作或者独自整理资料，编成一个完整的报告形式，通过反复朗读，达到脱稿展示的程度，一定会对英语表达有所提高。如果能够做到大胆参与，反复练习，一定会有助于口语能力的提高。

4. 学生做口头报告最大的困难

对于一个学生在一个学期参与准备并完成一次口头报告，似乎这个任务不太重。但是，对于大学一年级学生而言，这毕竟是一个新型的练习活动，想必会存在困难和挑战。在本部分，主要从内容的组织和安排、相关信息和资料的查找与收集、情绪及精神紧张、表达出来而不是照本宣科、如何吸引听众以及形体语言的使用等方面进行调研。调查数据结果如下图：

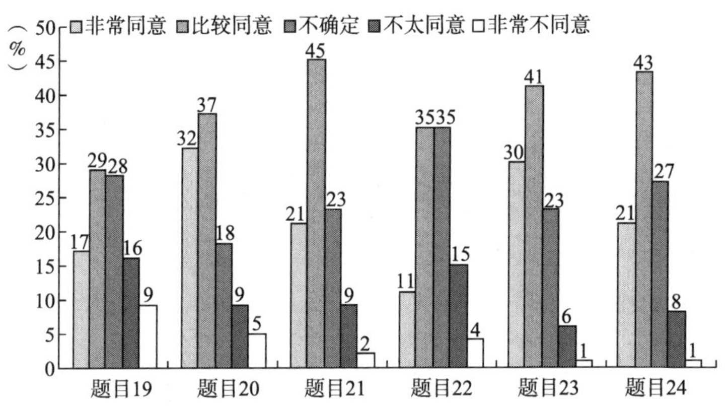

从上图可以看出，70% 左右的学生认为最大的困难是不知如何寻找到相关资料和信息，也不知道如何能够吸引住听众，66% 的学生表现紧张，64% 的学生不知道如何使用形体语言，只有近 50% 的学生觉得最大的困难是内容的组织和安排，当然，对于此问题回答不确定的也占有一定的比例。对于每一个问题，只有 10% 左右的同学认为，相对来说，如何使用形体语言，如何抓住听众的吸引力以及如何查找资料等方面困难不大，同时也能够放松紧张的情绪。只有 25% 的同学认为内容的组织和安排没什么问题，同时也能够讲出来而不是读讲稿。这些困难也在教师的预料之中。对于处于大学一年级第二学期的学生来讲，还未能够掌握如何有效率地找到权威性的参

考资料和信息。即使能够充分利用互联网及其他渠道收集到相关信息，也缺少甄别有效信息和利用有效信息的能力，这也是此项活动的目的所在，要培养学生这种广泛阅读、深入阅读的习惯，锻炼自己的思考、甄别能力，最后提高学生的评判性思维方式。同时，超过50%多的学生表现紧张，其实，这是一种非常自然的现象，特别是对于一些语言基本功薄弱的学生更是如此，主要是由于担心自己语言不流畅、担心语法用词出错等。在今后的教学实践中老师要多帮助学生纠正一些练习中使用不当的方法，例如：用汉语思维，汉语书写，甚至会用汉语标记一些重点难点的语言内容。课堂上多给那些性格内向，且不善于表达的学生提供机会，让他们积极发言，消除焦虑、不自信等负面情绪，同时，也告知学生，通过反复操练，确保每练习一遍，解决一个口误或忘词的情况，这样通过反复的准备，一定能够达到比预期更好的效果，学生也会从中找到乐趣，当任务完成时获得更多的成就感。形体语言也是学生需要突破的难关，不仅需要长时间的训练，还需要放松心情。

5. 老师对学生口头报告评价的重要性

在问卷的最后，笔者就老师是否需要在课堂上对学生的展示做出评价设计了以下问题：老师具体评价的重要性，老师应侧重语言、演示技巧、内容的组织安排，以及给学生打分的必要性。调研结果如下图：

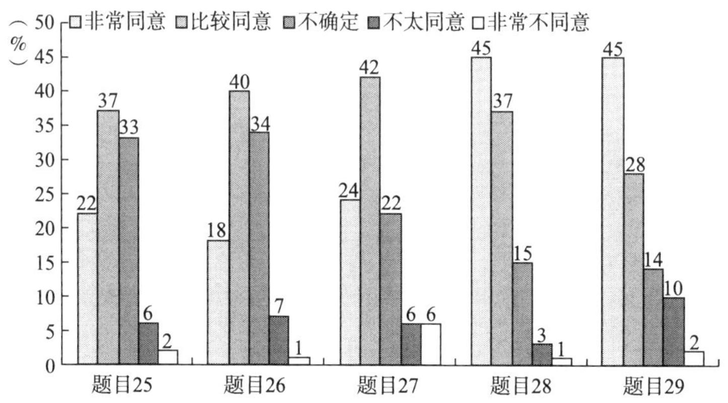

近60%的学生认为，老师对学生口头报告的具体评价很重要或非常重要，而33%的学生不能够确定，非常不同意或不太同意老师做客观评价的同学所占比例很低。老师对学生口头展示的正面评价很重要。58%的同学认

为老师应该侧重学生的语言能力，64%的学生认为老师应该侧重学生的演示技巧，高达82%的学生认为老师应该侧重内容的组织安排，同时73%的学生认为非常有打分的必要性。

通过这些数据可以看出，学生经历了搜集资料，找到话题的切入点，进行任务分配，进行个人操练（Rehearsing the Presentation）、小组操练等诸多过程和环节。有的小组要准备长达3—4周。因此，一旦口头展示完毕，他们非常愿意听听老师的评价，希望老师能给出一个客观而又能够给他们启发，至少不让他们失望的评价。也就是说，他们非常渴望听到老师的反馈（Feedback）。

三、结论

本文通过行动研究的方法，探讨了大学非英语专业学生课堂口头报告的情况，通过分析，本研究得出以下结论：

（1）口头报告是一项非常好而且有必要的课堂活动，不仅增加了对英语学习的兴趣和动机，而且使学生对某个主题加深了认识和了解。但是，倘若要使大部分学生能够对自己的口头报告的展示达到满意的程度，还需要老师在学生的口头报告准备过程当中，在口头报告的内容、结构框架以及谋篇布局方面给予适当的辅导和帮助，让学生意识到此项活动的重要性，同时提高他们的学习动力。

（2）口头报告的形式应该多样化，尽管报告的选题不同，但是要尽可能以小组的形式来准备和完成，不宜拘泥于固定的形式，要强调学生的参与度和内容的延伸。报告选择的话题可以适当加入书本之外学生感兴趣的话题，但要强调是口头报告，不是表演节目。

（3）口头报告能够锻炼学生在公众面前的演讲能力，也能帮助学生找到英语表达能力的不足，对学生以后的公共场合下的演讲有非常大的作用。但并不能够显著地提高学生的口语表达能力，所以，大部分学生认为他们是为了平时的15%的成绩才不得已参加这个活动，可见，无论从形式上还是内容上都有一定的难度，是一份非常具有挑战性的活动，如何能够使得所有的学生都喜欢上这个活动，并能主动的积极参与其中，而不是为了成绩，有待教师进一步的思考。

（4）学生做口头报告最大的困难是对于相关资料和信息的收集，同时，学生表现紧张，在形体语言的使用以及内容的组织安排上都有一定的难度。在接下来的教学中，教师逐步教授给学生如何有效利用学校资源，如何消除焦虑以及如何使得一篇口头报告结构严密，环环相扣地吸引住听众或观众的注意力。

（5）学生认为老师对学生口头报告的具体评价很重要或非常重要，特别是老师的正面评价，同时老师的评价也应该侧重于学生的语言能力、学生的演示技巧，以及内容的组织安排，他们也非常看重老师和同学给口头报告学生打分。从总体上来看，课堂口头报告活动不仅有助于加深学生对课堂上所学的知识的了解和掌握，同时也有利于培养学生在公共场合下的演讲能力，使其认识到自己的不足，对以后语言运用能力，以及自主学习能力都有很大的帮助，对于教师的课堂教学活动设计有一定的启发意义。

知识产权法律诊所人才培养的运行机制研究 *

郑璇玉 **

法学教育历来是法治国家、法治社会的基础，法学教育更是一门实践性很强的学科，将法学教育中获得的法学知识融入法学实践教学中运用，并将实践教学中收获的知识反馈到法学知识学习中完成法学知识的吸收、深化和补充，构成了法学教育的完整循环，也完成了从实践中来到实践中去的唯物主义检验目标[1]。因此，法学教育从法学知识的学习上至少应当分成两个部分，一个链条。第一个部分是将法学教育中获得的法学知识应用到实践中去，第二个部分是在法学实践教学中将所获得的知识回馈到法学教育中。这两个部分的有效衔接依靠的是保障知识循环的成熟的运行机制。另外，当考虑到法学教育在何种范围内应用时，或者对法学知识的应用范围进行不同角度的理解时，我们可以将法学知识的应用分为狭义的应用和广义的应用。前者即法学知识在纯法学背景下的应用；而后者广义的法学知识的应用则是在不同的语境下，特别是在不同学科背景下，法学知识与其他学科知识发生交融时的运用。将知识凝固在一个学科门类中，应用范围是

* 本文为国家社科基金重大项目《创新驱动发展战略下知识产权公共领域问题研究》资助成果，项目编号：17ZDA139。

** 郑璇玉，中国政法大学民商经济法学院知识产权法研究所副教授。

〔1〕 毛泽东：《实践论》，1937 年 7 月，http://sjj.jc.gansu.gov.cn/art/2017/9/28/art_18840_360032.html，最后访问日期：2018 年 10 月 30 日。

狭小的，而学科视域也是以法学学科为背景的；而当知识与其他门类互相融合时，知识本身即会产生一定的变化，这种变化不仅是学科知识输送的要求，也是时代的要求。因此，我们在既重视传统课堂教育的同时，也转向重视后者的广义应用教育。这就是知识产权法律诊所课程的运行机制构想。

中国政法大学知识产权法律诊所作为实践法学教育的先行者，[1]至今已走过了十三年的时光，一直坚持实践法学教育的观点，并在法学教育实践中取得了一定的经验，同时也见证了法学学科在我国的发展方向。法学知识适用于实践的观点也得到了我国不同领导阶层的认可和推进，本文即以此为基础，阐述知识产权法律诊所在高校创新型人才培养的运行机制的设想和实践。

一、知识产权法律诊所运行机制的设想和实践上的创新

知识产权以知识产品为研究对象，以知识的扩展和传播为本位，以知识控制主体和知识的利用之间的社会价值最大化为制定法的核心价值和制定法的出发点。知识产权是知识产品的权利化和法律化。[2]因此，知识产权法律诊所以知识的传授、扩展和传播为视角展开实践教育运行机制的研究。

（一）知识产权法律诊所实践教育运行机制中的设想创新

如前所述，遵循从实践中来到实践中去的真理，所有的知识都应当还原到实践中去践行和检验。任何以法律为基石提出的设想创新，如果能在实践中得到实现和验证，那么这种设想则可从理论的创新变成可实践的法律。

知识产权法律诊所在运行机制的创新上是双向并行——设想创新和践行上的创新。马克思在19世纪之后提出了“科技—社会”综合创新论，并从创新驱动发展内核、过程与动力等多角度相对系统地阐述了创新驱动内生增长的思想。[3]当以知识产权为背景进行法学教育的知识学习和知识还

---

〔1〕 刘瑛：《知识产权法律诊所之运行研究》，中国政法大学出版社2017年版，第2页。

〔2〕 冯晓青主编：《知识产权法》，中国政法大学出版社2015年版。

〔3〕 王聪、何爱平：《创新驱动发展战略的理论解释：马克思与熊彼特比较的视角》，载《当代经济研究》2016年第7期。

原的设想时，设想中的创新首先来自于法学教育的目的。法学教育以传授“知识”为教育的任务，以“知识”的传播推动社会的进步。“知识”成为法学教育的要点。法学既有法学研究的色彩，也带有工具型学科的特点。这与医学知识相类似，医学知识的治愈疾病与法学知识的解决社会纠纷、平衡社会矛盾异曲同工。知识产权的客观对象是知识成果，当知识成果发生市场转换时形成知识产品，知识产品的丰富和更新由科技的发展决定和实现并进而影响社会的进步，而知识产品的知识产权则影响着社会的平衡和财产的再分配，形成以知识产品为作用对象的争夺。知识产品形成科技与社会之间作用关系的一个衔接点。因此，知识产权法主要是解决知识产品在社会分配中产生的权利、义务以及延展性关系的部门法，而知识产权法学教育的目的之一应当就是回应知识产品在知识产权部门法体系下作用于社会时，受教育者以法学知识理顺知识产品与社会相互关系的途径和寻找正确的解决方式。

因此，知识产权法律诊所决定将“知识”从定量转变为变量。在传统的法学教授体系中，“知识”相对固定，而知识产权法律诊所实践教育运行机制的设想创新就是将“知识”变成变量，课程在与实践融合时，课程的结果也随着实践问题的突出变得千变万化。

知识产权法律诊所教育运行机制的另一个设定是在诊所运行机制中“人”的设想。当以知识产权为背景进行法学教育的知识学习和知识还原时，设想上的创新应当围绕着作用于身处教育中的“人”，并以“人”对知识产权和知识产权法的理解，形成对知识产品在社会状态中的设定。国外较有影响力的创新学说的共同特点，都是围绕着“人”以及“人”的活动产生的方法、体系等方面的活动来确定创新，较有影响力的经济学与管理学主要认为，创新驱动和实施创新驱动发展战略的核心要素都是“人”。创新驱动发展战略应该从人对于创新的认知、认同及实践出发，以知行合一的状态，通过技术和产业、管理和制度等措施体现人的意志，满足人的需求，最终为实现人的自由全面发展提供保障。[1]在这个基础上，知识产权法律诊所实践教育的核心是将“人”作为变量。

---

〔1〕 冯晓青：《创新驱动发展战略下知识产权公共领域问题研究》项目申报书，2017年申报。

（二）知识产权法律诊所实践教育践行机制的创新

将法学教育的目的“知识”的教授、“知识”的传播与“人”的变量作用结合在一起时，从定量到变量的变化需要各部分之间的有效融合，这就形成了知识产权法律诊所实践教育践行机制的创新。

“机制”一词最早源于希腊文，原指机器的构造和工作原理。对机制的这一本义可以从以下两方面来解读：一是机器由哪些部分组成和为什么由这些部分组成；二是机器是怎样工作和为什么要这样工作。“机制”也可以进行这样的理解：其一，事物各个部分的存在是机制存在的前提，因为事物有各个部分的存在，就有一个如何协调各部分之间关系的问题。其二，协调各个部分之间的关系一定是一种具体的运行方式；机制是以一定的运作方式把事物的各个部分联系起来，使它们协调运行而发挥作用的。〔1〕因此，法学人才培养与实践的机制就是在法学教育现有的框架下，在法学教育规律性的教学活动中，整合各种类型的实践教学模式和资源，研究法学知识与实践教学之间的结构、功能及其相互作用和作用方式。〔2〕在整个知识产权诊所运行机制当中，“知识”与“人”变成两个变量。知识依照不同的教学活动和实践教学模式产生不同层次和不同角度的理解以及对不同学科的吸收。“知识”来源于实践教学中的“人”，因此，“人”在机制运行中起到关键性的作用。“人”与“人”对知识和资源以及对知识产权法律诊所实践教育意义的不同理解均影响机制作用的有效发挥。因此，调动“人”的积极性并适度地协调“人”的作用，成为运行机制的难点和创新思考点。

二、知识产权法律诊所的“人”的培养与“知识”的获取和应用

如前所述，传统的教育方法将人分成接受教育的“人”与传授教育的“人”，而知识产权法律诊所设想“人”是流动的，因为人的位置不同，人既可以成为“接受教育的人”，也可以成为“传授知识的人”，“人”应当作为身处教育中的“人”来理解。只要身处这个循环当中，“接受教育的

---

〔1〕 https://baike.baidu.com/item/%E6%9C%BA%E5%88%B6/1433787?fr=aladdin，最后访问日期：2018年10月22日。

〔2〕 这里尝试性地将机制运用于诊所运行中。

人”本身也会发生互相的传授。“传授知识的人”在实践中会转变所传授的知识，“人”之间也会发生互相的传授。由于“人”在诊所教育环境中的不同，“人”的职业会产生对固有知识的理解，对所传授的知识因职业不同产生讲授方法和侧重点的不同。当与其他职业之间进行知识的融合时，“人”对自身固有知识的理解会发生改变和思考，因此，如果以“人”为出发点进行思考，运行机制会发生改变。

（一）在注入“人”的变量时，知识产权法律诊所“知识”的变化

知识产权法律诊所的知识获取不仅仅是教授与被教授的二维角度，而是教授与被教授者将知识运用于实践并反作用于学习的一个完整过程。在“人”以定量存在时，这个过程可以由两个部分的学习构成一个链条。

第一个部分是将法学教育中获得的法学知识运用到实践中，这一部分作为传统的知识产权课程讲授的内容，以基础理论为主。这种讲授方法的特点是体系化、抽象化。然而，由于学生的认知环境处于课堂，对于这一部分的知识仅限于以语言描述为主的举例和理解。当所学的知识进入复杂的实践环境时，知识接受者的理解会显得杂乱和没有重点，即通常所说的“理论与实践脱节”。这一部分知识的补充是各种数据库的出现。为了有效地改善知识点与实践的作用，实现科技与社会的结合，目前在高校传统知识讲授中均可查询以数据库和实际庭审视频为内容的多种方式再现的资料。学生们可以在获得知识的同时，以文献调查和收看视频等方式获得对知识点的深度理解。然而，学生们在“人”这一变量和知识的作用环节上仍然是旁观的和被动的。即学生们不是有效参与其中的“人”，而知识仍然以传授的方式进行，只是传授的手段得到丰富。学生们也不能充分理解自己作为其中的“人”的所需和将自己的“人”的定位联想到所吸收的知识中去。可以想见，在这样的一个从知识到实践的运行机制环节中，“知识”与“人”均不是变量，而知识也不能和实践有效结合。

第二个部分是将法学实践教学中所获得的法学知识回归到传统的法学知识中来。这个部分在传统的教学方法中通常超过了教育的授课任务，由学生在社会的实习和今后的人生中来完成，也就是通常所说的“终生学习”的一个部分。由于实践对于知识的检验是滞后的，一方面，学生由于年龄和人生阅历限制，不能进行对知识的实际检验；另一方面，在可以进行实

践的检验时，会发生“所学与所需”的脱节。上述第一部分由于有传统的高校为依托，条件成熟；而第二部分需要从事诊所教育的人进行拓展，条件薄弱，存在明显制约诊所法律教育实施的环境，缺乏顺利有效展开的条件。[1]由于“人”以定量的方式存在，“人”的位置和知识的获取、应用均相对固定，实践法学教育通常给人感觉是“课堂+实习”的两点协调模式，并不能注入以法学作用于实践、实践检验法学的创设目的。

当将“人”设定为变量时，两点协调模式发生了改变。在第一部分，将法学教育所学的知识运用到实践中去的环节，“人”吸收了实践部门的人员的身份。实践部门的讲授人在带动他们在实践中用知识去解决问题时，他们的讲授发生了与传统授课同一知识点却不同侧重点的转变。这里，我们会惊奇地发现，同样的知识点，由于“人”的来源不同，讲授的内容也是不相同的，并且产生不同的思考模式。比如：对“知识产品”的界定，如果是来自于司法系统的人，他们通常会将其定义为“公有与私有的关系”；而来自于中关村高新技术企业的人，则将其定义为“可供发展和生存的集合体”并与竞争相联系。同时，在与实践发生结合时，传统理论忽略的部分或者没有展开的部分在不同实践参与人的作用下会得到充分的讲解。同时，讲授人员会留下待定问题，供学生在实践中进行检验后求证问题的答案。

除此之外，“人”还包括诊所的参与学生。传统的知识体系可能不包括“人”在知识产权体系中的定位，当传授知识运用于实践时，参与的学生会在讲授时注入自己对知识的理解和知识得到实践检验之后新的思考，特别是产生根据实践而思索的“法律人”和“人的定位”以及“人与社会的运作”等人文命题。

第二部分，将法学实践教学中所获得的法学知识回归到传统的法学知识中时，“人”变量的注入发生了更大的改变。由于在实践中的需求不同，因此，根据实践的信息反馈会随时调整固有的知识讲授，增加不同的侧重点和内容。同时，实践中的需求会使得课堂的讲授变得不可预控。在实践中会遇到希望向诊所寻求帮助的当事人，因此，设定的知识讲授会因当事

---

〔1〕 王晨光、张超：《中国诊所法律教育运行现状与可持续发展》，载《实践性法学教育论丛》2015年第4卷，第5页。

人的介入而发生改变，这一点是与固有的教案式讲授方法的极大差异。有时，当学生们变成讲授人时，更会给他们带来通过实践收获的技能、技巧，有时，学生们也会讲解企业的成长、企业的所需等市场命题。这样，原本以讲授为主导的“人”，比如教师、企业主管等，可能转变为旁观者和考察者，观察学生的活动并考察他们的知识方向。

第一部分和第二部分的有效衔接依靠的是成熟的知识运行机制。机制像一个链接将两个部分有效地整合，机制可以保障学生们在基地实训结束之后从现象抽象成理论的过程，也可以调动学生在抽象成理论过程中自主地去类比和延展相关知识点，并主动地发现在实践中解决问题的与传统讲授方法相比更为有效的途径。

(二) 知识产权法律诊所与实践结合时知识应用范围的扩大和对“人”的理解

在不同语境下，特别是不同学科背景下，法学知识与其他学科知识交融时，“知识”发生了应用范围的扩大。这种变化不仅是学科知识输送的要求，也是时代的要求。首先，知识产权本身的特点也决定了“知识”应用范围的扩大。知识产权是由知识的集合和聚集而产生的一门法学科学，知识由信息上升而来，经过人的理解和固定而形成知识。知识的特征之一即不发生损耗，知识随着传播不仅不发生损耗，反而会随着时代和传播发生自我更新和创新，并形成知识的膨胀。这一过程也是知识的自我完整、自我更新和自我发展的过程。其次，诊所的运行特点也决定了知识的应用范围不断扩大。诊所课与案例分析课、案例研讨课的不同之处在于，它是以正在进行中的事件作为教授的对象。在教授时，通过与实践的有机结合，教育的直接结果可能会延展到知识产权在市场中的竞争力、在未来国家中的影响力和在世界经济中的判断力等。正如美国诊所教育学家所预言，“21世纪，法学院将会意识到他们的重要职能是为学生提供从实习中获得学习法律的有效方法的系统训练，人们拓展诊所法律教育，从方方面面去扩大法学教育。”[1]最后，知识应用范围的扩大是时代的要求。随着高校法学人

---

[1] Amsterdam, “Clinic Legal Education—A 21st Century Perspective”, 34 J. *LEGAL EDUC* 617 (1984)，载杨欣欣主编：《法学教育与诊所式教学方法》，法律出版社2002年版，第84页。

才培养与实践的融合，习总书记明确提出了法治人才培养的目标任务，强调："没有正确的法治理论引领，就不可能有正确的法治实践。""法学学科实践性强，要处理好知识教学和实践教学的关系。要打破高校和社会之间的体制壁垒，将实际工作部门的优质实践教学资源引进高校，加强法学教育、法学研究工作者和法治实际工作者之间的交流。"[1]

从市场应用和时代契机来看，法学学科必须实现与其他学科的融合。这种融合已经不单纯是学科之间的交叉，而是"知识"和"人"的流动。第四次工业革命的关键性技术主要特征是"技术融合"。21 世纪初，美国工程院请其所有院士投票，遴选 20 世纪 20 项最伟大的工程技术成就。其中，排在前列的是电力系统、汽车、飞机、自来水等，计算机仅排在第 8 位，而因特网则位列第 13 位。有学者认为，一项技术对世界的影响要过 100 年之后才能看清。因此，"21 世纪末流行什么，我们很难猜测。人类未知的领域远远大于已知领域。"学者认为："交叉科学不仅不是边缘学科，反而应是科研的主流。"[2]

在中国政法大学，知识产权专业知识与其他学科融合的实践主要来自于专业知识和"产、学、研"方面的研究。以中国科技法学会为依托，知识产权研究集中于知识产权促进科技进步、引领人才培养和国力增强的研究。这方面，国外鼻祖性的案例来自于斯坦福大学的科技成果的转化，[3]而知识产权与科技成果之间的关系也以美国《拜杜法案》[4]为经典。我国也出台了《中华人民共和国科技成果转化法》等。然而，融合过程存在的障碍在于，中国政法大学的学科设置主要是人文社会科学，在科技成果转化的研究上，学生不能有效地介入。知识产权诊所由于其开放性的结构，

---

〔1〕 习近平总书记考察中国政法大学时发表的重要讲话，2017 年 5 月 3 日。

〔2〕 计红梅：《交叉科学不仅不是边缘学科，反而应是科研主流》，载《人工智能学家》2018 年 10 月 27 日。其中的学者观点来自于李国杰。

〔3〕《世界名校斯坦福的技术转化模式，能否被中国高校所复制?》，载《硅谷中国跨境天使平台》2016 年 6 月 25 日。

〔4〕《拜杜法案》由美国国会参议员 Birch Bayh 和 Robert Dole 提出，1980 年由国会通过，1984 年又进行了修改。后被纳入美国法典第 35 编（《专利法》）第 18 章，标题为"联邦资助所完成发明的专利权"。https：//baike. baidu. com/item/% E6% 8B% 9C% E6% 9D% 9C% E6% B3% 95% E6% A1% 88/10653411? fr = aladdin，最后访问日期：2018 年 10 月 28 日。

在引入“产、学、研”的“人”和活动后，可以适当弥补这方面的薄弱环节。依托北京的科技优势和政治、文化的战略地位，将学生以“人”的身份带入一线的研究。在当下的大数据时代，高校法学人才培养应当转向解决实践问题的创新型、复合型人才的培养。虽然法律诊所不可能解决教育规划的矛盾，但是可以在力所能及的范围内让学生产生复合型知识自主学习的内在动力。

在与实践融合的过程中，知识的应用还拓展到“人”在社会中的思考。过往实践显示，学生们会思索“人”的社会责任等人文命题。法学不仅仅应当传授知识，在培养复合型人才的同时，也包含培养坚定的爱国者，胸怀远大、有中华民族情感、勇于担当的知识者。习总书记强调：高校法学人才培养应当“德法兼修”。在当下信息发达以及互联网高速运行的时代，以实践的活动去体会社会，了解社会矛盾的根源，了解一线法律人的坚守，了解市场环境的竞争和复杂，才会让学生们懂得坚持和坚守的意义。

三、知识产权法律诊所实践教学运行机制的有益尝试

中国政法大学知识产权诊所课程通过对注入“知识”与“人”变量的设想，每一期诊所教育都在推进对设想的验证和对设想的改进。法律诊所从创始之初到提出设想经历了 8 年，而从提出设想再到验证设想至今已践行了 4 年，历经第 17 期直至目前第 25 期课程。

(一)“双循环”运行机制的有益尝试

为了实现将课堂知识带入实践，并将实践的知识带回课堂的命题，知识产权法律诊所自第 21 期开始设立“双循环”机制。双循环机制历经了三种尝试。第一种机制：我们将在课堂教学中的法律实务处理的理论依据、技能技巧，运用到基地实践中去，然后在下一周的课堂上进行反馈和讲解。循环往复，实现课堂教学与基地实践的紧密结合，相互促进。但是由于出现了时间差，理论的授课和解决需要实践之后的下一周再进行，所以知识并不能被及时吸收。同时，经过一周的时间差再把实践部门的问题及思考带到课堂，同学们有时可能会忘记。经过改进，知识产权诊所试行第二种机制，即预设主题，将所学知识在实践中检验，并将其带回课堂。但由于主题需要实践部门的合作，因此，产生了实践主题与预设主题不同的情况，

而带回课堂的展示形成了一个过时展示，导致与案例研讨课或者案例研习课课程的重合。目前，知识产权诊所试行第三种机制，即将去实训的学生分为不同的群，在不同的群中加入“人”，比如：法官、律师以及企业界人士。学生在带入主题时，可以根据遇到的情况随时发问。如果主题与预设主题不符时，即以实训主题为主，随时变换主题。因此，课堂与主题的设定多变。实践证明，这是一种成功的机制创新。

在这一机制创新中，为了实现“人”和知识的多元培养，我们特意安排了志愿者服务一项环节。与通常的法律援助类似，都是以公益性的服务为符合条件的对象提供帮助。我们多元培养的特色在于，我们并不拒绝所有需要帮助的人。如果他们需要前来咨询，即使不符合法律援助的条件，我们也会去倾听和了解。这里，我们将培养更多地定位于实训单位的服务窗口。诊所的实训不仅停留在给予学生与专业匹配的实践平台，更是力求实现对学生人格的培养，使得原本只有筋骨的法律去获得人文关怀的温度。诊所要求学生至少要具备三种力量：一是人格的力量。诊所人自身的人格魅力能使当事人情绪平复，并产生信任感。二是智慧的力量。诊所人必须思维敏捷，反应能力迅速，及时地寻找当事人的问题焦点，以及可行的解决方案，并寻找适当的路径提供给当事人。三是情感的力量。诊所人应当以情动人，了解当事人的感情，却又跳出其中，保持客观、公平和公正的心态解决矛盾。

（二）多元化“人”注入课堂学习

在知识产权法律诊所的运行机制的研究上，我们一直设想将更多的“人”注入课堂的知识传授。一方面，在目前的尝试中，我们以学生的兴趣点选取知识产权上具有代表性的法官、律师、知识产权代理人，以及知识产权集体管理组织、知识产权交易中心等方面的人士前来诊所举办讲座和答疑。另一方面，以“人”的参与转换课堂学习的方式。从第 24 期知识产权法律诊所开始，我们设立了“雨课堂”。雨课堂的后台可以准确地知道学生的预习人数、兴趣点等，而雨课堂的所有课件，参与诊所学习的学生可以扫码进行观看。这样，同学们在课堂上抬头观看教师 PPT 的同时，也可以通过自己的手机查看所需内容。雨课堂的最大优势是学生可以发出弹幕，类似于网络主播的在线留言。教师在授课讲台上可以看到学生的留言和学生的观点，实现学生的参与。同时，学生也可以在雨课堂中转变身份，点出自己的所学所需，转变成知识的传授者和传播者。

多元化“人”的注入还包括以多种“人”的身份参与社会热点问题的讨论和重大社会活动。伴随着世界知识产权日、志愿者服务活动等，知识产权诊所将课堂设在社区、设在北京市志愿者服务平台，甚至设在希望获得帮助的当事人自行寻找的场所，包括住所进行，通过手机等实行实时的变换地点的课堂讲解。参与的人从传统的诊所参与人加入了参加活动的不同人群，他们也由各自的角度表达了对讨论问题的观点，将课堂变成了讲座或者访谈。在第23期OFO小黄车案中，我们将课堂换成了海淀区法院。由于法院不能够实时使用电子设备。我们分工记录，即预先设定好命题，结束庭审之后提出问题和解决问题。[1]上述多元化“人”带给诊所在机制上的尝试，使得参加知识产权诊所学习的同学大有收获。他们认为，这种以实践带动知识学习，以“人”参与多种角色的尝试是一种全新的实践体验。即时总结和思考的模式是知识产权诊所最具特色的一个方面，也是他们回顾诊所生活时最有收获的学习过程。

在多元化“人”的角色注入时，我们还吸收了往期诊所毕业的学生。诊所至今已经历了10多年的教学活动，诊所的早期毕业生有的已经在工作岗位独当一面。我们与历届毕业生均保持着紧密的联系，他们会就他们的求学和求职历程，到诊所帮助现在诊所学生开展多元化“人”的教育，而现任诊所学生更是从他们的经历中看到知识产权诊所“人”的骄傲和色彩。

知识产权法律诊所的实践教学运行机制本身就是一种不断创新的过程。目前，知识产权法律诊所每期的教师配备是3位，类似于法官、法官助理和书记员的配备，但是3个人的职称分配远远高于同等教学水平，职称分配上分别由教授、副教授和博士后承担，而在社会职责上则实现了律师、教师、

---

〔1〕 这个案件中，学生通过预设和总结的机制，自行总结出证据在整个诉讼中的地位。在证明使用目的时，被告认为先于原告的APP软件问世，而原告公司则先于在同类或类似产品上完成注册。然而，未上市的商品最初问世尚未经过相关报道，也并未使社会公众所知晓。即使存在此事实，由于举证不方便也没有十足的证明力。而从商标网上的现有记载，原告的商标确实先于被告的APP注册，“OFO小黄车”也处于注册中尚未核准注册。学生们并没停留在传统的商标概念，而是引申出交叉学科的知识、市场的导向、企业的品牌意识等。

司法鉴定人、人民调解员、兼职法官等不同的身份担当。同时，为了实现"人"的有效注入，诊所还特设了许多兼职诊所教师，比如：中关村企业高级管理人员、品牌研究院的人员、最高人民法院以及北京知识产权法院的法官等。因此，知识产权诊所的教学学科方向上呈现法学、管理学、经济学等不同的实践性教学学科背景。为了使实践基地的教学内容进一步丰富，不负北京首都的文化职称，诊所还在扩大兼职教师队伍，比如：编剧、网络文学创作人等，期望"人"和"知识"的注入真正实现诊所的运行机制设想并践行国家所倡导的法学教育的目标。

总体而言，作为创新，知识产权法律诊所的人才培养运行机制仍然在尝试和改进过程中。诊所每一期都在根据实际情况进行改变，这也是法学知识与实践教学融合的必然过程。作为机制的研究，适时地归纳实践教学在法学知识运用方法中的作用，能够清楚地规划法学知识与实践教学的教育模式，改进法学知识在实践运用中的脱节、障碍和方向，克服目前实践教育模式范围窄、教育成果和教育质量不尽稳定的缺陷，从而为法学知识的熟练运用提供可借鉴的资料，并更有效地针对法学知识的理论教育进行强化，实现法学教育的效益最大化。在国家倡导无障碍的法律实践能力、打破高校知识教育壁垒的大方向下，在"互联网+"的时代，高校的知识与实践之间的多点吸收、多向联系应当是教育未来的方向，也是我们一直努力的方向。知识产权法律诊所人才培养的运行机制仍在不断研究和践行之中。

从合作原则的角度看《论语》中孔子的教育困境

徐海燕 *

格莱斯的合作原则是研究言语交际准则的重要的现代语用学理论。合作原则的主要内容是人们在言语交际过程中，对话双方必须相互配合，才能使沟通顺利进行。

看起来与合作原则没有关系的《论语》，是儒家重要经典之一，集中记录了孔子的主要思想。孔子作为我国古代伟大的教育家，我们能够在《论语》中感受到他教书育人的孜孜不倦，才思的机智敏捷，治学的博大精深，思想的见解深刻，以及孔子对弟子们的循循善诱、因人施教和一片爱心。但在《论语》中，孔子经常有意无意地违反合作原则，尤其孔子在无法回答弟子们的尖锐提问时，就会巧妙地转移话题，时常出现答非所问、言不由衷、左顾而言他的情形。这不是孔子教导弟子时心有余力不足，而是出于各种迫不得已的原因。

一、格莱斯的合作原则

合作原则（The Cooperative Principle）是美国著名语言哲学家格莱斯于 1967 年在哈佛大学的一次演讲中提出来的。格莱斯认为，人们在言语交际过程中，对话双方似乎在有意无意地遵循着某一

* 徐海燕，中国政法大学人文学院副教授。主要研究方向：逻辑学基础理论、中国逻辑史、数理逻辑、侦查逻辑等。

原则，以求有效地互相配合从而将交际顺利进行下去。格莱斯称其为“合作原则”。遵守了合作原则，对话双方所说的话语之间就会互相连贯，对话双方就能互相配合，以达到成功交际的目的。

1975 年，格莱斯在《逻辑与会话》（Logic and Conversation）一文中提出，在言语交际过程中遵守的合作原则包括四个范畴，每个范畴又包括一条准则和一些次准则，主要有：

（一）数量准则（Quantity Maxim）

这条准则要求言语交际时要提供适量的信息：

（1）所说的话要满足交际所需的信息量。

（2）所说的话不要超出交际所需的信息量。

（二）质量准则（Quality Maxim）

这条准则要求言语交际时要尽量说真话：

（1）不要说自知是虚假的话。

（2）不要说缺乏足够证据的话。

（三）关系准则（Relevant Maxim）

这条准则要求言语交际时会话内容要切题，话语之间要有关联性。

（四）方式准则（Manner Maxim）

这条准则要求言语交际时表达要尽量清楚明确：

（1）避免晦涩。

（2）避免歧义。

（3）简练。

（4）井井有条。

然而，在实际言语交际中，人们并非总是遵守合作原则，有时出于特殊需要，而故意违反合作原则。当人们故意违反合作原则时，并不是不想将言语交际继续下去，也不是不愿意互相配合，而是为了达到某种特殊目的，或表达某种言外之意。这种故意违反表现在：

第一，对数量准则的违反。有时对话一方出于特殊目的，不能明确表达或不愿表明立场，从而不回答问题或不充分回答问题，不给对方把言语交际进行下去的足够信息，从而违反数量准则；但是如果对话一方话语太多，啰啰嗦嗦，繁琐繁冗，也同样违反数量准则。数量准则要求在言语交际过程中，对话双方要尽量提供足量的、不多不少的交际信息。

第二，对质量准则的违反。有时对话一方出于某种特殊目的，说出自知为假的话，或说出缺乏足够证据的话，或说出想当然的话，从而违反质量准则。质量准则要求在言语交际过程中，对话双方要尽量提供真实的交际信息。

第三，对关系准则的违反。有时对话一方出于某种特殊目的，故意转移话题，顾左右而言他，东拉西扯，或答非所问，前言不搭后语，使得对话双方没有围绕同一话题，从而违反关系准则。关系准则要求在言语交际过程中，对话双方要尽量围绕同一话题进行。

第四，对方式准则的违反。有时对话一方出于某种特殊目的，不明确表达自己的意思，故意把话语说得晦涩不清，而要听话人通过说话人话语的表面含义去理解其言外之意，或者说话人对一个问题认识不清，而说一些含糊其辞、模棱两可、似是而非的话，从而违反方式准则。有时对话双方对一个事物有不同的看法，有不同的理解，而在对话过程中产生歧义、争执和误解，也都违反方式准则。方式准则要求在言语交际过程中，对话双方要尽量表达得清楚简练。

虽然合作原则是现代语言哲学的研究成果，但是自从人类产生语言以来，人们就不可避免地进行着语言的传承和交流，合作原则实际上一直潜在地存在于人们的言语交际过程中，潜在地指导着古往今来的每个人进行言语交际。儒家学派创始人至圣先师孔子也不例外。

孔子的儒学思想集中地体现在《论语》这部著作中。通过《论语》，我们可以看到孔子教诲弟子时，因材施教，循循善诱；或言简意赅，点到即止；或启发思想，侃侃而谈；那些鼓舞人心的论辩和狡黠睿智的语言饱含着孔子对弟子们的高度责任感和一片爱心。孔子倾其一生于礼义仁智信的终极追求之中而未有丝毫懈怠，然而孔子虽在思想品德上达到仁圣境界，但在现实生活中却依然有违心悖礼的时候，这样的情景在其语录集《论语》中不时出现。站在逻辑的角度上，这些都是违反了合作原则。

二、《论语》对关系准则的违反

对中华民族有着深远影响的《论语》，是儒学的重要经典之一，但不是孔子本人的著作。班固在《汉书·艺文志》中记载：“《论语》者，孔子应答弟子、时人及弟子相与言而接闻于夫子之语也。当时弟子各有所记，夫子既卒，门人相与辑而论纂，故谓之《论语》。”其实，《论语》是孔子和其弟子的混杂语录，其中大部分是孔子的语录。其编纂工作是由孔子弟子及再传弟子完成的，最后编定当在战国初期，以曾参门人为主。今本《论语》共20篇，篇名取自每篇首章中的前二三字，并无实际意义。《论语》的内容涉及诸多方面，包括政治、经济、教育、礼仪、认识论等，但由于其原始记录杂出于众手，编纂时没有分门别类，也没有分别章节，更没有时间顺序，上下文之间有时杂乱无章，内容上毫无关联。比如：同样问仁，“颜渊问仁”出现在《论语·颜渊》篇，“樊迟问仁”出现在《论语·子路》篇；同样问政，“子贡问政”“子张问政”出现在《论语·颜渊》篇，“子路问政”“叶公问政”出现在《论语·子路》篇。同在《论语·颜渊》篇里，前三句分别是“颜渊问仁”“仲弓问仁”“司马牛问仁”，似乎是集中辑录有关“仁”的问答，但接下来却毫无关联、毫无征兆地转记其他问题了，但到了第22句，又是“樊迟问仁”；而“樊迟问仁”还曾出现在《论语·子路》篇里。因此，《论语》不是我们以前所想的逻辑严密、内容连贯的鸿篇巨著。

《论语》的内容主要以问答形式出现，但基本上对所论之缘起、前因后果、当时情景都没有记录。因为这部书编纂的主要是孔子语录，为了突出孔子的中心地位，所以编纂者把弟子们的发问部分尽量缩短了。有时发问简单得只剩一个字，如“仲弓问仁”“颜渊问仁”“叶公问政”“子贡问政”。这样，由于问题记录得太过笼统、太过简练，对话的前因后果没有交代，使我们这些后人无法得知发问者有哪些要求，问的是哪方面的内容，仅从孔子的回答上看，由于各人的理解不同，很容易产生歧义。例如：

叶公问政。子曰：“近者悦，远者来。”[1]叶公问政治。“政”的意思可能是为政者的品行修养，也可能是为政的政令政策，也可能是为政的目的结果，也可能是为政的具体措施，怎样管理政事。显然孔子回答的是施行仁政的目的结果。可是由于只把叶公的提问简单记录为“政”一个字，又

---

〔1〕《论语·子路篇》。

没有上下文及对于当时情景记录，使后人无法知道叶公问的是针对“政”的哪一方面的问题。从合作原则的角度看，孔子的回答有可能违反了关系准则。

子路问政。子曰：“先之劳之。”请益。曰：“无倦。”〔1〕子路问政治。孔子说：“做在百姓之前，让百姓变得勤奋。”子路请求多讲一点。孔子说：“不要懈怠。”显然孔子的回答是针对怎样管理政事，可能因子路已经从政，孔子在教导子路要以身作则，引导百姓。由于不知子路发问的本意，从合作原则的角度看，孔子的回答也有可能违反了关系准则。

子夏为莒父宰，问政。子曰：“无欲速，无见小利。欲速则不达，见小利则大事不成。”〔2〕子夏做了莒父的总管，问政治。孔子说：“不要求快，不要贪求小利。求快反而达不到目的，贪求小利则做不成大事。”显然孔子的回答是针对为政者的品行修养和为政的具体措施。但后人同样不知子夏发问的本意，从合作原则的角度看，孔子的回答也有可能违反了关系准则。

从上可以看出孔子教导弟子们时的良苦用心。例如：上面的“问政”在《论语》中共出现过9次，同样是问政，由于弟子们的出身、职业、生活条件、性格品行、理想追求各不相同，孔子针对不同的弟子做出不同的回答。这9次问政，没有同样的回答。如果说上述对话违反关系准则，是由于对问答情景记录不全导致的，而有时出于某种特殊的原因或目的，孔子面对弟子们的问题时，难以直接回答或者不愿正面回答，就故意地回避问题，转移话题，从而违反关系准则。例如：

季路问事鬼神。子曰：“未能事人，焉能事鬼?”曰：“敢问死。”曰：“未知生，焉知死?”〔3〕子路问如何事奉鬼神。子路的问题实际上预设了有鬼神存在。因为有鬼神存在，才谈得上如何去事奉。这个问题使孔子陷入了两难境地。《论语》中记载：“子不语：怪、力、乱、神。”〔4〕虽然后人不能据此说孔子是无神论者，但也不能据此说孔子不敬鬼神。孔子没有直接肯定过或否定过鬼神的存在，他其实很避讳谈论鬼神，但这又是一个无法

〔1〕《论语·子路篇》。
〔2〕《论语·子路篇》。
〔3〕《论语·先进篇》。
〔4〕《论语·述而篇》。

回避的问题，所以孔子不好从正面直接回答子路的问题。于是孔子就巧妙地转移话题，很聪明地又不被察觉地回答说："活人都没能侍奉好，怎么谈得上侍奉鬼神呢?"孔子这里讲的"事人"，是指侍奉君父。孔子生活在礼崩乐坏的动荡时代，他希望回到周礼时代，希望人们能够维护遵循周礼，尤其是忠君孝父。在君父活着的时候，如果不能尽忠尽孝，那君父死后也就谈不上敬奉他们的鬼神。子路没有得到老师的答复，但不知道问题出在哪里，心有不甘地追问："请问死是怎么回事?"孔子自己大概也不知道"死"是怎么回事，他的心思都在恢复周礼上，很少谈论这个话题，于是再一次违反关系准则转移话题，回答说："还不知道活着的道理，怎么能知道死是怎么回事呢?"这段对话表明了孔子在鬼神、生死问题上的基本态度——他不信鬼神，但也不是不敬鬼神，只是不把注意力放在来世或死后的情形上。孔子主张在君父生前要尽忠尽孝，至于对待不可知的鬼神就不要过多地谈论了。这段对话不太符合孔子教导弟子们时因材施教、循循善诱、诲人不倦的一贯风格，显得有些文不对题、答非所问，似乎还有点心不在焉。至于孔子为什么这样回答子路，可以在其他文献中找到答案。

子贡问孔子："死人有知？无知也?"孔子曰："吾欲言死者有知也，恐孝子顺孙妨生以送死也。欲言无知，恐不孝子孙弃不葬也。赐，欲知死人有知将无知也，死徐自知之，犹未晚也。"[1]生死问题是人们或多或少要关心的问题。孔子担心，如果说死者有知，孝子贤孙会不顾一切地对待死去的先人，妨碍了自己的生活；如果说死者无知，不肖子孙会将死去的先人弃之不葬。孔子语重心长地告诉子贡，要想知道死者有知无知，等到那一天，你自己就会知道了，那时再知道也不算晚。所以，孔子对子贡的回答体现了孔子实事求是的态度，"知之为知之，不知为不知"，他要考虑到自己的回答对弟子们的影响。孔子是个有智慧的人，"不语怪力乱神"，"敬鬼神而远之"。孔子的"不语"事实上是一种无奈，也是一种境界，他一方面希望人们不要迷信鬼神，另一方面希望人们对鬼神要有敬畏之心。所以，他面对子路、子贡的这类问题，也只能采取回避的态度，说些含糊其辞、模棱两可的话。从合作原则的角度看，都是违反了关系准则。

---

〔1〕 刘向：《说苑·辨物》。

三、《论语》对数量准则和方式准则的违反

《论语》开篇即是：子曰："学而时习之，不亦说乎？有朋自远方来，不亦乐乎？人不知，而不愠，不亦君子乎？"[1]这三句话中多处违反了数量准则和方式准则，下面让我们来一一分析。

先看第一句"学而时习之"。"学"字后面没有宾语，使人不知道"学"的是什么，违反了数量准则。我们暂且推定"学"的是西周的礼、乐、诗、书等文化典籍。"时"字在周秦时代用作副词，意为"在一定的时候"或者"在适当的时候"。但朱熹在《论语集注》一书中把"时"解释为"时常"。此句可以解释为"学习并时常温习"，也可以解释为"学习并适时演习"。由于无从得知到底是哪一种含义，个人的理解不同，容易产生歧义，从合作原则的角度看，违反了方式准则。

再看第三句"人不知"。"知"字后面没有宾语，没有说出不知道什么，违反了数量准则。一般而言，"知"是了解、知道的意思。"人不知"通常翻译为别人不了解、不知道自己。可是"知"字也有知识的意思，我们也可以把这句话翻译为别人学不会我所教授的知识。由于对"知"字的不同理解，可以对此句作出不同翻译，从合作原则的角度看，违反了方式准则。

《论语》开篇这三句话是我们非常熟悉的，已经成为格言。但是这三句话，一句一个意思，三个句子之间没有关联性。我们可以试想孔子在教诲弟子时，应该不会这样说些互不连贯的话语。孔子在讲授这些话语时，应该有一个特定的语境和会话情形，孔子和弟子们交谈时不需要太多的语言铺垫，弟子们就能理解。因此，这三句话对合作原则的违反，当是因为弟子们省略了上下文记录不全导致的，也可能是弟子们随意把这三句话辑录在一起导致的。正因如此，人们可以按照自己的理解做出不同的解释。

四、《论语》对质量准则的违反

如果说上面三句话中孔子无意违反合作原则，那么下面一段问答则是孔子故意违反合作原则。

---

[1] 《论语·学而篇》。

陈司败问："昭公知礼乎?"孔子曰："知礼。"孔子退，揖巫马期而进之曰："吾闻君子不党，君子亦党乎？君取于吴，为同姓，谓之吴孟子。君而知礼，孰不知礼?"巫马期以告。子曰："丘也幸，苟有过，人必知之。"[1]陈司败是指陈国有一个官位为"司败"的人。这段对话的背景是，春秋时代国君夫人的称号，一般是在她出生的国名后面加上她的姓。鲁国国君鲁昭公在吴国娶了一个姬姓女子为夫人，封号应为吴姬。周礼规定同姓不婚。鲁国和吴国的国君同姓姬，为避周礼，故称此女为吴孟子，而不称吴姬。孔子倡导"克己复礼"，就是要恢复周礼。鲁昭公娶吴国同姓女为夫人，违背周礼，这事陈司败都知道，按照常理孔子身为鲁国人，不会不知。孔子周游列国到了陈国。陈司败故意问孔子，鲁昭公知不知礼，他就是想要看看孔子怎么回答，实际上是刁难孔子，想让孔子难堪。孔子答鲁昭公知礼。孔子离开后，陈司败对孔子的弟子巫马期说："我听说君子不应结党营私，难道君子还会有私党吗?"意思是说鲁昭公违背周礼，孔子还说他知礼。孔子是不是跟鲁昭公结私，所以才为鲁昭公开脱？巫马期不知道该怎么回答，回头告诉了孔子。

这一段对话当中，孔子实际上明知鲁昭公娶吴国同姓女违背周礼，却还说鲁昭公知礼，从合作原则的角度看，违反了质量准则。其实孔子违心地说鲁昭公知礼，一是无可奈何，二是用心良苦，孔子以维护周礼、维护当时的宗法等级制度为最高原则，他要袒护鲁国国君鲁昭公，即"为尊者讳"。讳是隐讳，忌讳讲尊者恶事。"为尊者讳"本身就是礼，孔子为鲁昭公隐恶，也是遵循了周礼。其实孔子心里很清楚，陈司败故意问他鲁昭公知不知礼，是冲着鲁国国君来的，但孔子故意说鲁昭公知礼，这一下把矛头就引向自己了，使得陈司败要攻击的矛头不再是鲁昭公知不知礼，而是孔子。果然之后陈司败就把矛头对准孔子了，讥讽孔子和鲁昭公结党营私。这正是孔子想要达到的目的，于是孔子顺水推舟接受陈司败的批评，自我解嘲又略带尴尬地说："丘也幸，苟有过，人必知之。"可见孔子情商很高，是个化解窘境的高手，而此中顾左右而言他之意显而易见。表面上看，孔子勇于承认自己的过错，而且乐于接受别人的批评，还说自己真是幸运，

[1] 《论语·述而篇》。

如果有错，别人就能知道，还能指出来。实际上，孔子这个过错是他故意犯的，因为孔子要为自己的国君隐恶。事实上，孔子已经承认鲁昭公违反周礼，但孔子巧妙地把话题从鲁昭公违背周礼转移成孔子知不知道鲁昭公违背周礼。孔子的回答让人以为，因为孔子不知道鲁昭公违背周礼，所以孔子有错，这样陈司败的问题从鲁昭公的过错转移成了孔子的过错。睿智的孔子既隐了昭公之恶，又巧妙地把过失拉到自己身上，一举两得。代鲁君受过，过归于己，这本身也是守礼。这也正是万世师表孔子的“胜人之处”。

哀公问社于宰我，宰我对曰：“夏后氏以松，殷人以柏，周人以栗，曰使民战栗。”子闻之曰：“成事不说，遂事不谏，既往不咎。”[1]有一次，鲁哀公问孔子的弟子宰我：“土地神的牌位应该用什么树木?”宰我回答说：“夏朝用松树，商朝用柏树，周朝用栗子树。用栗子树的意思是使百姓战栗。”如果真如宰我所说，周朝使用栗子树的目的是使百姓战栗，这又使孔子左右为难了。孔子崇尚周礼和仁德，而周礼中竟规定用栗子树作为土地神牌位来震慑百姓，以使百姓颤栗，显然与孔子宣扬的仁德相悖。若要尊崇周礼便会背离仁德，若要尊崇仁德便会违背周礼。孔子面对窘境再一次显示了他过人的智慧。他没有直接评价宰我的说法是否正确，实际上间接认可了宰我的说法。以维护周礼为使命的孔子，肯定不会容忍自己弟子对周礼的曲解；而宰我作为孔子的弟子，也应该不会对周礼解释错误。如果宰我说得不对，那么凭借孔子对周礼的了解，孔子应该直接驳斥宰我。聪明睿智又体恤弟子的孔子再次转移话题，他说：“成事不说，遂事不谏，既往不咎。”就是说，已经做过的事就不用再提了，已成定局的事就不用再去劝谏了，过去的事就不用再去追究了。孔子这样处理，既没有责备周礼，也没有背离仁德。他把问题从周礼是否尊崇仁德，暗中转变成了是否责备宰我，转变成了“既往不咎”的人生态度，即对以往要“成事不说”，对现实要“遂事不谏”，对过错要“既往不咎”。孔子保全了周礼的威严，也保全了宰我的颜面，但他明知宰我没错却说“既往不咎”，从合作原则的角度看，孔子再次违反了质量准则。

---

〔1〕《论语·八佾》。

综上所述，《论语》中有很多地方违反了合作原则，但也正是这样，才给后人留下了无限的想象空间和解释空间。孔子是圣人，然而也是平凡人，也食五谷、讲情义，他在坚守自己原则的同时，也懂得变通。这样的孔子才会让我们觉得更加真实可爱，这才是真正的圣与人。

大学英语电影欣赏课的研究与实践

范小菊 *

一、当前大学英语教学现状

近年来，我校的英语教学取得了长足发展，表现为课程多样化、供学生选择余地大，学术英语等科目更是令学生耳目一新，使英语教学与专业教学相结合。分类、分科教学及逐年递增外教数量，对学生们锻炼口语、提高听力起到了重要的作用。同学们的英语水平，无论是口语、听力，还是写作水平，都有了大幅提高。许多同学在完成大学学业之前，就已经顺利地通过了英语四、六级考试，有的甚至取得了很好的托福和雅思成绩。

但是，因为在我国的应试教育体系中，各类英语考核均要求学生掌握一定的词汇量和语法，并没有对学生的语言表达能力做出硬性要求，没有把口语交流作为主要的教学目标，所以困扰学生的“开口难”这一问题在大学阶段依然显著。尽管大学英语课程增加了口语选修课，这种情况并未得到很大改善。

二、英文电影赏析课在大学英语教学中的优越性

我们之所以选择原版英文电影作为大学英语教学的内容，是基于原版电影自身真实性、欣赏性和教育性等特点。首先，电影

* 范小菊，中国政法大学外国语学院副教授。

是以真实生活为创作素材，以真人真事为表现对象，加之虚构情节、变更生活进程为其基本特性。在人类影像发展史上，原版作为一种独特的艺术形式，是描述人物形象、事件、自然、科学、故事等，是来源于生活并超越生活和反映生活的新手段，其最大的特点就是它的故事性、情节性、连贯性。原版电影在题材选择上，呈现出创作多元化的特点。原版电影有其内在知识性、趣味性、探究性，带给同学们欣赏性、社会性和教育性。此外，因为电影具有独特的表现形式——画面精彩动人，情节扣人心弦，语音标准地道，因此，成为大学英语教学的首选素材。

从已有研究和理论上分析，英文原版电影作为大学英语教学的素材，体现了如下优势：

（一）有助于激发学生学习语言的兴趣

以原版电影为教材的口语教学，为教师备课和学生自主学习提供了丰富的教学材料。丰富、生动、有趣的原版电影能够直观地展示西方的政治、经济、社会和文化，不仅为学生提供了丰富多彩的文化背景知识，也可以作为学习应用工具。学生可以通过观看、模仿地道的英式、美式英语，随时随地与同伴一起练习口语，提高英语交际能力。

好的电影通常都有高质量的语言输入、精美的画面、悦耳的音乐、引人入胜的故事情节，可使观众全身心投入而不易疲劳。原版电影做口语教材比传统的教材更加生动，可以调动学生们的视觉、听觉、动觉等多种感官参与学习，视觉、听觉对大脑的刺激，口头的即时模仿，再加上适当的笔头记录，四种信息输入方式，相当于在单位时间内习得了四遍，可最大化地提高记忆效果。与传统的把课本作为唯一教学材料的方式相比，以原版电影为教学素材的大学英语口语教学更有趣味性，更能激发学生英语学习的兴趣。

（二）能够给学生提供生动的视觉语境

视觉语言环境对学习外语起到了不可估量的作用。我国学生缺少英语语境，致使有些学生在学习英语的过程中备受中文影响。经常发现有些学生在说英语过程中想的都是中文单词，然后再翻译成英文，导致许多学生说的都是 Chinglish——中国人懂但是外国人不懂的英文。其原因就是缺少语言环境，学生接触纯英文少的缘故。电影教学能够使学生接触更多的纯英文表达，声像并茂，使同学们身临其境，充分调动同学的视觉、听觉等感觉器官，加之同时进行语言模仿和复述，可以取得事半功倍的效果。

在观看原版电影过程中，学生根据其主题、内容、人物、情节及教师提出的有关问题展开头脑风暴，然后对所看内容进行整合分析，再通过同学们互动交流，锻炼口语表达能力。这种口语教学模式能够为学生提供丰富有趣的教学内容，激发学生的学习兴趣，培养学生的创新意识和协作学习能力，进而提高学生的口语水平。

（三）能够丰富学生的知识，了解外国的风土人情

原版电影中充满人文、历史、地理、文学、艺术、科学、技术等知识，传递着丰富多彩的文化背景知识。教师应当在与学生课堂交流的过程中，对学生进行有效的引导。教师的引导可以根据学生已经掌握的英语文化知识，对学生进行启发性的引导，对学生进行英语文化知识方面的熏陶。从电影中理解外国的文化、风土人情，既可以发挥英语口语课堂中教师的主导作用，又充分尊重了学生在课堂上的主体地位，同时又有效地锻炼了学生学习和运用英语思维。

在师生交流之间，教师可以给学生设计特定的任务，使学生在交流中必须围绕某个词进行，或是让学生在课前提前准备某个话题的一些知识，课堂上教师再围绕这些问题，有目的地为学生讲解某些英语文化知识，可以使学生更好地理解英语文化，进一步增加知识的深刻性。每部电影都有严谨的结构设计，客观的文化展现，从宏观到微观的展示，从整体到细节的推敲。学生们在学习地道英语的同时，还可以从中习得知识，拓宽视野，更可以获得丰富的思维训练。

（四）增强学生的学习自主性

建构主义认为，学生是知识的主动建构者，强调学习者的自主能动性。教师应在教学过程中，发现学生的闪光点，并给予赞扬和鼓励，激发学生的主动性和积极性。教师要从学生的需要出发，唤醒学生的主体意识及自身潜能，让学生真正成为学习的主人。

以原版电影为教材的大学英语口语教学“是以学生为中心，强调学生对知识的主动探索、主动发现和对所学知识意义的主动构建”，教师成为学生口语学习过程中“知识建构的帮助者、促进者，而不是知识的传授者与

灌输者”。教师在口语教学中充分发挥学生的主导作用，给学生留出足够的思考和练习的空间与时间。

三、以原版电影为教材的大学英语口语教学模式

原版电影丰富性、趣味性和交互性的特点，为大学英语口语教学提供了一个新的改革方向。能否充分利用好原版电影这一教学素材，还需要教师更新教学理念，创造性地设计好课堂教学。

（一）更新教学观念，转变教师角色

传统的英语听说教学把老师作为课堂的中心，老师站在讲台上传道授业解惑，学生端坐在座位上洗耳恭听，师生之间、学生之间的互动很少，学生主体作用未得到充分发挥，课堂教学效率不高。与以往的“以教师为中心”的教学观念不同，以原版电影为教材的大学英语口语教学“是以学生为中心，强调学生对知识的主动探索、主动发现和对所学知识意义的主动构建”，教师成为学生口语学习过程中“知识建构的帮助者、促进者，而不是知识的传授者与灌输者”。教师在口语教学中充分发挥学生的主导作用，给学生留出足够的思考和练习空间与时间，在口语活动中，教师由原来的课堂主导者转变为设计者、指导者、参与者和帮助者。这种教学观念不仅有利于营造轻松愉悦的课堂气氛，调动学生参与课堂活动的积极性和主动性，提高学生的英语口语能力，而且有助于发挥学生的创造性，培养学生的思维能力。

（二）实行情境教学

建构主义强调学习环境对有效形成意义建构的作用，提出情境、协作、会话、意义构建是建构学习环境的四大要素。在教学中应强调教学材料的真实性，教学过程应该模拟真实情境的交际和意义构建过程，教师应该设计形式多样的学习情境和活动来帮助学生完成意义的建构，把真实情境创设看作达成意义构建这一最终目标的必要前提。

教师可以鼓励学生多看电影，使学生沉浸在英语语言环境之中，感受英语的表达方式，体会中西文化在思维方式、价值观念以及言语表达等方面的差异。校园生活、求职、旅游、时尚等话题也可以帮助学生在特定的情境下，轻松自如地交流，提高学生实际运用语言的能力。教师还可帮助学生组织英语角、英语晚会、英文短剧表演、英语演讲比赛和英语歌曲大

赛等活动。另外，看图说话也能培养学生的想象力及英语思维和表达的能力。一幅生动的电影画面，学生看后会思维活跃，产生表达的欲望，老师应引导学生挖掘隐藏在画面背后的故事或哲理。这些都能激发学生的学习兴趣，巩固所学的语言知识，锻炼组织语言和运用语言进行口语交际的能力。

（三）创新课堂管理，培养学生的学习自主性

具有严谨和创新设计的课堂管理，是使学生保持英语口语学习的浓厚兴趣，提高自主学习能力的有力保障。在教学实践中，我们总结出了课前、课中和课后的三段论模式。课前：教师可以要求学生做好预习工作，如布置作业，看哪部电影，给学生提供与原版电影主题相关的话题，课上抽查学生用英语表述展示，随后进行学生互评和教师点评，并逐渐引出对电影主题的讨论。这样不仅能激发学生的学习兴趣，而且可以引导学生课前对所涉猎内容有一定的了解，既提高学生的口语能力，也提高了同学们自主学习的能力。课上：教师可以组织同学利用真实情境展开口语会话活动，比如情景对话、角色扮演、小组讨论、小组辩论、小组演讲等，促使学生在真实的情境中学习和应用语言，把课堂变成学生实践英语口语的场所。此外，针对学生的专业特点，教师可以适当增加一些与学生专业相关的原版电影，将日常英语听说练习与之后的专业英语学习衔接起来。课后：教师可以给学生布置课后讨论题，鼓励学生用英语表达自己的观点和看法，并将音频上传到学习群。教师亦可以鼓励学生在课余时间营造英语口语环境，师生之间、同学之间尽量用英语交流，比如：使用英文对话、发短信和邮件。

（四）个性化设计，因材施教

学生的英语口语水平是不同的，在英语口语教学中要尊重个体差异，因材施教。教师在设计教学目标时要根据不同水平的学生制定不同的教学目标，例如：在设计英语对话时可以制定三种不同的方案，对于成绩好、自学能力强的学生，要求他们能熟练掌握对话，并且能够自编新的对话，进行即兴演讲；对于成绩中等的学生，要求他们能够分角色表演对话；对于成绩较差的学生，只要求他们能够表演对话中的部分内容即可。有时学生怕讲错被人笑话，这种心理压力表现为紧张、惊慌、被动或言谈中断，

这种消极情绪会影响学生的学习效果。

教师不要以权威自居，而应该把自己置于与学生平等的地位。教师应当正确对待学生说英语时所犯的错误，不要一次指出几个错误或纠错过于频繁，避免学生一出现错误就纠正。有些错误是因为紧张或不小心造成的，学生可以自行纠正过来。在不影响交际的情况下对某些错误可以忽略，以免挫伤学生的学习积极性而丧失自信心。此外，对于口语练习中无法开口或回答不出问题的学生应给予宽容，并多鼓励他们，让他们树立自信心，这样有利于学生主动构建知识。

四、以原版电影为口语教材的课堂教学实践

（一）课堂实践方式

1. 课堂展示

课堂展示包括电影综述，即请同学到讲台上，对电影的情节、内容、人物进行描述，同时提出自己对人物情节的看法。以此来提高同学们的认知能力、英语口语表达水平，提高同学们对国外风土人情、文化、宗教的认识，达到在学习中提高、学习中掌握、学习中进步的效果。

2. 小组讨论

把同学分成不同的学习小组，对原版电影的某个情节、人物，或某个画面进行分析、讨论。小组讨论的方式可以提高学生的概括能力和即兴口语表达能力，同时也锻炼了学生客观地分析问题、客观地评价人和事的能力，使其间接学会了包容不同观点的处世方式，从而达到共同学习、共同提高的目的。

3. 经典句子背诵与模仿

请学生熟记原版电影演员的经典电影片段，在此基础上模仿经典语句台词。其效果是：使学生们既能够从深层意义上理解某些电影片断的精髓，又练就了地道的原味英文，可谓一举两得。

4. 电影配音

请同学们以小组形式（一般5—6位同学）在课下利用业余时间，排练所选择的电影片段（大概10分钟）。要求他们严格按照演员的语音、语调进行排练，随后在课堂上进行配音表演，同时在屏幕上以无声形式展现电

影情节。以这种方式学习英语，就像是在做一份配音演员的工作，极大提高了英语学习的趣味性和挑战性。同学们无论是口语还是对电影思想的理解，都会得到不同程度的提高。

5. 故事接龙

在放映原版电影之前，将电影中可能出现的同学们不熟悉的单词、表达法、重点词语先行讲解，扫清学习障碍。在一般的情况下，将单词、短语、重点词语投影在大屏幕上，随后，请同学编故事。每位同学都要用其中的一个单词或词组造句，或讲述片段，要求后面的同学按照前面同学所讲述的情节继续讲故事。故事接龙活动中，不但要求同学们造句时单词和词组用法准确，也要求他们续编的故事逻辑通顺。这一课堂形式难度大、竞争性强，但更能考验学生们知识掌握的扎实程度和临场发挥能力。

（二）课外实践——拍纪录片

组织和指导同学拍摄英文纪录片。这一活动既是对上述教学形式的拓展，同时也是检验教学效果的有效方式。方法是：第一步，每一组同学选定一个主题，拍摄一个微纪录片（在一定时间内）；第二步，在后期制作时进行中英双语配音。第三步，在课堂上展示自己小组的作品，互相用英语点评。

近年来，学生们已经陆续拍摄了反映古村落的《爨底下》，反映民工学校的《明欣学校》，弘扬中华伟人事迹的《范仲淹》，讲述老北京古老文化传统的《兔儿爷》等多部纪录片。

以原版电影作为口语教材，是一个新的设想，新的实践，它需要不断创新，寻找新的视角和新的内容。利用这种方法进行大学口语教学，同学们不仅能够提高英语口语和英语听力，还可以收获自信心、美感，提高逻辑思维能力、组织与协调能力、自主创新能力，等等。总之，效果是多元的。其意义主要体现在：一是促进大学口语课程内容的深化和拓展，为今后大学生课程教材的编制奠定基础。二是——也是最为重要的——培养学生的创新意识和实际的口语交流能力。

教育与法律

Jiao Yu Yu Fa Lv

改革开放以来教育发展与教育立法的变革（1978—2017）

吴宝珍 *

教育是一种有计划有组织地培养人的专门活动，而教育立法则是针对教育活动及其发展所颁布的系列法律法规，对教育起到规制的作用。二者之间具有紧密的联系。相关研究也有一些，例如：申素平教授等人就从历史的角度回顾了改革开放 40 年来中国教育法治的进程，认为“我国教育法治建设实现了从法制到法治的观念转变和实践转型”，现实当中的司法实践推动了教育法治的进步。[1] 本文要做的不是从教育法治的发展本身来考察教育法治的进程，而是从教育发展与教育立法的变革关系来从历史的角度作整体的考察，以分析二者之间的关系。

一、改革开放以来的教育立法状况

1978 年十一届三中全会之后，我国改变了以阶级斗争为纲的路线，实施了以经济建设为中心的方针政策。此后，我国的经济建设开始步入了快车道，教育也随之发展。随着义务教育的普及和高等教育扩招，越来越多的人接受了教育。至 2016 年，我国的

* 吴宝珍，中国政法大学马克思主义学院副教授。

〔1〕 申素平、周航、郝盼盼：《改革开放 40 年我国教育法治建设的回顾与展望》，载《教育研究》2018 年第 8 期。

高中阶段毛入学率 87.5%，高等教育毛入学率达到 42.7%，处于高等教育大众化阶段。[1]从在学规模来看，2016 年的情况如表 1 所示。

表 1　2016 年全国各级各类在校生表

阶段	在校生
幼儿园	（包括附设班）4413.86 万人
小学	9913.01 万人
初中	4329.37 万人
高中	3970.06 万人
普通高校本专科	2695.84 万人
研究生	198.11 万人

注：表中数据来源于 2016 年教育事业统计公报。

应该说，经过几十年的发展，我国各级各类教育获得了长足发展。在教育发展的过程中，教育领域中的立法也在随着全国范围内其他领域立法的进行而逐步开展。根据教育领域内的主要法律法规通过时间，我们可以将教育立法状况大致划分为如下三个阶段：

（一）恢复发展阶段（1978—1980 年）

1978 年是恢复高考的第二年，整个教育界处于恢复发展的时期。此时，教育领域并无此后我们所熟知的《学位条例》《教育法》等法律来规制。教育领域的发展，主要遵照国家的政策来进行。

（二）无根本法阶段（1980—1995 年）

高考恢复之后，高等教育蓬勃发展，随之也就面临着一个亟待解决的问题，即如何授予学位的问题。因此，1980 年《中华人民共和国学位条例》率先出台，解决了学位授予问题，使得学位授予有法可依。同年，中共中央、国务院发布了《关于普及小学教育若干问题的决定》，提出："在 80 年代，全国应基本实现普及小学教育的历史任务，有条件的地区还可以进而普及初中教育。"此后几年，我们一直处于普及小学教育的实践及普及九年义务教育的讨论与准备中。随着基础教育的蓬勃发展和国民经济力量的逐渐增强，为提

[1] 2016 年全国教育事业发展统计公报，http://www.edu.cn/edu/zong_he/zong_he_news/201707/t20170711_1539360.shtml，最后访问日期：2017 年 5 月 4 日。

高国民整体素质，1985年公布的《中共中央关于教育体制改革的决定》中提出："有步骤地实行九年制义务教育。"1986年，通过《中华人民共和国义务教育法》。自此，我国进入普及九年义务教育阶段，小学进入初中不再是选拔性考试，而是合格性结业考试。解决了高校的入口（即招生）和出口（即毕业授予学位），义务教育的战略发展问题，从总体上看，基本上就解决了从小学到大学的基本问题了。然而，仅仅关注学生是不够的，任何一所学校的运行，都是由学生和教师组成的。教师和学生是教育过程中不可分割的主体。因此，教师的素质、专业化、规范化管理等问题就凸显了出来。1993年，《中华人民共和国教师法》获通过，从法律层面上解答了教师素质和规范化管理等问题。综观这一阶段的教育立法，一个显著的特点就是，这些教育的立法都是针对教育领域中的某一个类别或某一个分支而进行的立法，换句话说，此阶段并没有一个统摄教育的根本性的教育法产生，本文称之为无根本法阶段。

（三）依根本法发展阶段（1995—2017年）

1. 制定法律

随着教育实践的发展和教育立法的加强，依法治教步伐坚实而有力，首先体现在相关教育法律法规的制定上。

1995年，经过充分酝酿和讨论，教育领域的根本大法——《中华人民共和国教育法》通过，"标志着中国教育工作进入全面依法治教的新阶段"。《中华人民共和国教育法》是统摄其他所有教育领域内法律法规的根本大法。自其实施之日前，教育实践便进入了依根本法发展阶段。1998年，为实施科教兴国战略，发展高等教育事业，自1980年《中华人民共和国学位条例》起就开始酝酿的，历经调研和修改的，依据《宪法》和《中华人民共和国教育法》的《中华人民共和国高等教育法》通过并于1999年实施。

此外，随着国民经济体制由计划经济向社会主义市场经济体制的转型，民办教育、职业教育等其他类型的教育也繁荣了起来，依据《宪法》和《中华人民共和国教育法》而制定的《中华人民共和国职业教育法》《中华人民共和国民办教育促进法》也分别于1996年和2002年通过并实施（《中华人民共和国民办教育促进法》通过之后，1997年颁布的《社会力量办学条例》废止)。因而本文称《中华人民共和国教育法》通过并实施之后到目前的阶段为依根本法发展阶段。

2. 修订法律

在这一阶段，除了制定相关法律法规外，还有一个重要的事项在进行，即修订此前通过并正在实施但由于经济和社会及教育实践的发展而需要修改的法律。例如：1995年通过的《中华人民共和国教育法》于2009年和2015年两次修订。1998年通过的《中华人民共和国高等教育法》于2015年修订。1986年通过《中华人民共和国义务教育法》于2006年和2015年两次修订。2002年通过的《中华人民共和国民办教育促进法》于2013年和2016年两次修订等。

二、1978—2017年中国各级各类教育的发展

如前所言，经过几十年的发展，中国各级各类教育都得以长足发展，受教育人数总量大增。本文选择五个教育的重要阶段及重要的类型进行解析。

（一）小学教育

在1980年的《关于控制我国人口增长问题致全体共产党员、共青团员的公开信》中，党中央提倡一对夫妇只生育一个孩子。1982年计划生育作为一项基本国策写入《宪法》，直至2015年《人口与计划生育法修正案》通过，2016年全面二孩政策正式实施，我国一直实行计划生育。根据数据，1978年—2014年全国小学生在学生规模总体上呈下降趋势，计划生育国策效果明显。

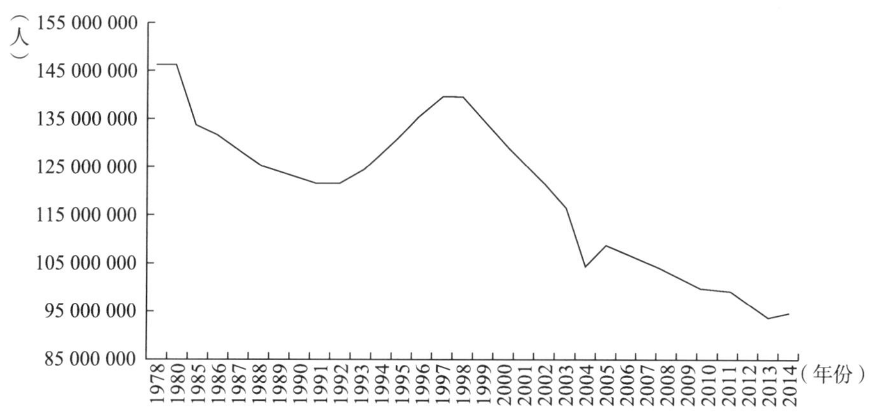

图1　1978—2014年全国小学在校生人数趋势[1]

---

〔1〕 http://www.eol.cn/，最后访问日期：2017年8月5日。

从图 1 可以看出，虽然在 20 世纪 90 年代小学在校生人数得以增加，这是由于 20 世纪 60、70 年代尚未计划生育的人婚育之后的孩子入学所导致的一个在校生数量高峰，但是由于其后计划生育的部分 70 年代以及 80 年代的人只有一个孩子，所以小学在校生人数基本是一直下降的。

（二）初中教育

根据数据，小学在校生高峰期过后，移至初中生在校生数量的高峰期，而在其后，由于计划生育政策的实施，初中生在校生规模总体上一直呈下降趋势。

（三）高中教育

根据我国的教育制度，初中之后，学生开始分流。学生们或者进入普通高中，或者进入中职学校学习，或者进入社会不再学习。特别是《中华人民共和国义务教育法》实施之后，初中阶段结束就意味着九年义务教育的完成。分流的结果在于初中毕业考试的结果和学生的主观意愿。根据可得数据，2005—2014 年，我国中职学校和普通高中的招生数量及在校生规模相差较大。总体上看，大部分初中生进入了普通高中继续学习为考大学做准备，而较少的初中毕业生进入中职学校学习为就业做准备。

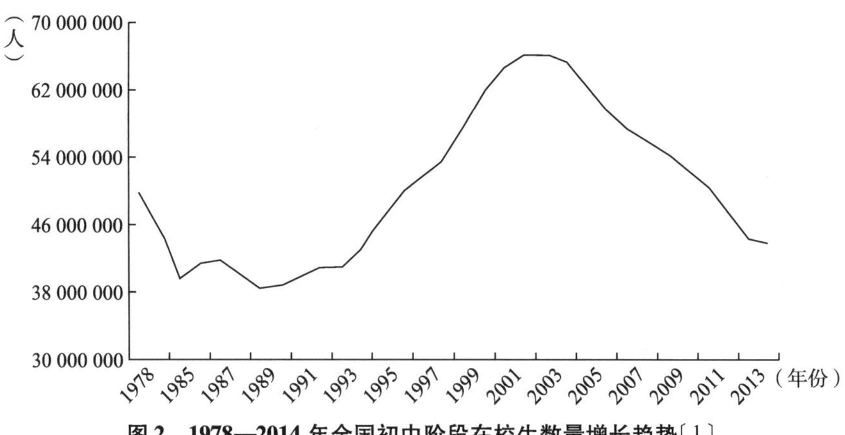

图 2 1978—2014 年全国初中阶段在校生数量增长趋势[1]

---

[1] http://www.eol.cn/，最后访问日期：2017 年 8 月 5 日。

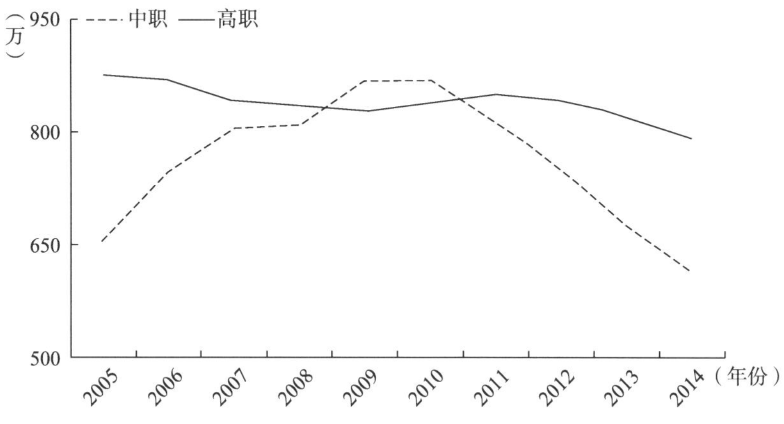

图 3 2005—2014 年中职招生与普通高中招生数量趋势〔1〕

另外，根据数据，2005—2014 年，普通高中招生人数及在校生人数总体上变化不大，走势平稳，但是中职招生及在校生人数却在 2010 年左右达到峰值，然后呈下降趋势。这说明在民众的心里，与普通高中比较，想进入中职学校的学生总体上较少，2010 年左右出现峰值，其原因是多方面的，有一个原因是不能忽视的，即高校毕业生由包分配到双向选择就业及至完全进入就业市场择业之后，高校毕业生就业存在了不确定性并出现失业现象，

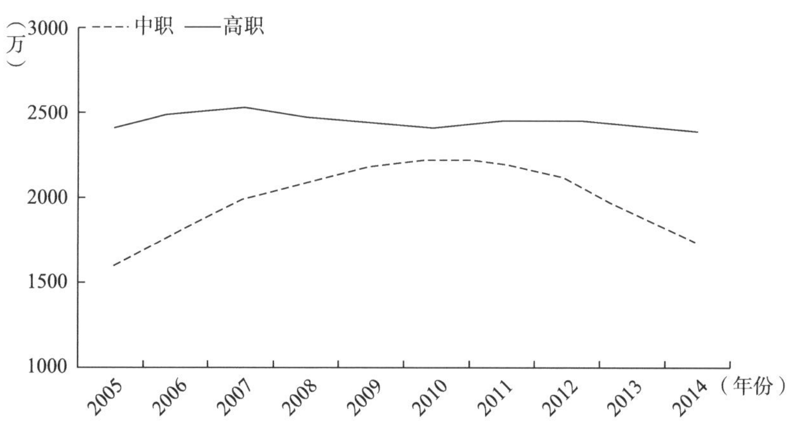

图 4 2005—2014 年普通高中及中职在校生数量在校生数量趋势〔2〕

---

〔1〕 http://www.eol.cn/，最后访问日期：2017 年 8 月 5 日。

〔2〕 http://www.eol.cn/，最后访问日期：2017 年 8 月 5 日。

就业形势严峻。根据麦可思（MyCOS）《2010 年中国大学生就业报告》，毕业半年后失业人数最多的 10 个本科专业人数为 10.38 万人。[1]此类现象成为初中生开始选择职业学校学习以尽早进入职业领域的一个不可忽视的因素。

（四）高等教育

根据数据，1977—2016 年高考报名人数及录取人数规模均有很大的变化，总体呈上升趋势。也就是说，越来越多的高中生参加了高考并被高校录取。尤其是 1993 年之后，上升趋势明显。这是由于我国高校为了满足广大民众希望接受高等教育的迫切需要而实行了扩招政策，由此使得越来越多的人能够进入大学学习，扩招政策效果显著。

从入学率来看，我国高等教育的毛入学率已经从 1978 年的 1.55%[2]上升到了 2017 年的 45.7%[3]，高等教育已经从精英化阶段进入了大众化教育阶段。

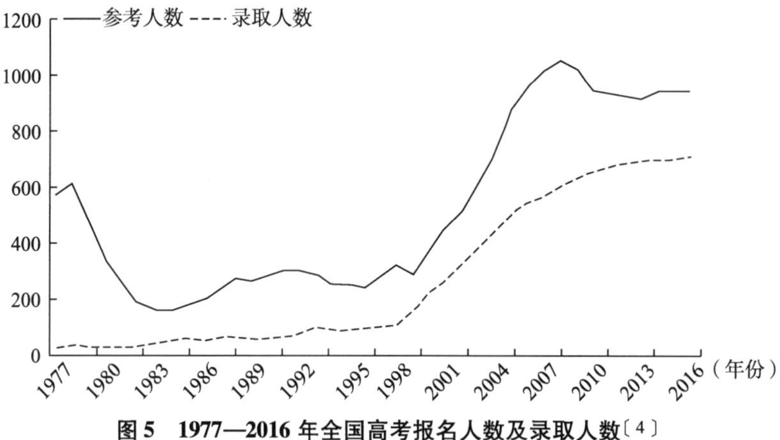

图 5 1977—2016 年全国高考报名人数及录取人数[4]

从研究生教育来看，根据可得数据来看，1998—2017 年，全国硕士研究生报名人数总体上也呈上升趋势，为高等教育规模的扩大做出了贡献。

---

〔1〕《2009 毕业生调查：本科高职法学类就业率最低》，http://edu.sina.com.cn/gaokao/2010-06-03/1148249355.shtml，最后访问日期：2018 年 10 月 5 日。

〔2〕《恢复高考 40 年：高教毛入学率从 1.55% 到 40% 的衍变》，http://news.cnr.cn/dj/20170605/t20170605_523787066.shtml，最后访问日期：2018 年 9 月 9 日。

〔3〕《2017 年全国教育事业发展统计公报》，http://www.moe.edu.cn/jyb_sjzl/sjzl_fztjgb/201807/t20180719_343508.html，最后访问日期：2018 年 9 月 5 日。

〔4〕 http://www.eol.cn/，最后访问日期：2017 年 8 月 5 日。

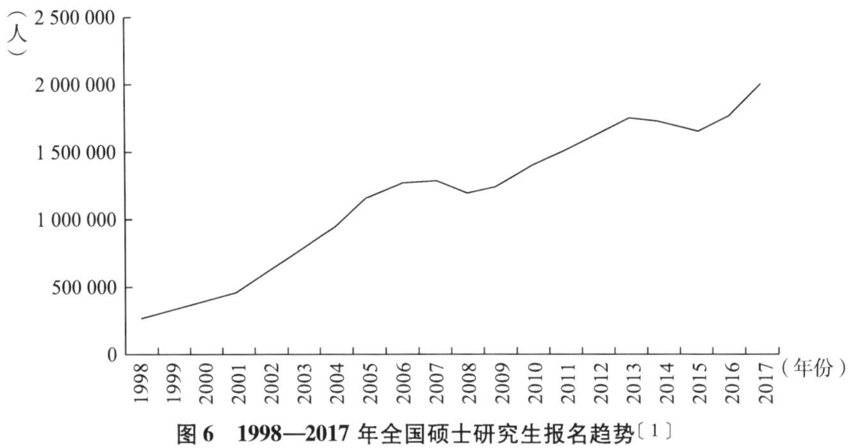

图 6　1998—2017 年全国硕士研究生报名趋势〔1〕

（五）留学教育

分析我国教育的发展，不能忽视另外一群人，他们就是出国留学人员。随着我国改革开放政策的实施，出国留学的人员也在增多，他们在学习国外知识和技能的同时也带去了我们中国的文化，在中外教育交流和其他国际交流方面做出了贡献。根据可得数据可以看出，2006—2016 年，出国留学的人数急剧上升。

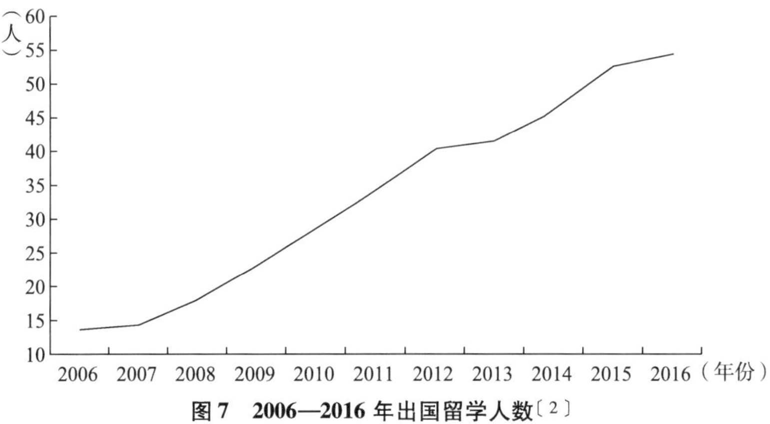

图 7　2006—2016 年出国留学人数〔2〕

值得一提的是，留学归国的人数也呈上升趋势。细究之下，最主要的原因有两个：一是出国留学人数的急剧增多，从客观上为回国人数的增加

〔1〕 http://www.eol.cn/，最后访问日期：2017 年 8 月 5 日。

〔2〕 http://www.eol.cn/，最后访问日期：2017 年 8 月 5 日。

提供了可能；二是我国经济实力及综合国力的增强，使得大批留学生看到了国内就业的机会从而回国。

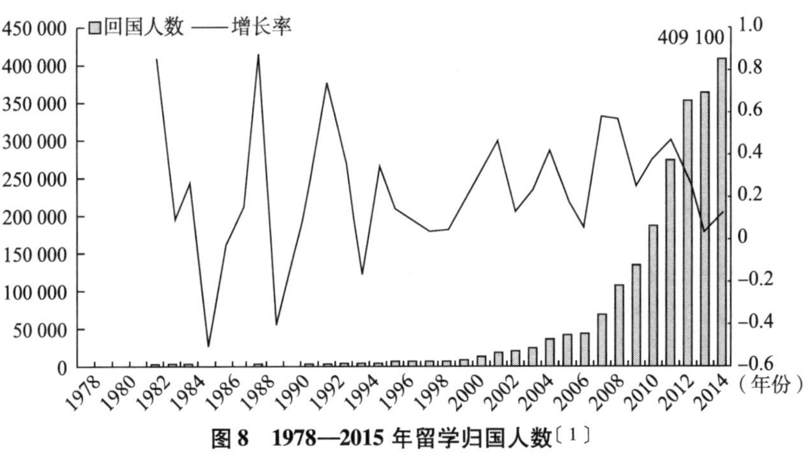

图 8　1978—2015 年留学归国人数[1]

三、教育发展中教育立法的特点

从以上的数据和图中我们看出，1978 年之后，我国教育发展的大致脉络，深受改革开放政策和计划生育基本国策、高校扩招政策等多重因素的影响，与社会的发展、国家的经济实力和综合国力息息相关，从某种程度上反映了社会的发展。身处教育发展中的教育立法，在教育的发展过程中，呈现出以下突出特点：

（一）教育立法带有明显的滞后性

这是教育立法体现出来的最明显的特点。回顾教育立法的状况，我们看到，在 1977 年恢复高考之后的 20 多年后，才于 1998 年通过了《中华人民共和国高等教育法》。在恢复高考之后的十几年后，教育领域内的根本大法《中华人民共和国教育法》才于 1995 年通过。教育立法明显滞后，丰富的教育活动和教育实践远远地走在了教育立法的前面。

（二）教育立法被教育实践推动

虽然教育立法滞后于教育实践，但毋庸置疑的是，教育立法是受教育实践所推动的。申素平等的文章《改革开放 40 年我国教育法治建设的回顾

[1] http://www.eol.cn/，最后访问日期：2017 年 8 月 5 日。

与展望》认为，我国的教育法治从观念上和行动上都“实现了从法制到法治”的转变。“教育纠纷从不可讼到逐步可讼，司法成为推动教育法治进步的重要力量。”[1]本文认为，教育法治确实已经实现了从“法制”到“法治”的转变，这是与我们国家实施依法治国方略相一致的。中国的法治建设经历了从“法制”到“法治”的转变，促动了教育法治的转变。教育立法的进行，教育法治的进步，固然是受到了现实的教育纠纷推动，但是推动教育立法的根本性力量却是包括这些教育纠纷在内的丰富的教育实践和活动。一项法律法规的制定，不能仅仅是为了解决实践中的问题，不能仅仅是看到了问题才行动。教育活动、教育现象本身的存在就需要法律来规制。换句话说，即使没有法律纠纷，也应该有法律存在。

总之，虽然教育立法滞后于教育实践，但教育立法与教育实践密不可分，深受社会发展和教育实践的推动，并为更好地规制教育实践而修订、丰富、发展。新时代我国社会的主要矛盾已经转化为人民日益增长的美好生活需要和不平衡不充分的发展之间的矛盾。2035 年我国要基本实现社会主义现代化，达到法治国家、法治政府、法治社会基本建成的目标。教育法治如何为义务教育的均衡发展提供坚实保障，如何为高等教育质量的提升，走到国际舞台提供中国智慧和贡献提供坚实保障，如何为中国高考成绩被越来越多的国家所承认而引起的基础教育的变化提供法律根据等，都是需要深入分析的。由此所引起的教育法治的变化、教育法律法规的修订也在情理之中。我们有理由相信，随着全面依法治国方略的深入实施，随着教育法治的发展，在良法的规制下，一定能够达到教育的善治。

[1] 申素平、周航、郝盼盼：《改革开放 40 年我国教育法治建设的回顾与展望》，载《教育研究》2018 年第 8 期。

教育与社会

Jiao Yu Yu She Hui

中国高等教育自学考试制度的企业视角解析

丁　静　张　鹏*

引　言

中国作为人口和人力资源大国，国民整体素质远远不能够满足国民经济发展的需要。根据第六次人口普查数据，中国总人口为12.42亿人，其中，接受大学本科及以上教育的4.56千万人；大学专科教育的6.9千万人，而文盲人口（15岁及15岁以上不识字或识字很少的人）为5.4千万人。[1] 对于无学历者，为了获取学历以及应对工作需要，高等教育自学考试（以下简称自学考试）因其无门槛限制逐渐进入大多数人的视野。

《高等教育自学考试暂行条例》第2条明文规定："高等教育自学考试，是对自学者进行以学历考试为主的高等教育国家考试，是个人自学、社会助学和国家考试相结合的高等教育形式。"[2]具体而言，自学考试是一种自学者通过自主学习，自主参与考试，可接受社会助学，最后通过国家考核和评价，包括笔试（含加考课）、非笔试、实践环节（实习、实验、上机、课程设计、专业考

---

* 丁静，中国政法大学法学院教育法硕士研究生；张鹏，中国政法大学教务处实践教学科科长。

〔1〕 参见中华人民共和国统计局官网，《第六次人口普查数据》2011年4月28日，http://www.stats.gov.cn/tjsj/pcsj/rkpc/6rp/indexch.htm. 最后访问日期：2018年10月10日。

〔2〕 参见中华人民共和国国务院颁布的《高等教育自学考试暂行条例》第2条。

核或毕业临床实习与考核、本科毕业论文等)，成绩合格，从而获取国家认可的学历证书的一种高等教育形式和终身教育实践模式。

自学考试制度诞生于 1981 年〔1〕，设立至今已经 37 年。其设立主要是为了解决 1977 年恢复高考制度之初，高考难度大、录取率低的问题，实现了学者有其校。〔2〕究其本源，和古代科举制度有异曲同工之效，都是推崇自主学习、自学成才、尊重知识。自学考试几十年的发展，已有近亿人参加考试，仅 2016 年全国高等教育自学考试学历教育报考 470.94 万人次，取得毕业证书 55.27 万人。〔3〕《中华人民共和国高等教育法》第 21 条规定："国家实行高等教育自学考试制度，经考试合格的，发给相应的学历证书或者其他学业证书。"〔4〕上述条文的存在也赋予了自学考试的法律认可和法律保障。

一、自学考试制度的意义

国家在《国家中长期教育改革和发展规划纲要（2010—2020 年）》中倡导"搭建终身学习'立交桥'。促进各级各类教育纵向衔接、横向沟通，提供多次选择机会，满足个人多样化的学习和发展需要。健全宽进严出的学习制度，办好开放大学，改革和完善高等教育自学考试制度。建立继续教育学分积累与转换制度，实现不同类型学习成果的互认和衔接"。〔5〕

根据上述规定，自学考试在《国家中长期教育改革和发展规划纲要(2010—2020 年)》中被定性为终身学习的立交桥，国家积极探索自学考试与其他教育形式"优势互补、学分互认、相互衔接、协调发展"。自学考试是社会公众自学成才的非正式教育、学分制教育、机动制教育。

---

〔1〕 参见中华人民共和国国务院颁布的《高等教育自学考试试行办法》，于 1981 年 1 月 13 日颁布实施，但现已失效。

〔2〕 高考制度刚恢复之际，录取率过低，物质技术条件也不适合大办学习，鼓励自学，自我成才为当时所需。

〔3〕 见中华人民共和国教育部：《2017 年全国教育事业发展统计公报》，http://www.moe.gov.cn/jyb_sjzl/sjzl_fztjgb/201807/t20180719_343508.html，最后访问日期：2018 年 10 月 7 日。

〔4〕 见于全国人民代表大会常务委员会通过的《高等教育法》第 21 条。

〔5〕 见中华人民共和国教育部：《国家教育中长期改革和发展规划纲要（2010—2020 年）》，http：//old.moe.gov.cn/publicfiles/business/htmlfiles/moe/info_list/201407/xxgk_171904.html，最后访问日期：2018 年 10 月 1 日。

自学没有入门限制，易使所有社会成员参与学习，在获取学历的同时，获取学习能力，为后期非学历教育、老年教育、全民阅读、城乡全局学习，奠定社会学习能力基础。自学考试制度的“学分制银行”体现在自学考试践行专业学分互换，不同地域主考院校学分互换，现行需要探索自学考试学分与高校课程学分互换，进一步探索非学历与学历成果学分互换，为自学者赋予强大活力，让自学者、学习者立足于自身所长、自身所能，实现社会实践者的学习、学历需求。目前我国产教融合、科教融合的协同培养机制尚未形成，但自考制度中的受教育者很多是在职工作人员，真的能学有所用，产学融合；自学考试有利于社会民众利用自己的闲散时间去学习，灵活安排自己的考试科目，根据自己的工作生活计划，安排自己的学习计划，以较短的时候获取学历证书，满足现今工作市场上的学历要求或者社会公众对自身素质提高的基本需求，实现人人有所学，学而有所用。现今企业发展人才需求量不断增加，复合型人才或者创新性人才是企业发展的必然要求，高等教育自学考试为社会民众获取学历或者资格证书提供一个高效快捷的方式，给企业选择人才提供了渠道。

二、自学考试制度的优势与劣势

（一）自学考试制度的优势

1. 灵活机动，宽进严出

无入学考试，高中毕业生或同等学力者，甚至低学历者都可以直接入学，名额上不受招生计划的限制，也无省份区域的限制，面向全国招生，具有最大的覆盖面。国务院《高等教育自学考试暂行条例》第一章第 3 条规定：“中华人民共和国公民，不受性别、年龄、民族、种族和已受教育程度的限制，均可依照本条例的规定参加高等教育自学考试。”[1]

自学者自由地选择专业、自主决定专本阶段、学制机动灵活，可以读全日制，可以边工作边自学，也可以社会助学。分科考试，累计学分，合格毕业。

---

[1] 见中华人民共和国国务院颁布的《高等教育自学考试暂行条例》第3条。

2. “途径自选”，学费低廉

高等教育自学考试毫无争议是高等教育中学历教育最经济的学习途径，总共学习成本比普通高校一学年的学费还要便宜许多。作为自考生，花费最短的时间，以最少的费用来通过考试，获取学历已然是一种基本要求和基础目标。

目前自考生面前有三条可选路径。

第一，大道途径：报名参加助学机构的全日制学习。笔者将其定性为“大道”途径，因为这种路径的优点表现为全日制学习有专门老师上课，重点把握较明确，学习氛围较浓厚，学校的督促和引导较多，非常容易通过考试，大道平坦。其弊端就在于花费较多，除基础报名费外，还需支付报考、考试、住宿等辅助费。

第二，定制途径：选择商业机构辅导。这个是通过商业化运作去通过应试性考试，那么作为企业服务和运营要求，企业会招聘优秀师资力量、运营互联网资源库形成学习通道和学习软件，数据化分析定位核心知识点，会让公司服务的接受者以最少的时间爱上学习、通过考试，提高自考者考试通过率，并且降低时间成本，但花费至少为1万元人民币上下。

第三，自探途径：这个途径是指自考生自我探索，这是个人能力的自我深化，自我系统化安排考试的全部问题，自我把控细节，自我承担全部风险，但这也是终身学习的基础构建，自我学习的含金量不容小觑。

3. 自学成才，获取学历

主考学校由专业师资力量较强的全日制普通高等学校担任，如北京化工大学、北京师范大学、安徽大学等，这些院校参与命题和评卷、负责有关实践性学习环节的考核、在毕业证书上副署、审核学位等工作。符合学位条件的高等教育自学考试本科毕业人员，由有学位授予权的主考学校依照有关规定，授予学士学位。[1]国家认可学历，学信网可查。目前，已有几十个海外国家对我国自考文凭进行学历互认和学分互认。[2]

---

〔1〕 参见北京高等教育自学考试，自考制度的说明，http://zikao.bjeea.com.

〔2〕 例如：英国、爱尔兰、新西兰、澳洲等英联邦国家大都承认，自考生可以向这些国家申请留学，这些国家相关院校承认我国自学考试部门颁发的学历证书，允许持有学历证书或单科合格证书的自考生进入这些学校学习，或攻读学位，或免修、减修部分课程。

（二）自学考试制度的劣势

1. 自考制度知晓度不高

自考制度本身的宣讲活动需要进一步推行，在面对自考制度时，很多社会民众不能完整掌握自考制度的安排或者对其概念模糊。对于自学考试的含义、专业方向、考试科目的明细、学习方法、课程指导与传授、报考信息、主考院校、论文答辩等基本信息，基本不了解，从而对自学考试的意义更认知不清，参与的考生怀疑参与意义，没有参与的同学踌躇不前。

2. 自考处于学历金字塔的底端

我国政府正在推进教育的普及化、公众化、高等化，以符合世界竞争需要，打造高素质国家。从教育部公布的2012—2016年数据可以看出，研究生招生人数由58万人增至66万人，普通本科、专科招生人数由688万人增至748万人。[1]经济繁荣的中国，就业压力逐渐增大，学历需求为工作的基本要求，伴随着高考制度的改革，本科学历逐渐成为基本学历。每年也有大批毕业生参与就业岗位的竞争，对比之下，自考毕业生社会竞争力不足。

社会企业对人才的聘任和选择，暴露出自考者的一大心痛。不可否认的是，自考生就业时面临着些许就业歧视，就业歧视根源在于刻板印象，没有参加自考的社会民众对自考制度存在或多或少的谬论或者误解，在多数普通人的认知里，经历过刻苦拼搏而有幸进入大学并接受整套系统教育的人才更加优秀，而自学者一般是“以金钱换取文凭”。企业、单位招聘条件中的“全日制高校毕业”如同魔咒，牵制、阻碍自考生参与就业。虽然《就业促进法》第三章第26条规定“用人单位招用人员、职业中介机构从事职业中介活动，应当向劳动者提供平等的就业机会和公平的就业条件，不得实施就业歧视”，[2]但恐怕无法改变用人单位的用人观念。然而自考证书得益于扎扎实实的“自学”，自学成功者，求知欲和承受力强、自学能力强、自律能力强。社会瞬息万变，不可否认发展自学能力才

---

〔1〕 见中华人民共和国教育部：《2017年全国教育事业发展统计公报》，http://www.moe.gov.cn/jyb_sjzl/sjzl_fztjgb/201807/t20180719_343508.html，最后访问日期：2018年10月4日。

〔2〕 参阅全国人民代表大会常务委员会制定的《中华人民共和国就业促进法》，于2008年1月1日生效实施，2015年4月24日修正。

是成功的核心。

3. 自考难度加大，自考生举步维艰

为进一步保障素质教育培养水平，确保自学考试的学生与高校在校生获取相当的知识含量，自考办不断提高自考难度和考试周期。以法律专业为例，自考中的考试原题数量不断减少，个别科目中甚至加上法律职业资格考试题目，难度确实不断提高。实践表明，自学者一般在需要计算的学科上如高等数学、会计等和需要长时间积累的英语上备受打击，甚至成为致命短板。

然而现状表现为教育资源本身很难获取或者说是普通公众对高等教育自学考试的信息获取很有限，参加自学考试的群体，大部分是有自己的工作和生活压力的群众，挤出闲散时间去学习本就不易，对完全没有接触专业知识的人如何入门，如何学习学科知识，如何把握逻辑线，如何系统记忆，如何将专业知识与实际相连都是亟待解决的问题。

三、自学考试制度存在的突出问题

教育振兴，全民有责，然而自学考试教育制度现状却不能令人满意，而是越来越表现出一些突出问题。

（一）成果定性缺乏科学性，主考院校指导性不足

自学考试最强劲的效能在于培养个人的自主学习能力，自己分析与解决问题的能力，卷面考试不可否认也是一次能力的评估，但是一次考试不能够确保是对该位考生的学习状况和个人素质的再体现。由于现今大学课程教学的封闭性，教育资源也比较封闭，大学的开放性不足，传统高校的过程性学习欠缺，考生通过考试完全依靠考试的卷面成绩，无法体现当代大学生在校的平时成绩考核，无法真正考查考生素质，不排除学生考前依靠临时记忆通过考试而本身素质毫无提高的现象。主考院校的选定与人才培养没有直接联系，主考院校没有选择性，基本表现为论文的简单考核，本身无其他优势，或者主考院校很难起到对考生素质的把控。企业作为民间力量参与自考制度的发展，集中表现为教育资源的引进，着眼于单科课程的通过率，对自考者学习成果定性并无发言权。

(二)"学分制银行"实践程度低

根据现今自考主管机关规定，自考一般不会限制注册的专业数量，凡现行执行期中的自考课程，无论在哪个专业，专科还是本科，只要是同一门课（名称相同、代码相同、学分相同）[1]即可在自学考试各专业、各层次中通用，搭建了专业之间学分共用与学分互换制度，因其学业方向一致，课程也平稳衔接。但是学分制度的实行局限于单个省份内，全国通用性欠缺，与中职中专、职业教育、普通本科的链接就更举步维艰。实践课程与证书的学分认证与互换还是问题，课程设置僵化、理论化与其他非学历学分、高等教育学分互换都是空中楼阁。[2]

(三)培训体系搭建难度高

生源结构多层次化，考生年龄跨越层次较大，知识储备、理解能力不同，对于精准社会助学辅导，课程计划、课程规划、如何讲解课程都是难点问题。学员把握重点的方式很多是通过真题定位，但是目前国家高等教育自学考试体系很不健全，不向社会公布真题和答案，考生无法把握重点，无法把握学习方向。

两年时间周期不短，自学考试最大的拦路虎表现为自考生持久力不够，企业如何远程督促，线上学习如何保持吸引力，难度巨大，如何以线上专业学习对抗流量娱乐，如游戏、综艺、电视剧等，课程配置和设计繁复。

(四)命题中自考制度中公平价值理念落实不到位

现在的高等教育自学考试是在全国高等教育自学考试指导委员会的指导下，赋予地方一定的自由，如命题由全国考委统筹安排，可以采取全国统一命题、区域命题、省级命题三种办法。[3]省级命题是现行自考制度考试命题的最广泛的适用方式，全国性的命题标准化还有待健全，从而各个省份的考试科目、考试内容、考试题型都存在差异，企业需要精准辅导。

---

〔1〕见北京市自考政策文件《北京市高等教育自学考试免考课程的规定（2008年修订）》第7条。

〔2〕笔者询问30位自考生，对"学分银行"概念几乎没有认知，对"学分"作用的认识仅仅局限于免考。

〔3〕参见《高等教育自学考试命题工作规定》第9条。1992年10月26日国家教委令第22号发布。

自学考试为国家考试，国家考试的权威应当体现于考试质量的保持和统一，自学考试本身建基于自考者自学，过程监督已然缺失，考试质量的确保才能赋予自学考试生命力，因而必然要求专业科目全国统一，考试内容全国统一，试题的出卷应当保密并全国统一，考场纪律、考籍管理、毕业管理要全国统一，要整合全国资源和制定统一制度以保障自学考试的公平和自考制度的生命。

四、企业参与下的自学考试制度新活力

面对自学考试所暴露出来的这些问题，对应的解决措施尚不多见。笔者在分析个别省份改革的同时，思考了社会力量特别是社会企业力量如何发挥自身效能推进自考制度的发展，成为自学考试制度新的“生长点”的问题，提出如下四个方面的企业参与观点。

（一）全面引进AI智能评估系统

将人工智能技术引入自学考试学习全流程，将技术与教学深度联合，运用数字化信息技术分析直播课程内容，打造优质在线开放课程。创新创建国际教育资源与国内资源融合，打造外教“一对一”课堂，突破地域空间限制，一对多人课堂，加速与基础课题并行、实践与教学理论并和、线上与线下并轨学习模式等教育教学新模式。自考教育推行趣味化与免费学吸引与流控用户注意力，推进优质社会教育资源共创共享，在线直播课程与自有学习中心重播课程结合，加速教育资源由教育资源集中地区向二三线城市甚至是贫困地区覆盖，探索教育方案新模式、培养计划和学习新模式。

（二）全细节数据监控和分析

针对用户学习信息进行特定细化，识别学习卡点和用户薄弱知识点，形成个人数据模型，用系统推送方式解决单一卡点，把复杂学习流程碎片化、高效化、趣味化，反复练习，加以记忆与运用。大数据把握全班学习情况，科技化记载教师行为和学员用户知识点掌握情况，进行教学综合分析，定点易错误知识点，对用户学员因材施教，精化课程布局，促使用户个性化备考教学和训练。

(三) 教育质量与成果可视化、口碑化

企业明确自身实力与社会角色，积极探索与其他企业的合作，与国际、国内高校的合作，打造高质量、高效率、高水准、高竞争力的在线网络课程。将课程落地于移动教育应用软件产品，辅以最强服务理念，传递高效服务，向市场展示其规范的服务标准、优质的教学服务质量和优秀的教学成果，让优秀企业建立行业标准，维持其在教育领域的专业性。

(四) 高标准企业合作融资、高效合作回馈

企业为获取竞争力逐渐形成以促使客户学习目标的达成为导向，以技术为突破点，通过移动互联网、应用软件、直播授课、移动端高质量题库、建立学习交流社区等学习方式有效整合教育资源，为学生打造移动便捷的多元互联网教育产品，使用户实现数字学习、数字生活。

同时，企业为保持其可持续发展、提升自身价值，战略调整迅速且敏感，势必会引进资本和其他企业合作，资本的引进会促使教育体系的升级、高层次人才的引进和教育的长足发展，企业赋能校外教育。

企业也积极探索社会教育公司与高校合作开发新的知识增长点，运用企业的技术信息和市场敏感度，积极改革高校教育制度，推动现代教育的实用化、创新化、个性化、技术化、趣味化、终身化，形成让每个人爱上学习、享受学习、快速反馈的社会氛围。

五、企业视角下自学考试制度的政府行为

笔者认为，企业参与推动自考制度深化改革，引进“互联网+教育”，可促使自学考试制度创新发展。如果有政府行为参与自学考试制度，其改革将会达到结果最优。政府行为主要应该包括以下三个方面：

(一) 国家助学改革，引进民间力量统筹过程性考核

政府需要进一步去除机制和体制性障碍，让企业有更多活力去促进教育事业的发展。目前以国家政策为基本导向，部分省份开通网络助学，改革一考定终身模式，建立过程评价机制，而过程性考核中引进了民办教育机构的教学资源，分化自考生考试难度和通过考试的卡点，赋予过程性考核结果绩效，使过程性成绩在总成绩中有30%的占比，以改变单一卷面成绩定结果的制度。例如：安徽省合肥市高等教育自学考试工作管理机构与

民办教育机构阳光助学中心合作,[1] 建立自考学习服务中心。自考学习服务中心通过集中授课，为自考学生提供系统的学习辅导，统一为学生提供政策咨询、报名、考试、毕业与就业等方面的服务。自考学习服务中心助学的自考专业，除了公共政治课及实践性环节课程外，其他所有课程均可参加过程性考核。过程性考核成绩（包括平时上课出勤、作业、测验、考试的总评成绩）按照40%的比例计入总成绩（统考成绩占60%），即课程成绩=过程性考核成绩×40%+统考成绩×60%。与民办教育机构合作开展自考助学工作，搭建安徽省主考院校与高职高专院校自考助学的桥梁，为安徽省高职高专院校在校学生提供高等教育自学考试专升本社会助学服务，提高考生的考试通过率。根据安徽省教育招生考试院相关政策文件[2]，自考助学的考生可以参加1月、4月、10月三次考试，其中1月份是专门为学习服务中心考生增加的考试，不面向社会考生开考，浙江省也建立高等教育自学考试课程学业综合评价考核细则。除了卷面成绩，还综合考核自考生的网上学习时长和登录次数、知识点测验、阶段测验、综合测验；对于综合测试，为保障考生考试难度均衡、保障考试的公平性，给予考生两次抽取试题机会，考试任意选择一套作答，两套都解答的，取两次答题中较高分计入成绩。同时，考生需积极参加互动答疑、在线讨论、知识讨论等班级交流活动。浙江省的综合评价考核公式如下：20%的学习时间+40%的知识点测试与阶段测试+30%综合测试+10%的网上班级活动。[3]然而这样的过程性考核，民间力量的介入还是不够广泛与多元化，固化在个别省份，还需结果检验实践效果，但不可否认的是，开放性以及企业作为民间力量能够介入是第一步。

（二）国家规范化市场准入、正规化教学质量和违规清退管控

为落实国家教育战略地位的确定与巩固，促使教育资源的广泛传播，

---

〔1〕 信息来源于安徽省高等教育自学考试网络助学服务平台，http://www.ahzk365.com/ah/anhui/quanrizhi/index.html，最后访问日期：2018年9月28日。

〔2〕 参见安徽省教育招生考试院颁布的《安徽省高等教育自学考试学习服务中心过程性考核实施细则》。

〔3〕 信息来源于浙江省高等教育自学考试网络助学平台，政策文件为《浙江省高等教育自学考试课程学业综合评价考核细则》，http://zhejiang.zikao365.com/webhtml/khjs.asp，最后访问日期：2018年10月15日。

企业通过“互联网+教育”促使自考制度发展成为时代的要求，但是仅靠企业自身监管是远远不够的。企业为追求盈利和教学成本控制，难免存在虚假师资力量宣传、教学水平低下、虚假信息引诱学员报名、退费难、反馈慢等行业乱象。国家应当确定控制标准，标准的制定应当由国家引导、企业参与、民众监督，确立优秀服务标准，为企业发展提供技术依据。

针对在线网络教育，对社会资源与力量进入教育行业运作教育资源要求国家阶段化管控，对服务者进入市场要审核其教育与服务资质，进入后监督其教学活动、师资配备，确保教学质量、对教学成果重视知识产权保护、积极促使信息库和知识库建立。标准与政策的严格实施，易形成公平有序、鼓励开发、安全共享的市场环境。

（三）政府定期监督和信息公开，规范与服务相结合

从服务人员、服务对象、服务媒介、服务场所、服务设施、服务交付、服务支付、沟通与反馈等板块出发，探索搭建“互联网+教育”的管控规范，完善国家教育资源公共服务平台，培育广泛化的信息教育资源服务市场和扩大信息技术在教育服务领域的应用，创造智慧教育，推动教育行业互商互信，教育平台共建共享，教育服务统一协同。

促使一个人成功的因素具有多样性，但是教育不可或缺，自考教育促使自考者根据自身个性化需求，运用学分互认制度，进行继续教育，培养终身学习习惯，提升自己的核心竞争力，从开放的学习平台走上人才培养的立交桥，实现个人质变。而教育需求反映到教育行业，其市场潜能巨大。从目前的公开数据来看，教育行业整体年复合增长率在20%以上[1]，教育企业充分利用互联网，确定其自考人才培养的目标，探索高等教育自学考试专业和课程体系的模块，跨国际连接优秀资源，全面分析和掌控课程教学，通过数据分析，剖析个体差异与共性问题，课程反馈及时，课程修改敏感，努力形成多元化教学、多样化的教育课程体系和人工智能的系统，以符合新时期市场和国家人才培养需求。

---

〔1〕见中国报告网：《2018年中国教育行业发展目标及主要企业情况分析》，http://market.chinabaogao.com/wenhua/03213255062018.html，最后访问日期：2018年9月17日。

总之，自考制度从1981年创立以来，发展至今，不断变革，以适应时代需求，从最早的学历补偿阶段，走过了高等教育的补充阶段，走到现在的终身教育和人才立交桥的阶段，已经逐渐演变成一项具有中国特色的特殊教育模式。民间力量和科技力量引入自考制度也是历史必然趋势。

教育与管理

Jiao Yu Yu Guan Li

高校纵向科研项目的组织与过程管理探讨

杜学亮 *

纵向科研项目是科研项目的重要类型之一，是高校教师从事科研活动的主要起点和载体，由于其政府主导的特点，引领着科研活动的方向，是衡量高校科研影响力的重要标志之一。正因如此，积极争取纵向科研项目，也就成为高等学校科研组织工作的重要内容之一。如何争取更多的纵向科研项目，如何将纵向科研项目管理好，从而达到产出高质量的科研成果、提高教师的科研能力、提升学校科研影响力的目的，就成为科研管理工作者密切关注的问题。本文就结合纵向科研项目管理的实践，对纵向科研项目的组织与管理进行探讨。

一、纵向科研项目的内涵与范围

纵向科研项目作为重要的项目类型，是相对于横向科研项目而言的，虽然为各高校所重视，但由于体制方面的原因或理解上的分歧，并没有完全一致的定义。正是如此，纵向科研项目的范围在各高校也就不尽相同，差异较大。但基本的特点主要包括三个方面，一是在立项部门上，主要由各级政府部门立项；二是在资金来源上，主要由各级政府财政资金资助；三是在立项程序上，一般均有规范的项目管理制度。因此，有的学校将所有获得政府

* 杜学亮，中国政法大学科研党委书记科研处副处长。

支持的项目均纳入纵向科研项目范围。但例外情况也很多，以笔者所在的中国政法大学为例，其纵向科研项目的范围主要采取列举的方式，主要包括国家级科研项目和省部级科研项目。国家级科研项目主要包括国家社科基金项目、国家自然科学基金项目、国家科技重大专项、国家重点研发计划、技术创新引导专项（基金）、基地和人才专项，以及国家千人计划、万人计划等。省部级科研项目包括教育部科研项目、司法部科研项目、北京市科研项目、中国法学会重大与重点课题。[1]之所以有这样的范围限制，主要是从项目的影响力、学校支持的力度等方面考虑的。

根据纵向科研项目申报范围，纵向科研项目主要包括以下三类：

（1）全国性的国家级项目。这类项目，从申报范围上，全国各类从事科学研究的机构人员均可申报；从级别上，这些项目由全国性的最高级别的科学研究领导机构设立；从项目研究方向上，这些项目引领着国家科学研究的发展方向。目前，这类项目主要有两种：一种是国家社会科学基金项目，由中共中央宣传部领导的全国哲学社会科学规划领导小组负责；另一种是国家自然科学基金项目，由国务院直属的国家自然科学基金委员会负责。

（2）行业性的各部委项目。这类项目一般为国务院所属的各个部委设立，本部委所属行业内的从事科学研究的机构人员申报，引领着本行业内哲学社会科学研究的发展方向。目前，这类项目最多，但比较有影响的主要是教育部人文社会科学研究项目。除此之外，如国家民族事务委员会、科技部、司法部、文化和旅游部、国家体育总局、新闻出版署等也都设有针对本领域的科研项目，在本系统所属范围内组织申报。

（3）地域性的省级项目。这类项目一般由省级哲学社会科学研究主管部门（一般为省委宣传部领导的哲学社会科学规划领导小组）设立。但因为全国各个省、直辖市、自治区地域差异，各省级哲学社会科学研究的发展并不一样。一般来说，四个直辖市和一些经济发展比较好的省的哲学社会科学研究项目的组织比较规范，影响也比较大。尤其是北京市哲学社会科学规划项目，由于地处北京，高等学校集中，无论是组织管理还是项目

---

〔1〕 参见《中国政法大学纵向科学研究项目管理办法》（2016年9月14日）。

质量，在一定程度上代表着全国的水平。

在纵向科研项目中，还有一些省级以下的地市厅级政府部门设立的项目，但因为这些项目很少，有些只是临时性的，而且多数没有管理规范，经费也比较少，申报范围也只局限在本行政区域，一般不为各个高校所重视，即使纳入管理范围，许多高校也只是作为横向科研项目进行管理。

二、纵向科研项目的组织

纵向科研项目由于其在申报评审上的严格性、规范性，经费资助上的稳定性，尤其是它在高等学校哲学社会科学研究水平评价中的重要性，一直是各个高校科研管理部门组织和管理的重点，并将组织申报作为项目管理的重要工作。

（一）如何做好纵向科研项目的组织

根据科研项目管理的实践，要做好纵向科研项目的组织申报，主要应做好以下工作。

（1）组织好项目申报宣传工作，扩大项目影响力。纵向科研项目作为以政府主导为主的项目，由于政府投入的不断加大，种类越来越多，以国家社科基金项目为例，就包括了重大项目、重点项目、青年项目、西部项目、中华外译项目等，每一类项目均规定了严格的申报条件、评审程序。为使广大教师充分了解这些项目的情况，项目管理者就要进行广泛宣传。宣传的手段可以多种多样，网站、组织报告会、个别辅导、编制宣传材料等均可。尤其是官方网站是最直接的宣传载体，可以将相关项目的管理办法、申报答疑、申报样本直接放在网站上，方便教师随时学习和查询。也可以将相关文件、申报答疑等编制成《纵向科研项目申报指南》一类的小册子，也能起到宣传指导的作用。

（2）实施积极的项目激励政策，调动教师申报积极性。在高等学校，对纵向科研项目实施激励政策非常普遍，只是激励的做法不尽相同。主要有两种做法：一是在项目申报阶段即给予激励，立项以后再给予配套或奖励；二是只对获得立项的项目给予经费支持。例如：中国政法大学，该校对获得省部级、国家级的科研项目给予一次性配套经费奖励，奖励金额为到账经费总额的1/3，最高不超过40万元。[1]

（3）认真研究课题指南，组织针对性申报。课题指南是立项部门根据发展规划和当前形势下研究的热点难点问题而确定的，是申报的基本依据。项目管理者应对申报指南进行仔细研究，根据本校学科分布和研究力量确定申报的重点。

研究课题指南应注意以下三点：一是明确指南所列课题的性质，是属于固定性课题还是范围性课题。如果是前者，课题名称是不能变动的；如果是后者，允许申报者在此范围内自行设计课题名称。二是明确课题申报的限制。有些纵向科研项目申报时规定了一定的限制条件，例如：青年项目一般只允许40岁以下青年教师申报，西部项目一般只允许西部高校申报，规划项目一般规定申报者必须具有副高以上职称，没有副高职称的，需要两名具有副高以上职称的专家推荐等。三是明确课题的申报重点，根据本校的学科优势明确选题中哪些是本校的优势，哪些具备申报实力。通过以上工作，为确定申报重点进行针对性组织打下基础。

（4）组织好项目申报团队，形成攻关合力。目前的哲学社会科学研究，已经从单纯的以学科为主转向了以问题为中心、多学科为主的设计模式，每一个课题可能涉及多个学科，这就要求管理者肩负起组织者的重任，按照课题研究的需要，将不同院系、不同学科的教师组成研究团队，形成攻关合力和竞争优势。为适应这种研究趋势上的变化，许多高校加强了学术团队的建设，以问题为中心，有目的、有规划地建设了一批学术创新团队，为申报科研项目奠定了良好的人才基础，有研究者也明确提出“重视对科研团队的建设，是提升人文社会科学项目研究水平的有效途径”。[2]

（5）充分发挥二级学院的作用。在高等学校，二级学院承担着具体的教学科研任务，组织科学研究是其基本职责之一，他们有责任、有能力、有条件组织好教师进行科学研究。有些高校科研管理部门跨越二级学院直接组织教师参与科学研究，往往事倍功半。“实行科研项目二级管理制，主

---

〔1〕 参见《中国政法大学纵向科学研究项目管理办法》（2016年9月14日）。

〔2〕 管奇刚：《新形势下高校科研管理创新机制探索研究》，载全国高校社会科学科研管理研究会组编：《深化科研领域改革，推进创新体系建设与哲学社会科学繁荣发展》，武汉大学出版社2014年版，第170页。

要目的在于学校与项目负责人所在院（系）在人财物等方面大力支持配合其开展研究工作，保证项目按计划进行，提高项目研究质量”。[1]

如何发挥二级学院的作用，在学校层面，学校要将科学研究作为二级学院建设的重要任务之一，并纳入考核范围，其中，申报项目的多少、立项的多少应作为重要的评判标准；科研管理部门要主动和二级学院积极沟通、配合、支持，主动和二级学院分管领导讨论选题、组建团队，协调与校外科研力量的合作，在经费方面给予支持。在学院层面，应主动参与组织科学研究，充分利用自身的学科优势，积极参与项目申报，尤其是重大项目，应动员全院的力量乃至校外的科研力量，组成强大的学术团队参与竞争；要充分发挥学术委员会或评审专家的作用，将最优秀的项目推荐给学校参与竞争。

(6) 组织好申报辅导，做好申报服务。组织好申报辅导是确保申报质量的主要手段。辅导的方式可以多种多样，可以是项目管理者根据申报组织实践介绍申报经验，也可以聘请具有申报成功经验的专家学者现身说法，具体讲解申报的经历及申报书的写法。如果可能，还可以请立项单位的同志到学校具体讲解申报的背景和立项的情况，使教师对项目设计增加更直接的认识，增强申报的信心和申报的针对性。

除了有针对性地辅导外，强化服务意识、做好咨询也是提高申报质量的重要举措。除了一般的电话咨询，建立独立的微信群更便于随时地给予帮助。

(二) 如何做好纵向科研项目申请书

纵向科研项目申请书是申报项目的主要载体，是专家评审的主要依据，直接影响着申报的竞争力。因此，做好申请书是提升申报质量的关键。

为做好项目申请书，各高校也采取了不同的措施，如“一对一”辅导、提供申报样本，但做得最多的也是比较有效的应该是预答辩制度。即由科研处聘请一部分有申报经验的项目研究专家，有的高校聘请校学术委员会委员，对所有申报项目进行现场预评审，并要求申报者就项目研究价值、团队组成、项目论证等进行答辩，最后提出评审意见。申报者根据评审专

---

[1] 李新荣：《高等院校科研管理研究》，中国经济出版社2008年版，第86页。

家的意见进行修改，最后形成正式的申请书。实践证明，这一做法对提高申报质量起到了积极的作用。

根据项目申报实践，一份合格的项目申请书，应该做到以下七个方面：

（1）选题要符合申报课题指南要求，自拟项目要符合申报通知范围要求。申报纵向科研项目，确定申报选题是重要一环。在选题的确定上，应注意以下三点：①立项通知中有固定课题的，要严格按照所列课题申报，不要自行改动课题；②立项通知中有具体课题，但允许申报者变动的，一定要在具体课题范围内变动，不要做推翻式的变动；③立项通知中没有具体课题只有申报方向的，申报者可以自行设计课题，但应注意，“申请应用研究课题，应当紧贴经济社会发展实际，突出研究的现实针对性；申请基础研究课题，应当瞄准国内国际学术发展前沿，突出研究的原创性”。[1] 除此之外，还应注意选题不宜过大，提倡“小题目、大文章”；选题不要脱离申报范围和要求；选题要简洁，不要过长；选题要体现创新性。有研究者提出好的科研项目选题要做到“四有”——有关注、有特色、有价值、有基础[2]，值得借鉴。

（2）基本信息要准确完整，符合申报资格。科学研究中，科研诚信是对申报者的基本要求，尤其是申报者的基本信息，如年龄、职称、学位、是否导师、已有研究成果等，这些信息往往决定着申报者的资格问题，如年龄问题一般是申报青年项目要求的基本条件，职称问题一般是申请高级别项目或重点项目、重大项目要求的基本条件。如申请国家社科基金项目的申请人，必须“具有副高级以上专业技术职称（职务），或者具有博士学位”，“不具有副高级以上专业技术职称（职务）或者博士学位的，可以申请青年项目，但必须有两名具有正高级专业技术职称（职务）的专家进行书面推荐。申请青年项目的申请人年龄不超过35周岁”。[3]这些信息是立项部门资格审查的重点，申报者一定要如实填报，否则，一旦被查出虚假填报，将被取消申报资格，而且影响以后的申报。

---

〔1〕《国家社会科学基金管理办法》（2013年5月修订）第27条。

〔2〕参见李文亮：《谈撰写科研项目申请书应注意的几个问题》，载《伊犁师范学院学报（自然科学版）》2008年第4期。

〔3〕《国家社会科学基金管理办法》（2013年5月修订）第25条。

（3）研究团队要合理，具有竞争力。当前的哲学社会科学研究，由于问题的复杂性，进行团队合作越来越成为项目研究的主要组织形式。尤其是重大项目、重点项目，必须依靠团队的力量才能完成。因此，各类纵向科研项目申报尽可能组织团队申报，除负责人要具有一定的研究能力和组织能力外，组成的团队要合理，项目研究所涉及学科，应该都安排相应的学科教师承担，以保证项目研究的竞争力。

（4）项目论证要完整、充分、合理、可行。项目论证是申请书的核心部分，主要包括项目研究现状、研究方法、主要创新点、研究基础等内容，要认真对待。在充分掌握已有研究资料和已有研究基础的前提下，通过切实可行的研究方法，理顺研究内容，提出创新观点。研究现状的深入分析可以使评审专家清楚看到申请者对本课题研究现状、存在的问题、再进行研究的必要性的把握，这是项目继续研究的前提基础。研究内容可以使专家清楚看到研究的主要问题和研究过程，这是项目研究的核心内容。研究方法是为研究内容服务的，这在一定程度上决定着项目研究的可行性和成效。主要创新点是项目研究的关键点，也称精华点，即通过研究活动，在理论上取得了哪些突破，在应用上解决了哪些问题，这是研究的核心价值。研究的基础条件也是论证的重要内容，从中可以看出研究者是否具有该项目的研究能力。

（5）预算要合理。由于纵向科研项目使用政府资金，对预算要求非常严格，哪些可以支出，哪些不可以支出，支出的比例是多少，在相关的项目管理办法中均有详细的规定和要求。项目申报者填写经费预算一定要遵守这些规定，数据采集费、劳务费、差旅费、专家咨询费、会议费、设备费、印制费、管理费的预算一定要符合项目研究的要求和过程；该发生的要列支，不该发生的一定不要列支，要严格按照文件规定的比例要求编制预算，超出范围和超越比例的项目预算都有可能影响项目立项，或不予立项，或减少经费。虽然如此，项目立项部门考虑到项目预算与实际支出的复杂性与差异性，一般允许部分支出类目打通使用，这也给预算编制提供了合理空间。

（6）预期成果要明确、可期，具有理论意义和应用价值。预期成果是项目研究的直接结果，项目研究是否达到预期目标、是否实现了研究目的，都通过预期成果表现出来，这也是专家评判项目研究可行性的重要参考标准。因此，设计的预期成果，一是要和研究目标相一致，符合研究的总体要求；二是要体现研究过程，不能是和研究过程无关的成果；三是要明确、可期，论文就是论文，专著就是专著，不要模棱两可；四是体现出理论或应用价值，任何一项研究，其最终的成果均是为了丰富和发展哲学社会科学研究，其中包括理论上的创新和应用上具有推广价值，这也是研究的价值所在。

（7）所附材料要全面、真实、准确。如研究的相关成果、成果被有关部门采纳或应用，这些材料主要为了增加论证的说服力，说明研究者的研究能力和研究基础，是非常必要的，应该尽可能全面，但要保证材料的真实性。不能为了证明成果的应用价值而开具虚假证明材料，或伪造证明材料，否则，将会承担不利的后果。

三、纵向科研项目的过程管理

（一）加强纵向科研项目过程管理的重要意义

纵向科研项目立项以后，就进入过程管理阶段。对立项项目进行有效的过程管理，是项目管理工作的重要方面，对于发挥科研项目在科学研究中的功能具有重要意义。

第一，保证项目顺利进行。项目一经立项，项目负责人能否按照立项书承诺的研究计划进行研究，目前形势下，如果只凭项目负责人的自觉很难，这就必须通过对这些项目有效的过程管理来实现。过程管理包括立项部门管理和高校科研管理部门管理，尤其是高校的二级管理非常重要，通过对各类项目检查、督促、经费使用等一系列手段，协助教师完成项目研究，实现项目研究的目标。

第二，随时发现项目研究中存在的问题。由于项目申报时间、条件的限制，在项目研究过程中，就会出现很多问题，如调整项目团队成员的问题，调整项目研究内容的问题，调整项目经费预算的问题，调整项目研究周期的问题等，都需要管理部门协助进行，以更好完成项目研究。

第三，促进科研项目成果的转化。在项目研究过程中，对于项目课题组研究的相关成果，不管是论文还是著作、研究报告，管理部门都有责任、有义务充分利用各种有利条件，协助课题组将项目成果应用于课题教学，推荐给有影响力的刊物发表、推荐给政府部门、推荐给相关企业等，还可以通过出版基金等手段将项目成果推向社会，在社会各个领域发挥影响和作用。

第四，为申报新的项目创造条件。通过过程管理，督促项目承担人及时完成项目，这就为申报新的项目提供了条件。另外，有些纵向科研项目立项部门为了支持部分基础项目持续研究或支持当前重点项目持续研究，一般对于项目研究基础扎实、按时结项但又可以持续研究的项目，均会在申报新项目时优先考虑继续资助，而这些优先的获得，需要管理部门扎实的工作与推荐，才能获得立项部门的认可。

（二）如何做好纵向科研项目的过程管理

纵向科研项目过程管理，实际上有两个管理机构，一是项目立项部门，二是高校科研管理部门。立项部门根据项目研究计划和研究周期依法对立项项目进行管理，从开题、中检、鉴定、结项均有严格的程序和要求。高校科研管理部门对纵向科研项目的管理，实际上是一种委托管理，协助实现对该校承担的科研项目的管理。由于立项部门对项目的过程管理主要是程序性的，我们这里只讨论高校科研管理部门如何协助立项部门做好纵向科研项目的二级管理问题。

（1）做好项目的开题，保证项目研究的进程。纵向科研项目立项以后，做好开题非常重要。首先，开题后可以按照研究计划，安排研究任务，这是保证项目研究进程的重要环节；其次，通过开题，及时发现申报时的一些问题，如团队力量配置、研究内容、研究方法、经费预算等有不合理的地方，通过开题，能够发现这些问题，及时弥补。

在开题工作中，有些管理单位、项目负责人不太重视，以致出现以下两个问题：一是立项后长期不开题，以致影响项目研究进度，中检时拿不出研究成果。时间拖延还有可能造成研究内容的陈旧，尤其是时效性很强的项目，错过了社会需要期，其研究价值就打了折扣；二是虽然开题了，但组织得很草率，有些计划安排不周密，研究的合力、研究的过程都不能实现研究价值最大化，必然影响研究的质量。

（2）及时跟踪项目研究，为项目研究提供高效及时服务。对于纵向科研项目，立项部门对立项项目已经规定了严格的运行程序，作为学校科研管理部门，主要职责就是协助立项部门保证教师按时完成项目研究，因此，科研管理部门的管理不是“怎么管”的问题，而是怎么提供服务的问题。科研管理部门要以一种开放的心态做好服务，“对大学科研的管理，尤其是课题管理，应实行开放管理”，“开放管理的基本原则是：遵循科学研究的规律，按照基础研究的特点，减少行政干预，增强服务力度，提高管理效益”。[1]怎么才能做好服务，一是和立项部门保持沟通，随时关注立项部门项目管理政策上的变化，并及时传递给项目负责人；二是与项目研究团队随时保持沟通，主动关注项目研究进程，对于项目研究中出现的问题，及时帮助解决，保证项目研究的顺利进行。

（3）监督科研项目经费的使用，合理使用经费。由于纵向科研项目经费主要来源于政府财政拨款，科研管理部门应协助立项部门做好项目经费使用的监管，将科研经费使用管理纳入学校的审计监督之下，严格项目经费审批、使用的主体责任。在监管过程中，既尊重项目负责人使用经费的自主权，又要明确经费使用的程序、范围等，严格项目经费转拨程序，严格禁止支出与项目研究无关的费用。

（4）配合立项部门做好中期检查，协助做好项目调整与变更。科研项目中期检查制度是立项部门为保证项目的顺利进行、完成预期目标而普遍实行的管理制度，国家社科基金项目、教育部科研项目、北京市科研项目等均在管理办法中规定了中期检查。作为科研管理部门，就应配合立项部门的要求，做好项目中期检查工作。

通过中期检查，可以发现项目研究的许多问题，科研管理部门应协助项目负责人、立项单位分别处理：对于无正当理由没有按时开题或开题后研究进展缓慢的，应向立项部门说明情况，督促项目组按时、及时开展研究工作；对于经费使用不合理的情况，应责令项目负责人改正。如果项目经费不足，应协助项目负责人向立项单位申请追加；对于项目研究中需要变更项目名称、成果形式、研究计划、研究人员，应按照程序向立项部门办理变更手续，以避免出现研究结束时因不符合研究计划而不能结项的现象；在项目研究中，因项目负责人的原因，出现如研究能力不足、未进行

---

〔1〕 杨力：《高校科研管理研究》，中南大学出版社 2007 年版，第 148 页。

实质研究等，应及时向项目立项单位提出撤项申请。如果项目负责人调出本单位，应协助将项目转入其新调入单位；对于项目研究中，没有按立项部门规定进行研究或发表成果的，如在发表的成果上没有署名项目成果，应告知项目负责人按要求发表项目研究成果。

（5）做好纵向科研项目的结项管理。项目研究完成后，及时进行鉴定结项是过程管理的最后一个环节，也是项目后期管理的重要环节，还是判断项目是否完成预期目标的重要标志。在结项问题上，主要应注意三个方面的问题：

第一，按时结项问题。因为纵向科研项目主要使用政府经费，项目研究具有严格时间要求，如果不能及时结项，会出现以下问题：一是造成项目的积压，进而影响新的立项计划；二是影响项目经费的使用，造成延迟拨付，形成资金占用；三是影响项目负责人的信誉，使申报新的项目受到影响。正是如此，立项部门均非常重视结项工作，为确保项目按时结项，有些还规定了一定的奖惩措施。如教育部人文社会科学项目“对成果验收为优秀的项目，予以通报表扬并作为项目责任人下次申请项目的重要参考；对成果验收不合格的项目，一律做撤项处理，项目责任人3年内不得申报教育部社科项目”。[1]为此，项目管理部门有义务组织好本单位承担的纵向科研项目的结项工作。如果确有正当理由不能按时结项，要协助做好项目延期工作。

第二，鉴定问题。在结项成果鉴定问题上，目前主要有两种做法：一是立项部门直接组织专家鉴定，二是立项部门委托管理项目的高校组织专家鉴定。但无论哪种方式，为保证鉴定质量，均应注意以下问题：①专家人数应是3人以上的单数；②鉴定专家应为本单位以外专家；③鉴定成果应当匿名；④鉴定专家应该实名签署鉴定意见；⑤项目负责人对鉴定意见有疑义的，应允许提出申诉，如果理由合理充分，组织鉴定单位应重新组织新的专家进行再次鉴定。

为体现以质量为核心的理念，在一般鉴定的基础上，对于项目研究成果形式上体现质量要求的，可以经申请免予鉴定。如教育部一般项目即规

---

〔1〕《教育部人文社会科学项目管理办法》第24条。

定，项目研究成果符合下列情形之一，即可申请免予鉴定："①专著类成果已正式出版；②在 SSCI、AI 等国际索引期刊及 CSSCI 来源期刊发表论文两篇以上；③成果获得国家级、省部级奖励或国家一级行业学会三等奖以上奖励；④研究咨询报告提出的理论观点、政策建议等被地（市）级以上党政领导机关或大型企事业单位采纳并取得实际效果；⑤成果涉及党和国家机密不宜公开，而质量和水平已得到有关部门认可。"〔1〕

第三，填好《项目结项审批书》。《项目结项审批书》是项目结项的重要文件，项目负责人应该高度重视，实事求是地认真填写，根据《北京市社会科学基金项目鉴定结项审批书》，填报时应注意以下重点问题：①项目执行情况总结报告，应详细列出项目预期研究计划的执行情况，成果研究内容及方法的创新程度、突出特色和主要建树，成果的学术价值、应用价值及社会影响和效益，成果存在的不足或欠缺，尚需深入研究的问题等；②最终成果简介，应主要介绍研究成果的核心观点、项目研究的目的和意义、研究成果的主要内容和对策建议，切忌简单排列篇章目录；③项目经费决算表要实事求是，严格按照财务部门提供的经费收支明细表填写各类支出情况；④成果的转化应用方面，要详细列出发表、出版、被采纳、被应用信息，这也是立项部门和鉴定专家评价成果学术与应用价值的重要参考依据。

（三）纵向科研项目过程管理中应注意的问题

为做好纵向科研项目的过程管理，主要应注意以下两种倾向：

（1）项目过程管理中的形式化倾向。主要表现包括：其一，不进行项目跟踪管理。项目立项以后，通知到教师就算完成任务，对其是否开题、研究过程中是否有需要解决的问题一概不闻不问。其二，不履行审核职能。对于立项部门所发的相关通知，如中检通知、调整变更通知、结项通知等，只是例行公事地转发给项目负责人，对项目负责人报送给立项部门的材料不做审核，其结果既增加了立项者的工作量，也增加了管理成本。其三，不重视项目研究成果的宣传推广，不主动为科研项目研究成果搭建推广应用平台，使项目研究成果的学术价值与实践价值不能得到及时的体现和

〔1〕 参见《教育部人文社会科学研究项目成果鉴定和结项办法》。

传播。

（2）项目过程管理中过多干预项目研究的倾向。这种倾向和形式化倾向正好相反，项目立项部门或项目管理部门过多干预项目研究过程，要求项目负责人凡事均要向管理部门汇报，项目调整程序复杂、时间长；项目经费使用服务不到位，在报销方面设置了种种限制条件，在时间上经常造成经费集中报销的情况，不利于经费使用。

上述两种倾向均是项目过程管理中应当注意的。作为立项部门和项目管理部门，应一切以“服务教师、服务科研”为宗旨，从一切有利于项目研究出发，给项目研究者创造更宽松的研究环境，使其自主开展研究工作，从而实现项目研究的目标。

互联网背景下的人文美学教育和创新性思维培养

赵　越*

在人工智能不断发展的当下，互联网不断深入生活的各个领域，一些职业不可避免的消失了，很快子承父业的说法也将不复存在，预计到2025年，约有25%的工作将由人工智能或是机器人所取代。到底哪些职业将成为过去式，未来的事我们谁都不知道，所以对未来的一种不确定性变成空前高涨的焦虑感。但是我们可以确定的是，人工智能可以取代很多工作，人类依靠独有的创造性思维，在一些职业中仍然占有绝对优势。因此，各大高校也在不断地调整重组自己的学科与专业构成，以适应社会发展的需求，并且对于创造性思维培养的需求也变得特别急切。

一、时代背景下创新性思维亟待培养

在互联网和人工智能大力发展的时代背景下，人工智能经过开发和发展，进入了应用的发展阶段。在开发阶段，中国由于技术有限，整体进度落后于美国，但是在应用阶段由于法律的不同，美国需要在探讨各种可能性并相应立法之后才允许新技术的应用，但是中国法律规定，任何新事物都可以任由其发展，发展到一定阶段后，再颁布相应法律来限制，所以在人工智能阶段，中国的发展速度一定会超过美国。随着人工智能的发展，会有一大批职

* 赵越，中国人民大学艺术学院硕士研究生。

业消失，大量人员失业。

未来的工作性质会有很大不同，所有留给人类的工作会分裂成三大部分，一类是为人工智能工作的人，一类是创造人工智能的人，还有一类是利用人工智能工作的人。所以，在不远的未来所有有规律的可以被标准化的工作都是可以被人工智能替代的，爱德华·威尔逊在《创造的起源》一书中提出了创造源自一个冲动，而机器则很难会有自发性的冲动出现。人的思维是发散的，具有想象力的，所以未来人类最擅长的是创新性的工作，因此可以预见的是高校的专业也会发生极大的变化。

目前我国高校中的专业和学院设立依然按照传统的分类，随着时代的发展，高校中的专业也经历了各种转型和升级，我们应该鼓励学科内的微创新，不断调整高校课程内容设置，结合社会发展的人才需求，培养符合时代发展、推动社会进步的创新型人才。除了专业设置上的调整，提高综合素质的课程也被重新重视，因为专业技术可以终身学习，但是素质教育与人文教育在离开高校后，却很难普及，并且越来越多的证据表明，人文美学教育可以极大的推动创造性思维的发展，30 年后人文美学素养将会成为重要的竞争力，所以人文美学教育应重新引起高校的重视。

二、了解人文美学教育

（一）我国人文美学教育的现状和误区

我国高校中的人文美学作为边缘化的课程始终不受重视，因为美学教育并不能产生显著的教育成果，也不能快速产出内容，加上国家对于这方面的课程支持本来就少，也没有设立过专门的研究人员和研究机构，所以中国的人文美学教育在高校中普遍存在被漠视的情况，属于教学内容的附属品，难以产出丰富的教学内容。

另外，教育机构普遍有一种误区，认为人文美学课程等同于美术教育，这种观念仅仅停留在欣赏艺术品的层面上，难以发展丰富多样的课程内容，授课形式也比较单一，导致学生们的兴趣寡然，并不能将美学教育带到实际生活中，给学生们造成了一种美学是曲高和寡、难于接近的印象，进而失去了在美学领域探索的动力。高校中的美学教育发展缓慢还有一部分原因是高校认为提高学生的美学修养是学生自己的事，学校教育并不可能深入学生的生活。其实学校里的日常环境也是非常重要的组成部分，可以在潜移默化中提高学生的美学意识，进而产生审美上的需求。

其实人文美学有着更为丰富的内涵，与日常生活有着更为紧密的联系，对创新性思维的开发作用也在持续的认知开发过程中。仅仅将美学教育作为一种艺术品欣赏课程是一种误解，然而这种情况却是目前高校中非常普遍的现象，这种混乱的情况亟须改进，高校中人文美学课程的改革也亟待进行。

（二）重新认识互联网背景下的人文美学教育

重新认识人文美学的重要性是毋庸置疑的，当今在年轻人的团体中，流行一种“丧文化”，大量的年轻人居住在“垃圾成堆”的空间中却毫无知觉，他们缺乏对美好生活的追求和向往；还有一些年轻人衣食无忧，却无法感受到生活中的乐趣，甚至有了厌世情绪。因为他们已经失去对美的追求，对周围的一切都已经麻木，无法感知到世界的美好，而人文美学教育可以唤起他们对于美的追求，重新燃起对生活的热爱。

1. 美的本质

在思想高度繁荣的古希腊时期，第一次提出对于美的本质的探讨，那就是柏拉图在《大希庇阿斯篇》中，借苏格拉底与一名辩论家的讨论，探讨美到底是什么，书中说美不是器物，美不是美丽的少女，他认为美是可以独立于所有物质而存在的一种属性，是一种抽象概念，将美上升到了哲学的范畴，并提出美就是视觉和听觉所生的快感。

理性的思考都是带有功利性的，学习专业技能可以让我们谋生，而单纯的美学是感性的，是不追求任何利益的，仅仅感受世界的美会带给我们快乐和幸福的感受。因此，美被认为是一种不带任何功利性质，单纯愉悦身心的活动，可以被定义为人们对自己的需求被满足时所产生的愉悦的反应，即对美感的反应。

2. 人文美学教育的发展历程

其实人文美学教育由来已久，在中国自周代以来就形成了“六艺”的体制（礼、乐、射、御、书、数）对贵族子弟进行教育，内容不但包括音乐、诗歌、舞蹈，还包含了语言和行为仪式的美感。这种美学教育一直延续下来，对我国后世的美学教育产生了深远的影响。在欧洲，古希腊的美学教育已经有了非常成熟的体系，甚至在古罗马占领希腊之后，罗马贵族都热衷于请一个希腊老师来教育自己的孩子。古希腊的美学教育中最有特点的是缪斯教育，缪斯是希腊神话中负责文艺和灵感的女神，其中包含了文学和艺术的综合教育。在之后的文艺复兴时期，人文主义高涨，美学中增加了人文的因素。人文美学的教育主张是培育“完人”，课程中包括智力、美学、品德、体育等各种课程，强调音乐和图画对儿童教育的重要作用，这种重视美学教育的思想非常超前，进而造就了一大批人文艺术的巨匠。直到今天，这种美学的力量依然在影响一代又一代的人，从而形成了以意大利为引领的时尚文化。

由此我们也可以得出美学教育中应该同时包含：音乐、美术、诗歌、戏剧、舞蹈等一切能够带来美好感受的文艺形式，高校中的美学教育不应仅仅局限于欣赏艺术品。所有产生美的文艺形式是共通的，它们可以激发出人类的想象力，拓展我们认知的边界，引起人们愉悦的感受，开展丰富的、文艺形式的活动。这有助于吸引更多的人自发参与，为营造多样化的校园文化氛围打下基石。

3. 美学存在的意义

人文美学教育会极大的提高人的感性认知，尤其是幼儿时期，越小的孩子越容易受到积极的影响。这种对于美的追求是天生的，对人有天然的吸引力，如果不加以引导和鼓励，很容易会错失这种对美的感性认知，变得对一切事物麻木，难以找到生活的乐趣。

中央音乐学院副院长，周海宏教授“走进音乐的世界”的公开讲座非常有启发意义，他说：“理性思维的代表领域是科学，科学征服了世界；感性思维的代表领域是艺术，艺术美化了世界！理性素质给我们认识世界、征服世界的力量；感性素质是我们体验幸福人生、创造美好生活的前提。”[1] 他认为现在很多人意识不到自己周围环境的“脏乱差”，有人哪怕有钱也感受不到生活的幸福，是因为感性素质低，缺少对美的敏感度，感性素质低的人没有感受幸福的能力。而缺少美学教育的孩子，很难有幸福的人生。所以他提倡每个人都应该练习一种乐器，培养和提高自己的感性

---

〔1〕 周海宏：《“走进音乐的世界”现场演讲》，红玺杯设计大赛现场，2017 年。

素质。在一项超过三十年的哈佛毕业生跟踪研究也表明，从事艺术行业的人普遍幸福感更强，对自己的生活感到更加满意。

在各个国家和机构展开的一系列实验和研究都表明，人文美学教育可以改变一个人，进而改变这个世界，在委内瑞拉就有这样一个案例。20 世纪 80 年代，委内瑞拉政府成立了一个针对贫民阶层的社会音乐教育项目，免费提供给贫民阶层乐器和音乐训练。创始人说音乐能够为一个孩子带来精神上的富足，能帮助他抵抗物质上的贫穷，孩子们成立乐团，建立社交，体会团结合作的意义，孩子们在音乐中得到快乐和希望，这种收获是永远不可磨灭的东西，并必将影响孩子们的一生。这个项目开展以来，帮助了数以万计的孩子远离犯罪。其中，古典乐界最当红青年指挥家杜达梅尔及其领衔的西蒙·玻利瓦尔国家青年交响乐团就是受益于此项目。

这个社会实践项目成为非常值得借鉴和参考的案例。同时有研究表明，音乐也可以有效降低犯罪率，在各个行业中，刑事犯罪最低的行业就是与艺术相关的行业。美国的黑尔夫戈特博士是音乐与犯罪预防领域的专家，主要研究方向是音乐与犯罪情绪之间的关系，研究表明，在地铁、车站、酒店等现实生活场景中播放音乐，可以有效降低犯罪率。

伦敦地铁绿色线上的 Elm Park 站曾是一个帮派成员聚集的地方，治安环境非常糟糕，就连地铁司机都害怕在这里停车。2003 年，伦敦地铁尝试在该站播放古典音乐，以降低犯罪率。神奇的是，这种方式非常有效。在播放古典音乐后的 18 个月里，不少麻烦制造者因为受不了帕瓦罗蒂高亢的声音而离开，该站的抢劫案件减少了 33%，攻击工作人员案件减少了 25%，故意破坏行为减少了 37%。2008 年，伦敦交通系统决定再进行一次更大规模的试点，将播放古典音乐的地铁站扩大至 40 个，以减少犯罪和反社会行为的发生率，果然试点效果十分明显。

如此看来，我们需要重新审视人文美学这一重要的人类遗产，美不仅仅是这个世界上最不可或缺的部分，美在改变一个人的时候，同时也改变了世界。它存在的意义远远超乎我们的想象，高校在人文美学的培养领域依然有很长的路要走。

三、美学教育对创新性思维的培养和推动作用

大量研究表明，人类大脑的构造决定了创新性思维是可以培养的，通过传统高校教育培养出来的人才，大多数擅长使用左脑来思考和工作，这些人善于语言和逻辑分析，擅长逻辑思维和复杂的计算。但是这种使用左脑的人所做的许多工作，例如简单计算、转载、信息收集等许多重复性工作，很快会被软件或是人工智能替代，而善用右脑的人则具有创新性思维和巨大的潜能，最重要的贡献是创造性思维。人类社会的发展与文明的进步，绝大多数都是由创新型思维所推动。而巧合的是，主管美学的大脑区域与创新型思维的区域都位于大脑右侧，并且区域重合。因此，我们有意识地培养美学思维的同时，也会促进创新性思维的发展。

（一）大脑的构造决定了创新性思维是可以培养的

创新性思维是人类独有的一种高级思维方式，是人类运用全部想象力和逻辑能力的一种思维方式。它由逻辑思维、抽象思维，联觉思维等构成，囊括了所有产出新事物的思维方式。创造性思维不拘泥于局部的分析，而是统观全局，以大胆猜测跳跃式地前进，达到直觉的结论。在有些人身上，直觉思维甚至变成一种先知能力，使他们能预知未来的变化，事先做出重大决策。[1]

美国心理生物学家斯佩里博士（Roger Wolcott Sperry，1913—1994）通过著名的割裂脑实验，证实了大脑不对称性的“左右脑分工理论”。研究发现大脑两半球在机能上有分工，左半球感受并控制右边的身体，右半球感受并控制左边的身体。左半脑主要负责逻辑理解、记忆、时间、语言、判断、感觉等，思维方式具有连续性、延续性和分析性。因此左脑可以称作“意识脑”“学术脑”“语言脑”。右半脑主要负责空间形象记忆、直觉、情感、艺术、想像、灵感、顿悟等，思维方式具有无序性、跳跃性、直觉性等，许多高级思维功能取决于右脑。只有把右脑潜力充分挖掘出来，才能表现出人类无穷的创造才能。右脑是潜能激发区，右脑会突然在人类的精

---

〔1〕 可容占星：《罗杰·斯佩里“左右脑分工理论”》，https://site.douban.com/191829/widget/notes/11684219/note/278333554/，最后访问日期：2019 年 3 月 24 日。

神生活的深层展现出迹象；右脑是创造力爆发区，右脑不但有神奇的记忆能力又有高速信息处理能力，右脑发达的人会突然爆发出一种幻想、一项创新、一项发明，等等。右脑是低耗高效工作区，右脑不需要很多能量就可以高速计算复杂的数学题，高速记忆、高质量记忆，具有过目不忘的本领，人的大量情绪行为也被右脑所控制。[1]

同时越来越多的证据也表明大脑拥有无限的适应能力，大脑的结构和运行可以随着各种不同的心理训练而改变。伦敦大学的神经系统科学家埃莉诺·马圭尔（Eleanor Maguire）曾经对伦敦出租车司机进行了迄今为止最深入的研究。因为在伦敦要想取得出租车司机的认可，需要通过一系列测试，掌握整个伦敦大街小巷的详细信息，这些测试一直被认为是世界上最难的测试。马圭尔利用核磁共振成像来观察了16位出租车司机的大脑，并与另外50名男性的大脑进行比较，发现在出租车司机的大脑之中，海马体后部比其他实验对象更大，严谨起见，她又对比了正在申请出租车司机的79人，经过对比，他们的海马体与常人无异。然而4年后，马圭尔再度扫描他们的大脑的时候，惊奇地发现通过了出租车司机资格的41人的海马体后部已经变大，而其他中途放弃的申请者海马体后部的尺寸变化不大。因此在2011年，马圭尔发表了这项研究的成果，这是可以证明人类大脑可以在成年后因为相应密集训练而发展和改变的最引人注目的证据。我们可以理解为，我们的大脑可以像肌肉一样，在训练中变的更加发达。

（二）人文美学可以直接促进大脑的发展

1. 音乐的律动可以直接按摩大脑

有研究表明，音乐和艺术能力与创新性思维一样与大脑右半球有更大的关系。

20世纪最伟大的物理学家爱因斯坦（1879—1955）说："我思考问题时不是用语言进行思考，而是用活动的、跳跃的形象进行思考。"当爱因斯坦死后，科学家替他作过切片观察，发现其大脑神经胶质细胞轴突或神经鞘众多，比普通人多出73%，这一发现证明了大脑是根据客观条件的变化而

〔1〕 可容占星：《罗杰·斯佩里“左右脑分工理论”》，https://site.douban.com/191829/widget/notes/11684219/note/278333554/，最后访问日期：2019年3月24日。

改变的。专家们认为，之所以会产生这种结果，是由于爱因斯坦长期从事创造性的活动，积极进行创造性的思维，致使大脑发展了新的神经元和大脑皮层。这种大量的胶质细胞在经常从事音乐活动的音乐家的大脑中存在，这种现象是超常规的学习与锻炼的结果。突触（轴突）之间的接触（神经元与神经元之间）紧密有效，脑力启动力强、智力高。因此，想要提高智力，就必须经常给予优秀的信号刺激。爱因斯坦说："如果我在早年没有接受音乐教育的话，那么我无论在什么事业上都将一事无成。"这段话就印证了这个道理。[1]

1993 年，美国加州大学的教授弗朗西斯·劳舍尔和戈登·肖在英国著名的杂志《自然》中发表了一篇题为《音乐和空间任务能力》的文章，引起了巨大的社会效应。文章中介绍到他们邀请大学生听音乐，然后对他们进行智商测试。大学生在听了 10 分钟的莫扎特《D 大调双钢琴奏鸣曲》后，在空间推理测试中的得分有明显的提高。比如，"与听放松指令和不听音乐时相比，听了音乐的大学生智商得分（IQ）提高了 9 分。"

经过反复多次的测试试验后，研究者们发现音乐不仅对小学生的分数，百分比运算能力，空间、时间推理能力有一定促进作用，而且对阅读理解，言语记忆等心理能力也有着重要的影响。

音乐欣赏包含了，空间知觉和空间推理能力，这是数学能力的重要组成部分。音乐欣赏能够强化人脑潜在的神经结构，从而提高相应的数学能力。就像肌肉训练能够强化人的运动能力一样。而且音乐可能更多地和我们的右脑活动相关。如果有意识的加强音乐训练，就相应地能够促进右脑的活动，从而提高工作效率。[2]

2. 练习乐器可以促进左手的协调能力，从而促进右脑的发育

研究表明：右脑支配左侧肢体，控制左手运动，反过来，左手与左侧肢体的运动也能刺激右脑。有意识地调动左侧肢体，特别是左手与手指的运动，对大脑皮层产生良性刺激，能使右脑得到比较充分的锻炼机会，是

---

〔1〕 可容占星：《罗杰·斯佩里"左右脑分工理论"》，https://site.douban.com/191829/widget/notes/11684219/note/278333554/，最后访问日期：2019 年 3 月 24 日。

〔2〕 可容占星：《罗杰·斯佩里"左右脑分工理论"》，https://site.douban.com/191829/widget/notes/11684219/note/278333554/，最后访问日期：2019 年 3 月 24 日。

开发右脑的有效方法。[1] 因此，在蒙特梭利的教育理念中，儿童从 4 岁开始由右脑主导思考转变为左脑思考，因此此时鼓励儿童学习对左手（右脑控制）的灵活性要求极高的小提琴，可以直接促进右脑的发育，同时音乐演奏本来就是右脑的职责范围，因此乐器的练习可以极大的促进大脑发育。同时通过数据的收集和分析，我们发现在历年的高考状元中，普遍存在成绩与乐器学习的正比关系，因此，练习一种乐器不仅仅是一种爱好，更是我们可以直接锻炼大脑的工具，当我们意识到这一点时，就应该马上着手去练习了。

（三）人文美学与创造性思维在大脑的思考方式上有着惊人的一致性

1. 人文美学与创造性思维都有抽象思维的特点

人文美学中的音乐、艺术完全依靠人们的想象和联想传达美或愉悦的情感，这种情感的传达非常抽象，理解艺术作品的过程就是发展我们大脑中的抽象思维能力，这种抽象思维与创造性思维的抽象思维不谋而合。1979 年诺贝尔物理学奖金获得者、美国科学家格拉肖说："涉猎多方面的学问可以开阔思路……对世界或人类社会的事物形象掌握得越多，越有助于抽象思维。"[2] 而抽象思维中很重要的部分——想象力，是人类运用储存在大脑中的信息进行综合分析、推断和设想的思维能力，是从具象转向抽象中很重要的激发过程。爱因斯坦说过："想象力比知识更重要，因为知识是有限的，而想象力概括着世界的一切，推动着进步，并且是知识进化的源泉。"[3]

2. 人文美学与创造性思维都有联觉思维的特点

人类的基本感觉反应中，除了大家所熟知的视觉、听觉、味觉、嗅觉、触觉之外，还有一个非常重要的感觉，这个感觉是联觉，也有人叫通感。人类各感觉之间具有互通性，对一个感觉器官的刺激，不仅仅让这个感觉器官系统产生反应，它还激活了其他感觉器官的感觉。比如你的听觉受到

---

〔1〕 可容占星：《罗杰·斯佩里"左右脑分工理论"》，https://site.douban.com/191829/widget/notes/11684219/note/278333554/，最后访问日期：2019 年 3 月 24 日。

〔2〕 毛天虹：《美学教育与创新人才培养》，载《长春工业大学学报》2007 第 2 期。

〔3〕 可容占星：《罗杰·斯佩里"左右脑分工理论"》，https://site.douban.com/191829/widget/notes/11684219/note/278333554/，最后访问日期：2019 年 3 月 24 日。

了刺激，同时觉得高音给人的感觉是明亮、兴奋、小而轻、活跃；低音给人感觉是昏暗、压抑、大而重、沉闷，[1] 而表现在视觉上则是明度高的色彩感觉轻，明度低的色彩感觉重，其实早在古希腊时期的哲学家毕达哥拉斯就发现了这种万物间的联系。

毕达哥拉斯被称为是真正的西方美学的源头，传说毕达哥拉斯在路过一家铁匠铺时，听到铁锤打击铁砧的声音，辨认出了四度、五度和八度三种和谐音。他猜想是由于铁锤重量的不同导致了声音的不同，并通过称量不同铁锤的重量确认了其间的关系。随后，他又用不同长度的弦的振动实验发现了弦长与和谐音的关系[2]，并衍生出宇宙美学理论，以对数学、音乐和天文学研究为基础。其主要内容是：数是宇宙的本源，宇宙内的各个天体处在数的和谐中。距离越大的天体运动越快，并发出高昂的音调；距离越小的天体运动越慢，并发出浑厚的音调。和距离成比率的音调组成和谐的声音，这就是宇宙谐音，具体可感的宇宙是最高的美。毕达哥拉斯是第一个发现声音与数字比例相对应的人，从而率先建立了西方音乐基础的数学学说。同时毕达哥拉斯也是西方美学的开山鼻祖，他提出了“美是数的和谐”这一理论观点，为美学的发展奠定了牢固的基石。

杰出的艺术家和科学家之所以能在创作和研究中取得卓越的成就，其中一个重要的原因是善于运用联想和通感。很多科学家在实验中遭遇瓶颈时，倾向于去散步或是听音乐来放松，或者是去做不同领域中不相干的工作，经常会有灵光一现的感觉。这种所谓的灵感，也是联觉思维的一种体现。同样的，在群体决策中的头脑风暴也是利用了这一点，我们经常认为头脑风暴可以激发创新思维，主要是因为在集体讨论问题的过程中，每提出一个新的观念，都能引发他人的联想，相继产生一连串的新观念，产生连锁反应，形成新观念，为创造性地解决问题提供了更多的可能性，而联想是产生新观念的基本过程。

因此，在互联网时代的人文美学教育应重新引起教育界的重视，人文美学教育可以从美学的本质出发，从包含音乐、美学、戏剧等方面开展艺

---

[1] 周海宏：《“走进音乐的世界”现场演讲》，红玺杯设计大赛现场，2017 年。
[2] 周海宏：《“走进音乐的世界”现场演讲》，红玺杯设计大赛现场，2017 年。

术通识课、选修课、艺术社团类活动，鼓励学生提高自身艺术修养。并对美学教育的目的重新定位和明确化，超越现有的格局，跨学科和领域进行研究与探索，使其包含更加丰富的文化和美学，更多样的实践方式，并在高校中确立对于未来的发展更有推进作用的特色人文美学教育课程。

教育与创新

Jiao Yu Yu Chuang Xin

新时代高水平特色型大学的内涵和特征

李慧敏　吴　璨*

《国家中长期教育改革和发展规划纲要（2010—2020年）》要求“加快创建世界一流大学和高水平大学的步伐”，到2020年“要建成一批国际知名、有特色、高水平的高等学校，若干所大学达到或接近世界一流大学水平”[1]。党的十九大报告对中国特色社会主义的阶段和中国社会的主要矛盾进行了准确的把脉，指出我国中国特色社会主义进入了新时代，社会主要矛盾已经发生了重大变化，并强调指出，在新时代，要“加快一流大学和一流学科建设，实现高等教育内涵式发展”。那么，在新时代所有高校都要面向世界一流办学目标的背景下，如何建设高水平特色型大学，提升大学的综合竞争力，更好地发挥大学功能，这是目前需要深入研究和亟待解决的重要问题，这关系着我国高等教育内涵式发展的关键。而要建设高水平特色型大学，必须要先弄清楚其内涵和特征。对此，也有文章已经进行了分析，本文不揣冒昧，也试图对该问题进行一些探索。

---

* 李慧敏，中国政法大学法学教育研究与评估中心副教授；吴璨，中国政法大学民商经济法学院硕士研究生。

〔1〕 郭广生：《内涵发展 着力提升有特色高水平大学核心竞争力》，载《中国高等教育》2012年第19期。

一、新时代高水平特色型大学的内涵

高水平特色型大学主要指那些具有显著行业特色和学科优势，原属行业部委管理，在高等教育改革发展过程中划归教育部或省区市等为主管理的高等学校。[1]其多由综合性大学在1952年进行院系调整时分离出来部分院系逐步发展壮大的结果，如农业、林业、水利、地质、矿产、石油等诸多领域，相当于一个学校办一个“专业”，具有行业性背景和行业特色，诸如，中国政法大学、中国地质大学、中国农业大学、中国矿业大学等都属于我国目前的高水平特色型大学。内涵，指的是辨别此事物而非彼事物的规定性。许多学者从不同的视角研究了特色型大学的内涵。著名学者潘懋元先生提出：“所谓特色型大学，是指以行业为依托，围绕行业需求，针对行业特点，为特定行业培养高素质专门人才的大学或学院。”“特色型大学是与市场、产业、行业和岗位群密切联系的大学，依据普通院校本科办学的基本规律，围绕学科建设，针对行业、岗位与技能需要设置专业，以培养专业性高级人才。”[2]我们认为，“新时代下高水平特色型大学”的内涵包括以下三个方面：

（一）新时代

新时代下高水平特色型大学内涵的第一个方面即是“新时代”。如前所言，新时代是目前中国特色社会主义所处的发展阶段。十九大报告对新时代用三个“意味着”和五个“是”进行了不同层面的阐释，指出，新时代“意味着近代以来久经磨难的中华民族迎来了从站起来、富起来到强起来的伟大飞跃，迎来了实现中华民族伟大复兴的光明前景”；“意味着科学社会主义在21世纪的中国焕发出强大生机活力，在世界上高高举起了中国特色社会主义伟大旗帜”；“意味着中国特色社会主义道路、理论、制度、文化不断发展，拓展了发展中国家走向现代化的途径，给世界上那些既希望加快发展又希望保持自身独立性的国家和民族提供了全新选择，为解决人类

---

〔1〕 万清祥：《固本拓新 建设高水平特色大学——中国地质大学（武汉）内涵式发展路径解析》，载《理论与实践》2009年第6期。

〔2〕 潘懋元：《特色型大学在高等教育中的地位与作用》，载《国家教育行政学院学报》2008年第4期。

问题贡献了中国智慧和中国方案。”新时代“是承前启后、继往开来、在新的历史条件下继续夺取中国特色社会主义伟大胜利的时代”；“是决胜全面建成小康社会、进而全面建设社会主义现代化强国的时代”；“是全国各族人民团结奋斗、不断创造美好生活、逐步实现全体人民共同富裕的时代”；“是全体中华儿女勠力同心、奋力实现中华民族伟大复兴中国梦的时代”；“是我国日益走近世界舞台中央、不断为人类作出更大贡献的时代。”新时代阐释了中国从弱到强，从追求解决生存到追求实现美好生活，从世界边缘走向世界的中心，为世界贡献智慧的历程，勾画了未来的美好前景。

对于高水平特色型大学而言，新时代意味着大学经过了多年的积累，应该继续前进，更上一层楼，为人民的美好生活贡献智慧，意味着大学应该走进世界高等教育的中心，为世界高等教育的发展贡献智慧。

（二）高水平

新时代下高水平特色型大学内涵的第二个方面即是“高水平”。高水平的判断标准因时代和地域有很大的不同。国际上通常衡量高校是否高水平的标准大致包括：有国际知名的教授、产生具有重大影响的研究成果、有国际先进的研究基地、有与国际接轨的评价机制、与国际接轨的建设思路、强烈的国际竞争意识、国际通行的学科评估体系等。[1]本文认为，新时代下高水平特色型大学内涵的“高水平”除以上所说的国际通行标准外，还包括两个层面的意思：第一层意思是指，经过了多年的发展和积累，大学发展的水平、人才培养的质量、学科建设质量、为社会服务的水平等，都应该比过去的自己具有了更高的水平，这是与过去比较的视角而言的；第二层意思是指，经过了多年的积累，大学的发展水平、人才培养的质量、学科建设质量、为社会服务的水平等，应该朝着更高水平的大学目标，尤其是国际一流学校看齐并继续奋进，这是从未来发展的视角而言的。唯其如此，我国大学才能成为我国经济社会科学发展的智囊团；才能走向世界，在世界高校之林里有一方立足之地，为世界高等教育的发展做出贡献。

（三）特色型

新时代下高水平特色型大学内涵的第三个方面即是“特色型”。特色是

---

〔1〕 钟秉林、王晓辉、孙进、周海涛：《行业特色大学发展的国际比较及启示》，载《高等工程教育研究》2011 年第 4 期。

基于事物普遍性基础之上的特殊性。大学特色，由大学自身发展的历史形成，主要体现在学科建设和办学定位等方面。核心竞争力里不可没有大学特色。[1]大学核心竞争力形成的结果和重要基础就是特色，而特色也是大学提升自身核心竞争力的关键。大学没有特色就没有核心竞争力，大学的高水平发展也是妄谈。

二、新时代高水平特色型大学的特征

新时代高水平特色型大学的内涵是其区别于其他种类大学的质的规定性，而其特征是基于其内涵所表现出来的外在表征。大学的特征可以有很多个，但是处于新时代，高水平特色型大学的突出特征主要有以下四个：

（一）坚持中国特色社会主义办学方向

坚持中国特色社会主义办学方向是其最突出特征。中国的大学在中国社会主义事业的建设中发挥着重要的作用，肩负着培养社会主义事业建设者和接班人的历史重任。而什么样的办学方向决定着培养什么样的人，因而首先要厘清新时代高水平特色型大学的办学方向。新时代高水平特色型大学的办学方向就是要坚持中国特色社会主义的办学方向，坚持中国特色社会主义的人才培养模式，坚持组建中国特色社会主义的教师队伍。

关于高校为谁培养人、培养什么样的人、怎样培养人的方向问题是不能忽视和回避的。2018 年 5 月 2 日，习近平总书记视察北京大学，从党和国家事业发展全局的高度，深刻阐明了高校为谁培养人、培养什么样的人、怎样培养人的问题，为新时代高等教育事业发展指明了前进方向，思想深邃，引发强烈反响。习总书记指出，高校要牢牢抓住培养社会主义建设者和接班人这个根本任务，坚持办学正确政治方向，建设高素质教师队伍，形成高水平人才培养体系，努力建设中国特色世界一流大学。如果没有了社会主义方向，新时代中国高水平特色型大学的前进方向就会迷失。中国高水平特色型大学培养德智体美全面发展的社会主义建设者和接班人，同时具备品德和能力，具有家国情怀的同时还要具有新时代使命感、责任感

---

〔1〕 郭广生：《内涵发展 着力提升有特色高水平大学核心竞争力》，载《中国高等教育》2012 年 19 期。

和担当，“为人民服务”，“为改革开放和社会主义现代化建设服务”。

（二）致力于世界的共同发展

新时代高水平特色型大学的第二个突出特征是，致力于世界的共同发展。为中国的发展做出贡献是中国高水平特色型大学发展和发挥作用的基础，而致力于世界的共同发展却是新时代高水平特色型大学内在的一个特出特征。中国是世界上人口最多的国家，同时也是一个从传统走向现代的国家，在现代化过程中，各种问题应时而生，其中很多问题都是世界发展的共同难题，诸如大城市治理问题、环境问题等。另外，在现代社会中，每个国家的发展都与其他国家的发展紧密联系在一起，核武器的使用、周边国家的和平与稳定、经济危机的处理等都对其他国家产生着影响。中国的新时代高水平大学，必须研究和回答这些新时代问题，站在国际学术的舞台上，发出中国声音，贡献中国智慧，致力于解决人类共同难题，致力于人类的共同福祉和进步，致力于人类命运共同体的建设和发展。

（三）历史悠久、社会影响力大

新时代高水平特色型大学的第三个突出特征是，历史悠久、社会影响力大。高水平特色型大学必定是具有深厚文化底蕴、带有历史印记的大学。现广泛被认可的高水平特色型大学都是具有多年办学历史的大学，这些大学大多成立于20世纪50年代，有的大学的历史甚至可以追溯到百年前甚至更久远。基于这些大学创立之时的原初发展架构，大学与相关各行业之间有着紧密的联系，经过近半个世纪的行业办学，大学与行业之间水乳交融、相互促进、共同发展、关系密切。[1]近半个世纪以来，这些大学培养的行业人才活跃在社会的各个领域，基于改革开放和建设中国特色社会主义的需要，为不同领域提供了数以万计的人才精英，引领了各个行业的发展，得到了社会和国家的高度认可，并在社会上有着较大的影响力。

（四）办学特色更加鲜明

新时代高水平特色型大学的第四个突出特征是，办学特色更加鲜明。第二届中外大学校长论坛对什么是办学特色达成了共识：“特色是格外突出的风

〔1〕 陈益刚、欧阳恺颖、白宇：《高水平行业特色型大学的概念、特征与指向辨析》，载《高等教育评论》2015年第1期。

格或特点，大学的办学特色是指一所大学的发展历程中形成的比较持久稳定的发展方式和被社会公认的、独特的、优良的办学特征。”[1]国内的高水平特色型大学，本就是众多具有行业性背景和行业特色显著的大学。[2]根据教育家马丁·特罗（Martin Trow）的高等教育发展理论，我国已经进入高等教育大众化发展阶段，高等教育毛入学率在2017年已达45.7%。[3]无论是创新发展，发挥传统优势，还是适应国际高等教育发展趋势，建设国际一流高校，都要求新时代高水平特色型大学要有更加鲜明的办学特色。其鲜明的办学特色应主要包括如下方面：

1. 办学具有独特的优势

尽管不同的高校具有不同的办学风格，但是高水平特色型大学作为一种具有特质的类型，有其独特的办学优势和办学风格，将自身与其他大学区别开来。它们的一般表现是：有一门或若干门具有一定社会影响力并得到本行业普遍认可的优势学科。[4]

2. 学科建设是办学重点

学科建设可以说是一所大学学术发展生命力的基石，也是大学核心竞争力提升的一个重要方面，它体现出学校的总体发展方向和优势。学科是吸引学术人才的聚集地，也是形成社会影响力、学术声誉的阵地。特色学科是该高水平特色型大学突出的基本特点。

根据2012年第三轮学科评估数据，35所行业特色型大学拥有全国排名第一的学科，占全国高校的70%，并拥有115个全国排名第一的学科（含并列）中的62个学科，占53.9%。拥有进入ESI前1%的学科的中国内地高校共164所，其中100所谓行业特色型大学。上述数据虽然是前几年的，但是也从一个侧面表明，优势学科群可以作为建设世界一流学科和一流大

---

〔1〕 程耀忠：《大学需要特色 特色创造一流》，载 http://changshiyuanbao.cuepa.cn/show_more.php?doc_id=692537，最后访问日期：2019年3月3日。

〔2〕 王庚华、谢寅波、邱岩：《浅析高水平特色型大学的建设与发展》，载《中国冶金教育》2010年第4期。

〔3〕 教育部：《2017年全国教育事业发展统计公报》，载 http://www.moe.gov.cn/jyb_sjzl/sjzl_fztjgb/201807/t20180719_343508.html，最后访问日期：2019年2月1日。

〔4〕 王庚华、谢寅波、邱岩：《浅析高水平特色型大学的建设与发展》，载《中国冶金教育》2010年第4期。

学，比肩世界一流高等教育的突破口。[1]

3. 办学特色具有变动的时代特质和历史形成的稳固性[2]

我国高水平特色型大学的发展具有独特的历史，其开始于部门的办学实践，慢慢形成与产业行业的相互推动发展，积累了丰富的办学和教学经验，经过数年的人才流动和学科的传承发展，具有了规模效应和稳定性，并最终成长为具有一定社会地位和名望的高水平大学。同时伴随着社会的发展，高校的特色也迎着时代发展的潮流不断的与时俱进，并将与时俱进与相对稳定相机融合。

三、新时代高水平特色型大学的新路径

(一) 要培养具有国际视野的行业精英人才

有数据说明，具有国际留学背景的“海归”在国内的很多领域中发挥着较重要的作用。2005 年的数据显示，该年度国家自然科学奖获奖项目的第一完成人中，“海归派”占 73.7%；在国家技术发明奖和国家科学技术进步奖的完成人中，“海归派”占 30%左右。81%的中国科学院院士、54%的中国工程院院士都有过海外留学经历。“海归派”在我国大学的校长中也占有较大比例。[3]新时代高水平特色型大学要走向国际、要致力于世界的共同发展、要致力于人类命运共同体的建设，就必须培养具有国际视野的行业精英人才。这样的精英人才要有能力组建与激发团队活力，走出国门的同时，在国际上开拓创新、参与国际竞争、推进行业发展。

鉴于此，高水平特色型大学必须内外兼修，用两条腿走路，一是加强课程建设，使课程内容与时俱进，将世界范围内的优秀行业知识成果和理论纳入到教学过程中，在培养行业精英上站位高远、统筹谋划并坚持中国特色社会主义方向。二是加强课内课外结合，加强国内兄弟院校的联系的同时还要加强与国际名校、高水平大学的联系。积极引进国外智力，聘请

---

〔1〕 周统建：《行业特色型大学“十三五”建设的战略思考》，载《江苏高教》2016 年第 6 期。

〔2〕 尹瑾：《我国行业性理工类高校的腾飞之路——建设特色型高校》，载《企业家天地（理论版）》2011 年第 2 期。

〔3〕 中国高等教育学会引进国外智力工作分会：《大学国际化：理论与实践》，北京大学出版社 2007 年版，第 43 页。

国际著名学者来国内高校访问、讲学、合作研究，推动各种形式和途径的国际化合作，激励大学教师到世界著名高校访学、讲学、进行科学研究，推动若干学科进入世界一流学科前列。培养立足于民族、为国家服务的国际化人才。[1]

（二）完善大学与产业行业之间联系的新机制[2]

在新时代，高水平特色型大学应如何建设与产业行业之间新的联动机制？首先，应破除大学与产业行业之间的壁垒，让大学师生和产业行业精英深度合作。中国特色社会主义市场大背景中的大学，绝不应该是超然于现实的象牙塔，而应该是积极参与社会经济文化建设的“弄潮儿”。大学是具有一定生产性功能的机构，只是这样的生产性体现在对人才的培养、科研创新、新知识的生产等方面。国家应该实施积极的政策引导，从制度上加大力度鼓励特色型大学师生，深度参与企业、产业和行业的研发工作甚至管理工作，大学应在职称聘任、考核、奖学金评定、毕业年限、毕业论文或设计等方面制定配套机制，予以保障与鼓励，消除参与企业、产业和行业工作的师生的后顾之忧。例如法院、检察院等与各高校的法学院开展假期合作，创造高校学生在行业部门的实习机会，建立实习期间导师制度，培养学生在行业实务方面的能力，增加高校学生的实务经验。

其次，应鼓励和吸引优秀企业、产业和行业积极参与特色型大学的教学科研及人才培养方面的工作，把产业行业发展的最新理念、知识、理论、技术、案例等带到课堂和科学研究中，让学生学以致用，让科研为问题而生，让学术研究致力于解决实际问题；让参与学校教学科研的企业、产业和行业享受税收方面的优惠政策，深入推进大学和产业行业之间的双向挂职交流机制，建立信息资源库与信息共享机制，激发大学、产业、行业共同发展的积极性和内在机制，使学校的发展与产业、行业发展紧密结合。[3]

---

〔1〕 王庚华、谢寅波、邱岩：《浅析高水平特色型大学的建设与发展》，载《中国冶金教育》2010年第4期。

〔2〕 张文晋、张彦通：《当前行业特色型大学发展面临的问题及对策》，载《北京航空航天大学学报（社会科学版）》2011年第1期。

〔3〕 张文晋、张彦通：《当前行业特色型大学发展面临的问题及对策》，载《北京航空航天大学学报（社会科学版）》2011年第1期。

（三）要创新大学的产业、行业文化

大学的产业、行业文化创新大致包括两个方面：一是学科本身的创新。不断研究学科新课题，发现传统产业、行业存在的问题，发展学科文化本身的内涵。二是学科应用的创新。这就要求大学高校在传统产业、行业创新的基础上，扩大学科的应用范围，拓展出在新时代、新技术的背景下传统学科可以被使用的领域。大学的高水平不是简单的写书、发文章、做课题得到的，而是要面向未来的知识和技术创新。成为世界一流的高水平大学是全世界高校追求的目标，不管大学处于什么样的地理位置、具备什么样的学术水平，在学术研究和学校治理上追求高水平的目标都是一样的，但问题的关键在于，如何界定高水平。在现实中，我们往往看到的是一系列的表格化评价，一所学校有多少院士、多少博士、在各类刊物上发表了多少论文，如此测评方法虽然有一定的道理，但显然不够。毕竟单纯用量化的方法来测量创新的学术水平和成果，不是测量创新性学术研究最好的方法，因为创新性学术研究需要时间的积累。重要的是要创新和探索评价机制，将这些数字化、表格化的统计进行内在深入评估，并且将创新作为最重要的权重纳入到这些数字中去，让这些数字有立体感、鲜活感，而不是以著作和论文的多少来论英雄。

（四）建立现代化的治理制度

现代化的治理制度是新时代高水平特色型大学得以实现的美好愿景，完成国际化精英人才的培养是民族和国家发展的制度保障，也是世界共同发展任务的制度保障。高水平特色型大学从其历史上看，其隶属于政府或行业主管部门的机制特色，一方面造就了大学和行业关联度较高的优点，另一方面却造成了这些大学“官本位”、依赖性强的缺陷。要防止“官本位”的“回归”，应深入改革，借鉴现代化企业制度，全面深入地探索新时代高水平特色型大学的现代化治理制度，并激发出大学的现代化治理制度的优势，保障大学使命的完成。[1]

通过上述对于新时代高水平特色型大学内涵和特征的解读，我们从中

---

〔1〕 张翠荣、王淑玲：《行业特色型大学的定位与发展策略探讨》，载《华北科技学院学报》2010 年第 1 期。

引鉴或者提出这些大学在新时代的建设路径，我们希望这些大学能运行得更好，在新时代发挥新作为，为国家培养更多的社会主义建设者和接班人，为国家经济建设、社会发展做出更大贡献，为国际高等教育的发展贡献力量，为人类共同体的建设和发展提供自己的智慧。

图书在版编目（CIP）数据

中国政法大学教育文选. 第25辑/曹义孙主编. —北京：中国政法大学出版社，2019.7
ISBN 978-7-5620-8895-0

Ⅰ.①中…　Ⅱ.①曹…　Ⅲ.①高等学校－教学研究－文集　Ⅳ.①G642.0-53

中国版本图书馆CIP数据核字(2019)第087169号

出 版 者　中国政法大学出版社
地　　址　北京市海淀区西土城路25号
邮寄地址　北京100088信箱8034分箱　邮编100088
网　　址　http://www.cuplpress.com (网络实名：中国政法大学出版社)
电　　话　010-58908289(编辑部) 58908334(邮购部)
承　　印　固安华明印业有限公司
开　　本　720mm×960mm　1/16
印　　张　14.5
字　　数　220千字
版　　次　2019年7月第1版
印　　次　2019年7月第1次印刷
定　　价　49.00元